江苏省教育科学"十三五"规划2016年度重点课题
（课题编号B-b/2016/02/162）

核心素养下初中物理
"激活—探究"教学模式研究

张军民　陈　喜　著

苏州大学出版社
Soochow University Press

图书在版编目（CIP）数据

核心素养下初中物理"激活—探究"教学模式研究 / 张军民，陈喜著 . —苏州：苏州大学出版社，2021.3
 ISBN 978-7-5672-3321-8

Ⅰ. ①核… Ⅱ. ①张… ②陈… Ⅲ. ①中学物理课—教学模式—研究—初中 Ⅳ. ①G633.72

中国版本图书馆 CIP 数据核字（2021）第 030062 号

书　　　名	核心素养下初中物理"激活—探究"教学模式研究
著　　　者	张军民　陈　喜
责任编辑	征　慧
装帧设计	刘　俊
出版发行	苏州大学出版社（Soochow University Press）
社　　　址	苏州市十梓街 1 号　邮编：215006
印　　　刷	丹阳兴华印务有限公司
网　　　址	www.sudapress.com
邮购热线	0512-67480030
销售热线	0512-67481020
开　　　本	787 mm×1 092 mm　1/16
印　　　张	12
字　　　数	270 千
版　　　次	2021 年 3 月第 1 版
印　　　次	2021 年 3 月第 1 次印刷
书　　　号	ISBN 978-7-5672-3321-8
定　　　价	42.00 元

图书若有印装错误，本社负责调换
苏州大学出版社营销部　电话：0512—67481020
苏州大学出版社网址　http：//www.sudapress.com
苏州大学出版社邮箱　sdcbs@suda.edu.cn

前 言

"激活—探究"教学模式以学生核心素养为引领,以先进教学理论成果和教育心理学理论为指导,探索一条实现物理新课程教学目标的途径和方法,针对初中物理教学中存在的一些问题开展研究,力图构建适应不同教学内容和课堂的"激活—探究"式教学模式,力求找到初中物理课堂教学的合适的激活点及探究点,培养学生学的能力和教师教的能力,从而提升学生的核心素养和关键能力。它是在明确初中物理核心素养的基础上改进教学、变革课堂,将学科核心素养的培育具体化,形成可操作的路径和策略方法。以基于核心素养的初中物理教学模式的变革为方向,契合国家课改的方向,符合时代发展的要求,又与教研室的工作职能、学校教育教学紧密结合,体现了课题研究的必要性和可能性、前瞻性与实效性的统一。

全书围绕"激活—探究"教学模式的建构研究、实践研究、理论研究、成效和思考、实践案例六个部分逐一展开。重点放在模式的构建研究、理论研究和实践案例三个部分。坚持理论先行、实践紧跟的原则,从知识形成的心理过程、教学环节的设计、教学策略的分析三个方面进行举例阐述,目的是为了帮助读者把握"激活—探究"教学模式课堂的基本要素、基本程序、基本环节、基本原则等。

第一章主要是围绕"激活—探究"教学模式的建构研究展开论述,是课题的形式部分;第二章从理论上对相关概念进行界定,国内外对该模式的研究现状,研究的目标和内容,研究的思路、过程和方法,主要的观点进行阐述,为模式的研究提供了理论依据;第三章主要是对一些教学案例、课堂观察、同课异构等进行分析,提出"激活—探究"教学模式的构成;第四章是理论研究部分,为实践者在实践过程中提供理论支撑和借鉴;第五章是研究的成效和思考,是笔者与一线教师经过一段时间的实践研究取得的一些成效,但在实践过程中也遇到了一些困惑;第六章是对苏科版初中物理全册进行模式实践，从中选取一部分进行编集，以供读者阅读。

本书在撰写过程中参考了部分文献资料，在此，对被引用文献资料的作者表示衷心的感谢。

本书在成稿过程中得到了袁加兴、张前军、徐业辉、杨金龙、杨新生、林红梅、黄晓娜、余月艳、米苏群、孙振友、叶敬凯、张作续、张飞、孙璐、张德兵、马红梅等同志的大力帮助，得到杨启彦、张蕤等同志的协助，同时我也坚信他们的经验智慧和付出的艰辛劳动定会为本书的丰富与完善增添色彩，在此一并表示谢意！

由于时间较紧，书中难免有疏漏或错误之处，希望大家批评指正。

张军民

2021年1月

目 录

第一章 绪 论 / 001

    一、研究背景及现状 / 001
    二、总体研究设计 / 003

第二章 基于学生核心素养下的初中物理"激活—探究"教学模式的建构研究 / 007

    一、核心概念及其界定 / 007
    二、开展初中物理课堂教学现状与教学成效研究 / 008
    三、建构核心素养的初中物理"激活—探究"教学模式的文献研究 / 020

第三章 基于学生核心素养下的初中物理"激活—探究"教学模式的实践研究 / 027

    一、教学策略与案例评析 / 027
    二、课堂观察与质性分析 / 030
    三、实验探索与思考感悟 / 036

第四章 基于学生核心素养下的初中物理"激活—探究"教学模式的理论研究 / 039

    一、初中物理"激活—探究"教学模式的实践与探索 / 039
    二、激活物理课堂，提高探究教学效果 / 044
    三、初中物理"激活—探究"教学模式解读 / 049
    四、基于核心素养的初中物理"激活—探究"教学模式的教学实践与思考 / 055
    五、基于核心素养发展的初中物理"激活—探究"教学实践 / 061
    六、物理学科核心素养视阈下"激活—探究"教学 / 072
    七、初中物理探究实验中发展学生学科核心素养 / 076

八、基于核心素养下初中物理探究教学模式的研究 / 080

九、激活教材教学价值，建构有效探究教学 / 082

十、让物理课堂"活"起来 / 085

十一、问题育素养，探究出真知 / 089

十二、把握教材，提高探究式教学的实效性 / 093

十三、刍议初中物理探究式教学中猜想与假设 / 097

十四、刍议学生提出问题能力的培养策略 / 101

十五、互动的课堂，有效的教学 / 103

十六、积极参与，主动探究 / 106

十七、给学生一个空间，还你一个惊喜 / 109

十八、培养能力是减负增效的重要途径 / 112

十九、浅谈物理课堂教学中的"高层次"提问 / 113

二十、构建优质高效课堂，提高课堂教学效益 / 116

第五章 研究成效和思考 / 122

一、基于核心素养初中物理"激活—探究"课堂教学模式研究成效 / 122

二、思考 / 124

第六章 基于学生核心素养下的初中物理"激活—探究"教学模式的实践案例 / 125

一、八年级上册引言 / 125

二、声音是什么 / 128

三、凸透镜成像的规律 / 132

四、走进分子世界 / 137

五、浮力 / 143

六、机械效率 / 147

七、初识家用电器和电路 / 151

八、欧姆定律 / 156

九、电功率 / 161

十、磁体和磁场 / 170

十一、磁场对电流的作用，电动机 / 176

十二、电磁波及其传播 / 179

十三、核能 / 183

参考文献 / 186

第一章 绪论

对于中学物理教学而言,物理课堂教学采用什么样的教学方法和教学模式是广大物理教师必须要面对的问题,它关乎物理课堂教学的质量,影响物理教学的成绩。教师在教学过程中如何认识和应对?如何在课堂教学过程中让学生自主学习,从而提高自身的综合能力?这些问题都需要通过科学研究给予回答。

一、研究背景及现状

(一)研究背景

基础教育改革的宗旨是以人为本,既要摒弃不适合学生发展的传统的教育方式,又要倡导提高教学效率、优化教学模式、构建有效课堂、提升学科核心素养、培养实践能力。2014年,教育部印发了《关于全面深化课程改革 落实立德树人根本任务的意见》,明确提出将"研究制订学生发展核心素养体系和学业质量标准"作为首要关键领域。2016年9月,"中国学生发展核心素养"以项目研究成果的形式正式发布。根据基础教育课程改革的要求和学生发展核心素养,课题组立足学科教学,规划和设计"基于学生核心素养的初中物理'激活—探究'教学模式的建构研究"课题项目,其目的就是努力践行核心素养下课程改革的基本理念,探索核心素养下初中物理教与学的有效方式,促进学生学习品质和学业成绩的全面提升。此研究从以下四个方面进行考量。

1. 课程改革深化的现实需求

新一轮基础教育改革的核心问题就是改变基础教育中单纯传授知识的目标定位,培养学生在接受教育的过程中,逐步形成适应个人终身发展和社会发展所需要的必备品格、价值观念和关键能力,通过初中物理学习而内化的带有物理学科特征的品质。物理学科长期受"学科中心论"的影响根深蒂固,新课程背景下的"重知识、轻能力;重接受、轻创造;重智力、轻情感;重共性、轻个性"的现象还是普遍存在的。新课程倡导情境设置,问题引领,小组合作学习,学生自主探究学习。但在现实的初中物理教学过程中,受升学考试的影响,应试教育现象依旧普遍存在,还形成不了有效的课堂教学模式,浮于表面的教学现象依然普遍存在。因此,在初中物理教学中构建核心素养下的有效教学模式并进行实践,具有重要的现实意义,它可以有效推进物理学科教育改革,实现新课程改革目标、宗旨和价值。

2. 物理教学归真的内在要求

随着新课程改革的推进，"一言堂、满堂灌"变成了"电灌"，"老师推着学生走"的惯性没有得到实质性改变，学生始终没能真正学会自主学习、自主探究，课堂教学质量较低。学习是学习者一种能动的活动，绝不是教师单方面灌输的被动的活动，知识并不是只靠教师传递的，而是学习者在自主学习过程中建构和生成的；能力不是从说教中来，而是主体的体验、感悟、内化形成的。美国教育家杜威认为："教师应以兴趣为中心来设计教学，即教学要唤起学生的求知欲，教师的首要任务在于唤起学生理智的兴趣，激发其对知识探究的热情。还要共同参与学生活动，引导学生去探究和发现真理。"

课题的研究是在新课程和教育现代化深入推进过程中，对初中物理学科教学现实问题的思考，也是对物理教学本质认识的返璞归真，其目的就是让物理教学更好地以人为本、走进生活、走向社会。

3. 师生双赢发展的价值追求

核心素养下的初中物理教学的基础性体现在适应学生终身发展的基础知识、基本能力和基本方法上。教学内容和学习方式既要学生具备扎实的基础性，又要有明显的现代性；既要适应社会发展的需要，又要尊重学生的选择；既要保持学科必要的系统性，又要激发学生的创造性。这一系列目标的达成绝不是学生所学知识的简单堆积，而是教师必须通过自己创造性的劳动，为学生提供良好的学习环境和学习方法，并在知识积累过程中逐步形成。初中物理教学是物理的启蒙教育，既要注重学生体验物理学习的乐趣，又要培养学生学习物理的兴趣。在初中物理的教学过程中，对教学模式和学习方式的研习与探索，有助于初中物理教师自身教育理论素养和教学技能的提高，有助于学生全面发展，养成一种终身学习的习惯。

4. 前期研究基础的应然期求

课题研究者从2013年起就关注新课程改革，一直在践行新课程理念，把课改的起点、归宿定位在课堂教学的实施上。从2013年下半年至2016年上半年，课题组对初中物理"激活—探究"教学模式的研究已见雏形，并取得一定的效果。为了落实"立德树人"，提升教育的竞争力，深入推进素质教育的改革要求，同时要解决"教育要培养什么样的人"的问题，2016年下半年，课题组与时俱进，将"基于核心素养下初中物理'激活—探究'教学模式建构研究"进行申报，并于2016年年底，获批江苏省教育科学"十三五"规划重点自筹课题。通过三年的努力，尤其是在研究初中物理核心素养方面，课题组获得了一定的经验。构建的教学模式也成为区域内初中物理教学实施新课程的一个亮点。因此，确立本课题的实践与研究，意在将多年研究的成果向本区域物理学科教学进行渗透，在初中物理学科教学中形成一套既与物理课程具有共性，又有物理学科教学个性的新型的学习方式。基于物理课程标准，对师生学科核心素养和探究能力进行研究，革新初中物理教法、学法，为新课程改革深入推进做贡献。

（二）研究现状

"学生发展核心素养"是整个教育界关注的焦点之一，在我国，核心素养被称为

"国民教育的DNA",是国家教育改革的灵魂,引领中小学课程改革的实践。核心素养体系被置于深化课程改革、落实立德树人目标的基础地位。国内学者对核心素养的研究主要从2013年才开始,根据学生发展核心素养,建立从知识向能力、从能力向素养不断提升的发展水平等级标准,借以对学生发展核心素养进行观察评估,实现对学校教育教学行为的有效反馈与指导,引导学校教育从知识教育走向能力教育,进而走向素养教育。

在20世纪90年代初,我国针对当时应试教育中盛行的接受式教育,提出了素质教育中的探究式学习。通过对探究式教学的研究,探究式教学已成为当前新课程改革的核心教学理念。在初中物理教学实践中,许多教师开展了多种形式的探究教学研究活动,主要探究形式有活动式探究、体验式探究、自主式探究、建构式探究、实验式探究等。这些都是在探究式教学策略领域里的有益探索,但基于学生核心素养培养的教学实践研究不是太多。

基础教育改革的宗旨是以人为本,既要摒弃不适合学生发展的传统的教育方式,又要倡导提高教学效率、优化教学模式、构建有效课堂、提升学科核心素养、培养实践能力。关注新课程改革,践行新课程理念,把课改的起点、归宿定位在课堂教学实施。2009—2012年,笔者对初中物理课堂教学资源进行了整合与运用,并取得了较好效果。2012年起开始在初中物理课堂教学模式领域开展建构与实践探索。2013年把教学模式的建构以课题形式申报,获批江苏省教育科学"十三五"规划2016年度重点课题,通过这几年的努力,区域学校已经在这个领域中获得了一定的经验,构建的教学模式也成为实施新课程的一个亮点。规划和设计的"基于学生核心素养的初中物理'激活—探究'教学模式的建构研究"课题项目,意在将六年多研究积累的成果向学科教学进一步渗透,其目的就是努力践行课程改革的基本理念,探索新时期初中物理教与学的有效方式,促进学生学习品质和学业成绩的全面提升。

二、总体研究设计

(一)研究问题

核心素养下初中物理"激活—探究"教学模式研究是以初中物理课堂教学为研究对象,基于核心素养的教学方法和课堂教学模式的优化与建构。选择的样本是初中学段物理教师与学生,采用的教材为苏科版统编教材。聚焦在以下三个方面研究:

1. 初中物理核心素养的现状调查与教学成效研究

根据时代发展对未来人才提出的要求,通过调查本区域部分教师、学生、家长等对核心素养的认识及学生核心素养的现实状况,分析核心素养现状及核心素养与初中物理课程、教学之间的发展性关联,既为课题研究提供必要的数据支撑,也为寻求初中物理教学方式的创新、提高物理教学的有效性提供依据。

2. 文献研究

结合核心素养,提出核心素养初中物理"激活—探究"课堂教学模式,要检索资料，查阅文献，并进行交流研讨。根据初中物理学科特点及师资队伍素养赋予教学模式丰富的内涵和新意，完成并优化核心素养初中物理"激活—探究"教学模式的结构搭建，从教学流程、教学要素和教学特点出发建构模式的操作序列，厘析实施原则、操作要点等。

3. 实践研究

借助现行的苏科版初中物理教材，挖掘各章节激活点和探究点，从学生兴趣入手，通过创造性劳动来设计教与学案例，打造师生共建的课堂、立体感知的课堂、多元激励的课堂，把课堂教学策略落实到具体的教学之中，组织有效的探究性学习，形成具有参考价值和借鉴意义的案例。以学生学习投入的状态，课堂提问的有效性，重点、难点的教学策略为主题开展同题异构、同课同构，通过对比观察、质性分析和测量评价，形成模式实施策略与方法，达到有效践行学生核心素养的目的。

（二）研究目标

"核心素养"的提出，是基础教育课程改革的创新点和突破点。其创新在于以核心素养为统摄，使教育"立德树人"的育人价值更加凸现；其突破在于它是对课程"三维目标"的整合。核心素养的落实，显然不仅仅是对教学内容的选择和变更，更是以学习方式和教学模式的变革为保障。学习方式的改变，基于问题化学习，所有的教学必须以学生学习为主线去设计，让学生在真实的学习过程中能够发生并且展开，这需要教师的激活与学生的探究。学生的学科能力和学科素养是在相应的学科活动中形成和发展的，教学模式的变革要大力倡导和精心设计学科活动，充分体现活动的教育性，在核心素养的目标下，结合学科内容和特点设计活动。

基于核心素养模型，探索初中物理学科对核心素养的独特内涵，形成基于学生核心素养在初中物理学科维度上的分解和落实，探寻初中物理课堂教学方式的变革策略与实施路径。

从初中物理教学层面来看，建构行之有效的初中物理课堂教学模式，提供个性化教案分析，形成一批基于学生核心素养，促进物理课堂教学变革的先进典型案例，实现资源共享，建立物理教学资源库，推动区域物理课程改革。

更新初中物理教师的教学观念，优化初中物理课堂教学方式，提升物理教师的教研能力，培养一支研究型、学者型的初中物理教师队伍。

在理论上加深了对探究式教学本质属性的理解，发挥了教学策略的应用功能，丰富了初中教学策略的内涵。在实践上为初中物理课堂教学提供可具体操作的教学模式，提高初中物理课堂教学的效率，有助于从根本上改变初中物理教师的教学方式和学生的学习方式，推动本区域初中物理教学改革向纵深发展。

（三）研究方法

1. 调查研究法

通过问卷和访谈，揭示影响学生核心素养发展的相关因素，为建构有效课堂教学模式提供更多的数据资源。此外，还可以了解初中物理教师和学生对核心素养、课程建设和教学模式的真实认识，这将对研究成果的现实针对性和实效性发挥重要的参考作用。

2. 文献研究法

系统梳理已有文献中关于核心素养与教学模式的研究成果，并在充分借鉴和综合分析的基础上提出基于学生核心素养建构教学模式的初步意见；整理关于课程标准、核心素养在课堂教学中的呈现方式的研究成果，为探索核心素养和"激活—探究"教学模式的内在关联提供理论基础。

3. 行动研究法

将已形成的研究成果应用于教学实践中，探索核心素养的具体表现方式和发展状态，根据实践成效修正关于核心素养和建构有效教学模式的原有认识，实现理论与实践的双向建构和相互验证。

4. 课堂观察法

建构教学模式落实在课堂，要有目的、有计划，通过听、看和借助辅助工具（录音、录像等），直接从课堂情境中收集资料。它不同于一般意义上的听课，更多地强调定量研究与定性描述相结合。

5. 个案研究法

在初中物理学科中展开个案研究，以苏科版初中教材为研究对象，确定其具有代表性的教学资源，并通过课堂教学实践，提炼出构建的策略方法。这样为课题的研究提供典型经验和实践支撑，也为深度落实学生核心素养的提升、探索更切合实际的初中物理教学模式和评价方式提供现实依据。

（四）研究价值

课题以学生核心素养为引领，以先进教学理论成果、教育心理学理论为指导，探索一条实现物理新课程教学目标的途径和方法，针对初中物理教学中存在的一些问题开展研究，力图构建适应不同教学内容和课型的"激活—探究"教学模式，力求找到初中物理课堂教学的合适的激活点及探究点，培养学生学的能力和教师教的能力，从而提升学生的核心素养和关键能力。

本课题在明确初中物理核心素养的基础上，改进教学，变革课堂，将学科核心素养的培育具体化，形成可操作的路径和策略方法。以基于核心素养的初中物理教学模式的变革为方向，契合国家课改的方向，符合时代发展的要求，又与教研室的工作职能、学校教育教学紧密结合，体现了课题研究的必要性和可能性、前瞻性与实效性的统一。

（五）主要观点

1. 重视学生核心素养的培养

核心素养是学生素质结构的核心内容，是决定学生能否适应未来社会的重要内容。

2. 变革教学方式

通过对教学方式的变革，建构有效的初中物理教学模式，可以培养和提升学生的物理学科核心素养。

3. 核心素养与"激活—探究"的本质相契合

核心素养与"激活—探索"两者的本质均在于激发学生的学习兴趣，让学生主动探究知识技能方法，体验态度和精神品质。

4. "核心素养"是教学纲领

核心素养是培养学生的目标,"激活"是实现学生"自主探究、合作探究"的基础和前提,教师指导下的"探究"则是学生学习的主要形式和有效途径。

5. 核心素养与"激活—探究"教学模式相结合更有助于"教"与"学"

基于核心素养的"激活—探究"教学模式研发的教学案例,能促进教师对物理教学方式及资源进行再认识、再定位、再创新。

(六) 创新之处

1. 理论上的创新

在理论上加深了对核心素养和探究式教学本质属性的理解,发挥了教学策略的应用功能,丰富了初中物理教学策略的内涵。创新体现在对基于核心素养导向的"激活—探究"教学模式教学方法的提炼、概括和总结上。

2. 实践上的创新

在实践上为初中物理课堂教学提供可具体操作的模式,提高初中物理课堂教学的效率,有助于从根本上改变教师的教学方式和学生的学习方式,有效践行核心素养理念,推动本区域教学改革向纵深发展。创新体现在立足区域,建构物理学科课堂"激活—探究"教学模式,为核心素养和关键能力的培养找到依托、抓手,为师生的核心素养提升服务。

第二章 基于学生核心素养下的初中物理"激活—探究"教学模式的建构研究

一、核心概念及其界定

俗话说得好:教有法而无定法。在课堂教学中谋划一堂课怎么上,并不是随心所欲的,心里应有一个基本的"谱",这个谱就是课堂教学的基本模式,即基本的流程和结构。所谓教学创新、智慧体现,都是在基本模式基础上的延伸与灵活变通。课题组提出基于学生核心素养的初中物理"激活—探究"式教学,是指在核心素养下以情境、问题、实验等来激活初中物理课堂,激发学生的探究欲望,从而引导学生进行自主探究的初中物理学科的教学模式。它区别于"以教师为中心"的传统教学模式,也不完全等同于"基于建构主义的学习理论和教学理论的、以学生为中心"的现代教学模式,而是倾向于"主导—主体论",即以教师为主导,以学生为主体。在这种模式下,学生是主体、是中心、是知识意义的主动建构者,学生将成为知识的探索者和学习过程中真正的认识主体;同时,这种新的教学模式强调教师角色的变化,在整个教学过程中起到组织者、指导者、帮助者和促进者的作用,最终达到使学生有效地建构所学知识的目的。

(一) 核心素养

核心素养指学生应具备的适应终身发展和社会发展需要的必备品格和关键能力。它不是只适用于特定情境、特定学科或特定人群的特殊素养,而是人最普遍、最关键、最必要的素养,是知识、技能和情感态度价值观的综合表现。它突出强调个人修养、社会关爱、家国情怀,更加注重自主发展、合作参与、创新实践。物理核心素养是学生在接受物理教育过程中逐渐形成的,是学生接受物理学习内化的,适应个人终身发展和社会发展需要的必备品格和关键能力。它包括四个方面的内容:概括理解、实验探究、实践应用、求实创新。倡导核心素养的教学方式变革,是体现物理课程的价值追求,而教学模式的有效建构是提升学生物理核心素养的关键,对物理课程实施具有导向作用。

(二) 激活

激活的本意是"刺激有机体内某种物质,使其活跃地发挥作用"。寓意在课堂教学中激发学生的思维,调动学生的学习兴趣,使学生从"要我学"变成"我要学",从而让学生的潜能得以挖掘,实现自我超越。而激活学生的思维则要通过设置有价值的问题进行呈现。

(三) 探究

探究亦称发现学习，是学生在学习情境中通过观察、阅读，发现问题，搜集数据，形成解释，获得答案并进行交流、检验、研究性学习。它是一种积极的学习过程，在学习中发现问题，通过探究来获取信息，整合知识，培养能力，获得自主发展。

(四) 激活—探究

教学模式一般指被研究对象在理论上的逻辑框架，是经验与理论之间的一种可操作性的知识系统，是再现现实的一种理论性的简化结构。教学模式是构成课程和作业、选择教材、提示教师活动的一种范式。在课堂教学中谋划一堂课怎么上，并不是随心所欲的，心里应有一个基本的"谱"，这个谱就是课堂教学的基本模式，即基本的流程和结构，教学创新、智慧体现，都是在基本模式基础上的延伸与灵活变通。建构是指综合运用多种教学资源和教学方法组织教学，对教学方式进行理念、路径与形式等多维度、多层面的改革和创新，实现教育教学实践的新常态。

"激活—探究"是一种积极的学习过程，课堂教学过程中通过一定的手段激发学生学习的兴趣，引起学生的关注，调动学生的思考，在学习中发现问题，激活学生的思维。通过实验探究，学生获取信息、整合知识、培养能力、获得自主发展。

基于学生核心素养的"激活—探究"教学模式建构是指在初中物理学科核心素养导向与引领下，创造性地运用教材，以学生为主体，诱发学生内部学习动机，激活课堂教学活动，引导学生通过自主学习发现问题，通过合作探究问题，从而获得独特的体验与感悟，进而提高解决问题的能力，形成扎实的基础学力，塑造学生优秀的个性心理品质，提升学生核心素养和关键能力。"核心素养"是教学纲领，是学生培养的目标，"激活"是实现学生"自主探究、合作探究"的基础和前提，教师指导下的"探究"则是学生学习的主要形式和有效途径。本课题界定为学科课堂教学的行动研究，这是我们对"激活—探究"教学模式有效建构基本含义的界定。

二、开展初中物理课堂教学现状与教学成效研究

(一) 研究思路

课题的研究逻辑是"理论梳理—实践调查与检验—理论提炼—实践修正"，遵循理论与实践相互验证与相互建构的研究思路，实现理论逻辑和实践逻辑的现实统一。就当前核心素养与初中物理教学现状进行反思，发现问题、提出问题，就提出的问题展开文献研究，通过资料检索，学习相关教育理论和前人研究成果，在此基础上提出"基于学生核心素养建构'激活—探究'教学模式"的研究假设。充分发挥一线教师扎根教学实践的优势，在不影响学生学习的情况下确定实验班和对照班，以行动研究的方式积极开展教学实验。通过课堂观察、师生问卷收集第一手的信息和资料，结合实证调查和分析，培养学生核心素养和探究能力，最后，在定性和定量研究的基础上对初中物理教学中引入"激活—探究"教学模式的作用与意义进行评价，形成研究总结，归纳相应的原

理，结合研究中的感悟对初中物理教学和本课题研究的后续工作提出相应的建议。

(二) 研究过程

1. 第一阶段：准备阶段

成立课题研究小组，制订课题研究方案，制订各阶段的实施计划，明确有关人员的职责。

对课题组成员进行培训，学习核心素养和学科核心素养、探究式教学和有效教学的有关理论。

对课题研究进行开题论证。

2. 第二阶段：实施阶段

组织课题组成员学习研讨，交流思想，明确各自的研究任务和研究思路，协调研究。

组织调查初中物理核心素养的现状，与教学成效进行对照与思考。

建构基于学生核心素养的初中物理"激活—探究"教学模式，并进行实验，定期组织课堂教学示范和经验交流。

结合案例分析研究，讨论并形成核心素养落实与"激活—探究"教学的策略，并评价该模式教学策略在物理教学中的实施情况和课堂教学的效率。

开展关于学生核心素养提升的个案研究，探索如何在初中物理学科通过教学模式建构来提升学生的核心素养，做好典型经验和数据的积累与分析。

分阶段完成相关调研报告与研究论文的撰写，并定期召开课题研讨会。

3. 第三阶段：整理分析研究结果，结题论证

对课题研究过程及成效进行终结性评估和反思，提炼核心素养践行策略，对教学模式建构提出系统性改革建议，对课题研究过程中存在的问题做归因分析并提出后续改进意见。

整理课题研究相关资料（核心素养现状调查资料、教学模式、教学案例、效率评价的有关量表和数据、课堂教学实录、有关音像资料等）。

形成最终研究成果：汇编系列论文和案例，撰写工作报告、研究报告。

召开课题研究总结会，组织结题鉴定，邀请相关专家对课题研究成果进行论证和研讨。

(三) 初中学生物理学习现状的调查分析与教学成效的思考

为了进一步了解初中生物理学习的现状，更有效地实现教师教法与学生学法的转变，课题组从不同的角度设计了 17 个问题对学生进行问卷调查，每题均给出四个选项，要求学生根据具体实际情况进行单项选择，以确保调查的有效性、可靠性、科学性。

调查对象：宿豫区实验初级中学和宿豫区第一初级中学的八、九年级（共 24 个班），每个班随机抽取 30 名学生，总共 720 人。收到有效问卷 715 份，有效率约为 99.3%。

调查内容与统计结果如表 2-1 所示。

表 2-1 调查内容与统计结果

序号	项目		
	题目	选项	所占比例/%
1	你学物理的目的是	A. 学会知识	4.20
		B. 运用知识	22.52
		C. 应付中考	60.83
		D. 学校安排	12.45
2	你认为自己有无学习物理的潜能	A. 很大	20.14
		B. 一般	16.92
		C. 无	1.54
		D. 不清楚	61.4
3	在学习物理的过程中,你认为自己掌握主动权的程度	A. 完全掌握	6.15
		B. 较好掌握	31.47
		C. 一般	52.03
		D. 没有	10.35
4	物理课前的预习情况	A. 每次都预习	25.17
		B. 经常	13.01
		C. 偶尔	39.02
		D. 从不预习	22.80
5	物理课后的反思情况	A. 每次都有反思	10.20
		B. 经常	12.88
		C. 偶尔	58.46
		D. 无	18.46
6	你对老师上课讲的内容产生质疑吗	A. 总是	0
		B. 经常	5.17
		C. 偶尔	61.54
		D. 从不	33.29
7	你的物理笔记情况是	A. 有选择地记	42.38
		B. 老师的所有板书	47.97
		C. 随便记一点	5.73
		D. 从来不记	3.92

续表

序号	项目		
	题目	选项	所占比例/%
8	当你在学习中产生疑问时，所采取的措施是	A. 与同学或老师一起探讨	67.55
		B. 自己查询相关资料进行研究	20.56
		C. 问家长	2.52
		D. 放弃	9.37
9	有时老师对你提出的疑问无法解释时，采取的方法是	A. 与同学或老师一起探讨	46.15
		B. 自己查询相关资料进行研究	21.68
		C. 问家长	4.48
		D. 放弃	27.69
10	到物理实验室做实验时	A. 自己独立完成	20.28
		B. 边请教老师或其他同学边做	10.07
		C. 与其他同学一起做	62.24
		D. 看其他同学做，自己不动手	7.41
11	当你的实验结果与理论值不符时	A. 填上理论值	20.70
		B. 找原因，重做	28.67
		C. 填上其他同学的实验结果	27.69
		D. 不填	22.94
12	你每天花在物理学习上的时间为	A. 大于2小时	0
		B. 1—2小时	23.36
		C. 0.5—1小时	45.59
		D. 小于0.5小时	31.05
13	你对物理学习的兴趣	A. 很高	17.34
		B. 较高	20.98
		C. 无兴趣	33.85
		D. 无所谓	27.83
14	你对家庭小实验的兴趣	A. 很高	19.30
		B. 较高	57.62
		C. 无兴趣	0
		D. 无所谓	23.08

续表

序号	项目		
	题目	选项	所占比例/%
15	你对参加物理课外研究性学习的兴趣	A. 很高	13.99
		B. 较高	74.82
		C. 无兴趣	0
		D. 无所谓	11.19
16	你对科学技术新创造、新发现的兴趣	A. 很高	12.59
		B. 较高	44.76
		C. 无兴趣	0
		D. 无所谓	42.65
17	你希望老师在你物理学习中的作用	A. 知识的传授者	20.42
		B. 合作伙伴	63.92
		C. 以上两者都是	13.01
		D. 可有可无	2.65

调查结果分析：

现状一：受应试教育的影响，学生自主学习的意识普遍不高。

在我国现行的教育制度下，以升学为唯一目标的评价体系，不仅改善不了原有的学习困难学生的学习状况，而且还在不断制造新的学困生。表 2-1 中序号 1 的结果显示，不少学生以应付中考为学习目的。应试教育已成为阻碍教师的教法与学生的学法转变的绊脚石。

表 2-1 中序号 2—7 的结果显示，不少学生自主学习的意识还很欠缺，甚至还有不少学生处于非常被动的学习状态，不预习、不反思、无质疑、无笔记。

现状二：传统的一问一答教学模式，削弱了学生独立解决问题的能力。

在传统的课堂教学中，"教师问、学生答"已成为天经地义的常规。教师对课堂提问的垄断，无形中削弱了学生探究解决问题的主动性、独立性。

表 2-1 中序号 8—11 的结果显示，大多数学生在理论学习或在实验过程中遇到疑问时，总是倾向于向教师和同学寻求帮助，学生的依赖性较强，缺乏自己独立解决问题的意识和能力，能主动利用各种资料独立解决问题的还不多。

现状三：学生对物理学习时间的支配较为合理。

从表 2-1 中序号 12 的结果显示，大多数学生每天还能在物理学习上花一些时间，有的虽然只有 0.5—1 小时，但考虑到各学科的时间分配，还算合理，关键看是否真正充分有效地利用这些时间。当然还有 31.05% 的学生每天学习物理的时间低于 0.5 小时，这也同样引起我们的关注。

现状四：学生学习物理的兴趣较高，求知欲较强。

表 2-1 中序号 13—16 的结果显示，学生对学习物理的兴趣较高，尤其是对家庭小实验兴趣较强，对物理课外探究性学习的兴趣及对新创造、新发现的兴趣也普遍较高，说明学生有着较强的求知欲，为物理教学中激发学生学习动机提供了有利的条件。

现状五：学生希望教师能成为他们学习的合作伙伴。

表 2-1 中序号 17 的结果显示，绝大多数学生希望教师能成为他们学习中合作的伙伴，这无疑对教师的教已提出了新的要求，当然这也符合现在新课改思想。

教学成效的思考：

（1）构建核心素养下新的初中物理教学评价体系

随着核心素养的不断推进，新课程所倡导的质量观也是全面的质量观，不仅关注学生的学业成绩，还要关注学生在核心素养下的道德品质、学习愿望和能力、交流与合作、个性与情感以及创新意识和实验能力诸方面的表现。"以学论教"打破了唯"升学率"论学校办学质量的传统做法，重视学生综合素质的发展。对教学质量的分析在注重量化的同时，更要强调质性的评价，定性与定量相结合，实现评价方法的多样化，从过分强调量化逐步转向关注质性的分析与把握。要经常、适时地对教学质量进行分析，将质量考察的要素集中到教学的进程中，而不是过分地看重教学的结果，从而有利于改进教师的教和学生的学。

（2）核心素养要求学生学习方式的多样化，促进学生自主性发展

教学的重要目标之一就是让学生领悟科学的方法，理解和掌握正确的物理规律，但学生的学习如果不经过自己的多样化的认识方式与思维加工，就难以真正理解和巩固知识，核心素养所要求的学生各方面的能力就难以得到培养。

在发展核心素养的过程中，教师要让学生能主动地、独立地学习。也就是说，物理教学除了具有传授知识的功能以外，还有潜在地培养学生能力的功能、应用的功能和教育的功能，这些潜在的功能对于培养学生核心素养更为重要。我们要研究如何给学生营造一种能够指导、组织学生自主地学习的氛围，尽可能让所有的学生都"动"起来，鼓励学生"奇思异想"，让学生自己去认识和发现知识、发展技能。例如，在探究性学习中，教师应尽可能地让学生自己发现问题、提出问题、设计方案、查找资料、进行探索、得出结论等，充分激活学生的思维。即使学生的方案、结论有不完善或者有错，教师也应鼓励和引导，不能指责和简单地否定。我们还要善于保护学生的学习兴趣，探索因人而异的教学方式。在此过程中，如有的学生对物理实验特别感兴趣，教师应加倍呵护他们的兴趣和好奇心，在物理实验方面给他们提出更明确的要求，使他们充分体验到成功的喜悦，从而引导他们进一步动手动脑学好物理。

（3）核心素养要求转变教师的教学行为

在不断落实核心素养的过程中，对教师的教学行为和要求的变革是深刻的，它要求教师必须尽快地从传统的角色中走出来，成为课程的研究者、实施者和创造者。教师要成为学生学习的重要伙伴，应做到以下"五导"：

① 引导：帮助学生制定适宜的学习目标，并引导学生确认和协调达到目标的最佳途径。

②指导：指导学生形成良好的学习习惯，掌握最佳的学习策略。

③诱导：创设丰富的教学环境，保护学生的兴趣和动机，诱导学生积极参与各种实践探究活动。

④辅导：针对不同学生指出不同的要求，对学习有困难的学生，针对他们的具体情况予以耐心的帮助和辅导。

⑤教导：教师要言传身教，做学生的榜样，对学生的教育要有耐心，会做细致的思想工作。

（四）核心素养下初中物理课堂教学现状的调查分析与思考

为改进课堂教学，提高课堂效率，课题组通过问卷调查的统计结果从教与学两方面来了解和发现不利于物理教学的主、客观原因，为寻求教学方式的创新，提高物理教学的有效性提供依据。

调查对象为本区域42位初中物理教师，并于2017年11月6日在宿豫区第一初级中学完成问卷调查，回收问卷42份，其中有效问卷42份，有效率为100%。调查结果与分析如下：

1. 初中物理课堂教学中"教与学"的现状及分析

（1）教师的教学观念及对素质教育的认识（表2-2至表2-7）

表2-2　在教学中不同教师的侧重点的对比情况

学科的知识体系	解决问题的思路和方法	以学科知识和体系为主、思路和方法为辅	以思路方法为主、知识和体系为辅
2.4%	30.9%	40.5%	26.2%

表2-3　在教学中不同教师对结论和过程分析的对比情况

更看重结论	更重视过程分析	以结论为主、过程为辅	以过程为主、结论为辅
7.1%	42.9%	14.3%	35.7%

表2-4　在教学中不同教师对习题操练和方法教育看法的比较

更重习题操练	更重方法教育	以习题操练为主、方法教育为辅	以方法教育为主、习题操练为辅
11.9%	28.6%	23.8%	35.7%

表2-5　在教学中不同教师对于要培养学生的创新精神的看法的比较

学生已没有精力搞创新	中学阶段培养不出创新精神	通过实验、改变教法、运用现代媒体等都可以培养学生创新精神	其他
23.8%	7.1%	57.2%	11.9%

表 2-6　在教学中不同教师对创新性的理解的对比情况

求变、求异，各个层面都有创新之可能	对教材调整、补充，让学生积极参与教学过程	应用多媒体技术	其他
19.0%	69.1%	7.1%	4.8%

表 2-7　在教学中不同教师对于素质教育的看法的对比情况

通过素质教育，十多年来课堂教学的情况发生了很大的变化	十多年来课堂教学情况没有明显的变化	应试能力也是学生应具备的素质之一	到现在还说不清楚素质教育的确切含义
26.2%	19.0%	47.7%	7.1%

从上述结果分析可知：

① 经过几轮的教学改革，本区域初中物理教师的教学观念发生了明显的变化，特别是在核心素养指导下教学中以过程分析为主者占到了 42.9%，以重方法教育为主者占到了 28.6%，从注重"教会"学生转变到让学生"学会"上，从让学生"知道什么"转变到让学生"怎样知道"。

② 也有一部分教师的教学观念还要进一步转变，如在教学中还有 40.5% 的教师认为学习中应让学生以学习学科知识和体系为主，这是长期以来受"学科中心"论的影响而造成的。关于这个问题，在"课程标准"中明确指出了物理学与物理教育的区别与联系，中学物理教育应更体现基础性、浅显性和教育性，这还需要我们花大力气转变教师的观念，从而在课堂教学中真正贯彻素质教育的要求。

③ 教师对在教学中培养学生的创新精神和实践能力有了一定的认识，普遍持赞成态度，但认为多年来课堂教学现状没有明显变化的占到 19.0%，这在一定程度上反映了教师们的矛盾心态，虽然认识到了素质教育的重要性，可是在考试指挥棒的压力下又不得不为了考试取得好成绩而教，使学生为考试而学，如何改变这种状况，把对学生能力的培养真正落到实处还有待我们加强研究与指导。

（2）教师在教学过程中的教法及教学手段的使用（表 2-8 至表 2-13）

表 2-8　教师在课堂上最擅长的教学方法的对比情况

以讲为主	以实验为主	以辅导学生自学为主	以让学生提出问题，指导学生寻找解决问题的方法为主
45.3%	26.2%	7.1%	21.4%

表 2-9　学生在物理课上最喜欢的教学方式的对比情况

教师多讲点	边讲边练	在实验中学习	由同学提出问题和构想寻找解决问题的方法
16.7%	23.8%	35.7%	23.8%

表 2-10　教师对于将多媒体技术引进课堂的不同看法对比情况

是个方向	效果很好，与其他媒体结合使用	花架子	课件少，很不方便
35.7%	23.8%	7.1%	33.4%

表 2-11　教师在课堂上使用最多的现代化教学工具的对比情况

投影仪	计算机多媒体设备	一体化投影
0	71.4%	28.6%

表 2-12　教师对多媒体教学手段使用频率的对比情况

确实经常使用	只在公开课使用	缺乏课件，很少使用	没用过，也不会操作
35.7%	35.7%	21.5%	7.1%

表 2-13　物理教师对多媒体技术的使用频率的对比情况

常用	有时用	很少用	没用过
45.3%	26.2%	28.5%	0

从上述教师问卷与学生问卷对比结果分析：

① 教师的话语霸权太重。目前课堂教学中还是以传统的"教师讲、学生听"的模式为主，约占 45.3%，课堂交往的前提本应是平等、对称的，但在实际课堂交往中，教师常处于话语霸权地位，总是以长者、权威、榜样等身份俯视着学生，在这种前提下，课堂交往很容易演变为独裁，师生关系成了"我主你客""我说你听"式的服从关系，教师把话语权牢牢地握在自己的手中，教学过程中不能很好地体现学生的核心素养。例如：向学生提问时，教师的心中已有了一个标准答案，一旦学生回答错误、出现偏差或不流畅，就打断学生，阻止学生的发言，或对学生的发言不理不睬转向其他的交流对象。话语霸权会让学生产生"猜"的心理，猜测老师所要的答案，进而导致学生不再有积极的思考。学习过程主要表现为"接受—理解—巩固—解题"，这种注入式的教学，从形式上看效率很高，但学生究竟真正感受到什么、掌握了多少呢？学生发现不了问题，更不会提出问题，又怎能提升学生批判质疑能力和主动探究精神？在科学知识、信息迅速发展的今天，教会学生怎样学，如何获取、处理信息，这比单纯存贮信息更为重要。我们欣喜地看到，以实验、探究方法为主的课堂教学占到约 35.7%，说明经过十多年的教学改革，教师已经认识到了让学生参与课堂教学、培养学生能力的重要性，并且有许多教师已在教学过程中付诸实施。

② 在教学工具的使用方面，教师使用最多的是计算机多媒体设备，一体化投影设备占比也较高，这说明教师们学习使用多媒体技术的热情也很高。

(3) 课堂上学生的学习情况（表 2-14 至表 2-23）

表 2-14　学生在课堂上主动向教师质疑的情况

存在，许多同学都能主动提问	不普遍存在，凡能主动提问的都是成绩较好的同学	不普遍存在，凡能主动提问的都是成绩较差的同学	大多数同学不习惯主动提问
16.7%	66.7%	2.3%	14.3%

表 2-15　教师在课堂设置问题的情况

数量较多且精心准备	数量一般且精心准备	数量较多，没有精心准备	数量一般，没有精心准备
50.0%	23.8%	21.5%	4.7%

表 2-16　课堂上师生之间、同学之间的讨论情况

经常讨论并形成习惯	经常，但讨论得不深	有时讨论，但不多	很少讨论
11.9%	33.3%	52.4%	2.4%

表 2-17　从整体上看，教师对学生的学习方法和学习习惯的认识情况

很好	比较好	说不出好坏	存在很多问题
2.4%	35.7%	26.2%	35.7%

表 2-18　学生对自己学习方法满意情况

很满意	比较满意	说不出满意不满意	不满意
9.5%	38.1%	40.5%	11.9%

表 2-19　学生在独立思考、整理知识、提出问题等方面的能力情况

很强	较强	较弱	很弱
2.4%	26.2%	61.9%	9.5%

表 2-20　学生在实验课上动手和解决问题的能力情况

很强	较强	较弱	很弱
2.4%	33.3%	61.9%	2.4%

表 2-21　学生在物理学习中最薄弱的能力情况

解题能力	实验能力	解决问题的能力	联系实际的能力
21.4%	16.7%	28.6%	33.3%

表 2-22　教师认为学生抄袭作业的情况

严重	较严重	不频繁	没有发现
4.8%	38.1%	52.3%	4.8%

表 2-23　学生认为同学间抄袭物理作业的情况

很严重	比较严重	很少	基本没有
9.5%	33.3%	42.9%	14.3%

从上述问卷结果分析可知：

① 课堂上学生主动向教师提问、经常讨论的比率只占 16.7%，从某种程度上讲，提出问题比解决问题更为重要，因此必须大大增加教学过程中学生的活动量，培养学生主动学习的能力和习惯。切莫把"对话"变成"问答"。把传统的"满堂灌"变成"满堂问"，"是不是""对不对""好不好""你们想学吗""你们会了吗""你们学得开心吗"之类没有启发性的问题充斥课堂；或是把问题切得很细很碎，让学生在"碎石似"问题组成的跑道上亦步亦趋，把整体性教学内容肢解得支离破碎。在教师课堂设置的问题上，数量较多且课前教师能精心准备的占比较大，说明教师对通过问题激活学生思维的认识有了很大的提高。当然也有教师低效、无用或口头禅的语言也不少。例如，"是这样吗""对吗"，这些都是把师生之间、生生之间的平等互动的对话庸俗化为机械问答，课堂上一问一答，表面上师生、生生在互动，实质上是用提问的方式去"灌"，直至学生钻进教师事先设计好的套子里，这些问题都是低效的，但仍然还是存在的。

② 把"合作"变成"合坐"，片面追求小组合作学习这一形式，对小组合作学习的目的、时机及过程没有进行认真的设计。一有疑问，无论难易，马上布置前后 4 人小组坐在一起讨论，甚至一些毫无价值的问题都要在小组里讨论。讨论时间又不去把握。有时讨论时间过长，学生最后把讨论变为聊天；有时讨论时间过短，学生还没有进入合作学习的状态，小组合作学习就在老师的要求下结束了，"成果"从何谈起？这是典型的应付式、被动式讨论。而学生方面，往往缺乏平等的沟通与交流，尤其是缺乏深层的交流和碰撞，结果往往是"发言明星"的意见代替了小组其他成员的意见，学习成绩差的学生成了"陪衬"，他们即使发表了意见也不会受到重视，从头到尾当听众。这种小组合作学习处于一种自发阶段，随意性较大，偏重于"坐在一起"的形式，缺乏对其内涵的深刻认识和反思，也不能体现学生真正的核心素养。

③ 学生的核心素养较低，包括独立思考、提出问题和解决问题等方面的能力，因此，如何做到从单纯的知识学习转变为知识、方法、能力、态度兼顾的学习，这个问题不仅在于学生学习习惯等的转变，更在于教师教学观念的转变。

④ 在当前的中学物理教学中，学生抄袭作业的现象还是比较严重的，这其中有相当一部分是学习有困难的学生。

2. 思考

(1) 培养教师良好的驾驭课堂的素养

核心素养的落实，是对教学内容的选择和变更，是以学习方式和教学模式的变革为保障。为此，教师在课堂上应该有效遏制自己的"话语霸权"，把学习的权利、展示的机会、思考的时间、实践的活动还给学生，让学生在主动的学习和合作的学习中成长、进步。核心素养要求课堂学习方式要从以讲授为中心转变为以学习为中心的课堂，中间的桥梁是"问题化学习"。"问题化学习"让我们看到，所有的教学必须以学生学习为主线去设计，必须让学生真实的学习过程能够发生并且展开。教师需要在教学中强调问题化学习。以真实的问题形成问题链、问题矩阵，就是试图让学生在学习中，在对问题的追寻中，慢慢形成一个知识结构——从低结构到高结构，从本学科的结构到跨学科的结构，从知识到真实的世界。在问题化学习的过程中，以认知建构的方式去重组问题、重组内容，让学生在问题与问题的联系中，在综合地带和边缘地带，进行知识的碰撞，进行知识与知识之间的联系。为此，教师进行教学计划和教学流程的精细化安排，重新组合各节的内容，有缩有放，有张有弛，从而实现"边学习、边实验、边思考"的物理弹性教学，真正实现初中物理课堂教学中通过有效或高效问题来激活学生的思维。课堂是学生进步与发展的阵地，是师生交往的平台，而不是教师表演的舞台；教材是我们的媒介，知识是双方交互的载体，学生的发展是最终目的。所以教师要走到学生中间去，不要老是站在高高的讲台上"指手画脚"，要缩小与学生交往的空间距离，提高亲和力。当学生的探究性学习效率不高、浅尝辄止时，教师不能听之任之，而应启发其思考，于浅处深问，于无疑处激疑，指导其发现更远的目标，让他们向思维与真理的"深海"进发，扩大思维空间；当学生的多元、个性解读误入歧途时，教师不能敷衍了事，而应组织辩论，多方比较，耐心引导，让他们回到正确的轨道上来；当学生的学习动力不足时，教师应及时发现，摸清情况，有针对性地为学生加油、鼓劲，注入理想的热情与生命的激情。

（2）珍视并合理利用日常教学中的资源，为有效教学服务

一方面，可以超越狭隘的教学内容，让师生的生活经验更多地融入课堂中；另一方面，可以大大激发学生的课堂参与热情，让"死"的知识"活"起来，让"静"的课堂"动"起来，变单纯的"传递"与"接受"为积极主动的"发现"和"建构"，从而达到转变课程功能和学习方式的目的。在师生不断地"识错""思错""纠错"中，新的资源不断生成，这对于教育视野的拓展、教育观念的转变及师生创造性智慧的激发都会起到十分重要的作用。错误之所以珍贵，其价值有时并不在于错误本身，而在于师生通过集体查错、思错、纠错获得许多新的启迪。这不仅需要我们有沉着冷静的心理和从容应变的机智，更需要我们牢固树立"错误资源"意识，明确学生出现的错误。在课堂教学中，对于错误，不要只看到消极的一面，千方百计地让学生减少错误。其实，错误往往是正确的先导，学生思维中所谓的错误，正是思维过程中的闪光之处，教师要抓住这个错误把学生引向成功。课堂上学生出现"错误"并不可怕，不出现"错误"的课堂反而是可怕的，更为可怕的是教师错误地对待学生的"错误"。许多错误解法的背后，往往隐藏着学生的创新因素。教师不可轻易地给学生的回答判"死刑"，而要理解学生的异想天开，理解学生的错误，给学生创设一个自主探究的情境，让学生在纠错过程中自主发现问题、解决问题。

（3）我们需要心神的安宁，关心学生学习兴趣

在教学中，教师要静下心来备每一节课，静下心来批阅每一本作业，静下心来与每

个学生对话，静下心来研究教学要求，静下心来总结规律，静下心来反思自己的言行和方式，静下心来细细地品味与学生一起度过的分分秒秒，品尝其中的乐趣，品味其中的意义。帕斯卡尔写过：人是一根能思想的苇草。作为一名教师，就应该养成思索的习惯，从思考中体验到快乐。

(4) 落实好目标导学课堂教学模式

要认真钻研教材和考试要求，准确地制订学习计划，制定学习目标，既不降低也不能随意拔高。该"会运用"的，就要能当堂运用，不能人为地降低到"知道"和"了解"的要求上。不该拓展的坚决不能拓展，用科学的课时目标导控教师的教，导控学生的学。唤起学生已有的学习经验，调动学生的学习积极性，激发学生参与学习活动的意向，明确学习目标和任务，使学有目标、评有标准。

让课堂变成自主课堂、活动课堂。一节课，无论教师采取何种手段，一支粉笔也好，多媒体技术也罢，都必须将学生置于主体地位。在教学中，要大力倡导和精心设计学科活动，尤其是探究性教学活动，目的是让学习者的亲身经历与学科知识建立联系的过程。让学生通过体验，重构知识，使学生成为活动的主体，而不是"被活动"，要精心设计活动，充分体现活动的教育性，在核心素养的目标下，结合学科内容和特点设计活动。学生学习的过程是学生自己在原有知识基础之上进行自我建构的过程，这是任何外在手段都不能替代的。教师的教必须转化为学生的学，教学的过程实际上就是教师通过组织、引导和激励，努力推动学生进行自主学习的过程；活动课堂是自主课堂的必然要求，没有学生的活动，就没有自主可言。学生在活动中去经历、去探索、去发现，在活动中体验成功的喜悦和创造的欢乐。有经验的教师从不陶醉于个人的表演，而是一环扣一环地引导学生说一说、写一写、听一听、议一议、做一做、练一练、想一想、演一演……根据课堂需要和学生水平不断变换活动内容和活动方式，用活动贯穿整个课堂，使学生兴趣盎然，乐在其中。

三、建构核心素养的初中物理"激活—探究"教学模式的文献研究

(一) 教学模式综述

教学模式是在一定的教学思想或教学理论指导下建立起来的，是较为稳定的教学活动结构框架和活动程序。在教学实践中，教学模式表现为具体的教学策略、学习策略、教学方法和教学流程，它是多种教学方法和学习方法与各种具体教学目标相结合后而形成的规范化、程式化和可操作性强的教法体系和学法体系，它是教学过程和教学结构（教师、学生和教材三要素的组合关系）的有机结合。

笔者查阅了数百种教学模式，阅读了一百余篇有关教学模式的文章，并重点研读了四十余篇。概括起来，我国的课堂教学模式可分以下三类：

(1) 传统教学模式——"教师中心论"

这类教学模式的主要理论根据是行为主义学习理论，是我国长期以来学校教学的主流模式，持续时间最长。

（2）现代教学模式——"学生中心论"

这类教学模式的主要理论依据是建构主义学习理论，主张从教学思想、教学设计、教学方法及教学管理等方面均以学生为中心，20世纪90年代以来，随着信息技术在教学中的应用，这类教学模式得到迅速发展。

（3）优势互补教学模式——"主导主体论"

这类教学模式是以教师为主导，以学生为主体，兼取行为主义和建构主义学习理论之长并弃其之短，是对"教师中心论"和"学生中心论"的扬弃。"主导主体论"教学模式体现了辩证唯物主义认识论，但在教学实践中还没有行之有效的可以操作的教学方法和模式。

在我国物理教学中已有的较优化的教学模式有以下几种。

（1）物理目标教学模式

将课堂教学过程划分为五个阶段，基本模式是：目标的展示与自达—前提目标诊断—基层目标导达—高层目标助达—目标检测，即以特定的教学目标为导向，充分发挥学生学习的能动性，以达到课堂教学的最优化。

（2）物理启发式综合教学模式

以学生实验、自学为主，合理地综合运用多种教学方法进行启发式教学的一种形式。它体现以物理实验为基础的学科特点和学生的年龄特点，强调通过实验来调动学生的学习积极性。这种教学结构根据学生的现状、教学内容和恰当的教学方法来组织教学。在课堂教学中，切实体现以学生为主体、教师为主导的精神，合理地组织几种必要的教学方法，综合运用，灵活地启发、引导学生自学，使学生既学到物理知识，又培养能力，并逐步掌握科学的学习方法，养成良好的学习习惯。

（3）物理探索性实验教学模式

学生在教师的启发引导下，亲自做实验，去研究事物、探索新知。其核心思想就是在整个教学过程中充分发挥学生的主体作用。学生在探索目标的吸引下，产生浓厚的学习兴趣和强烈的求知欲望，从而积极、主动、创造性地学习。学生在实验探索过程中，在获取新知识的同时，更主要的是实验能力、观察能力、思维能力得到培养，科学方法得到训练，创造精神得到激发。其教学过程的设计可分为：根据教学目的，提出探索目标；带着探索目标，指导学生实验观察；根据探索目标，组织学生讨论、交流；引导学生进行归纳、整理，概括出正确的结论。

以上这些具有代表性的模式力求重视教师的主导作用和学生的主体作用，较好地处理了教与学、掌握知识与发展能力、统一要求与因材施教、理论与实践、减轻学生负担和提高教学质量诸方面的关系，有利于实现从"应试教育"向素质教育的转变。但在这些教学模式中，大多关注教学活动的教法与学法设计，激发学生学习的动机和培养学生动手实践能力存在着浅尝辄止的现象，教师的主导作用如何更好地把控，学生的主体地位如何有效体现，这在物理教学模式的研究上还是不多见的。鉴于此，课题组提出基于学生核心素养的初中物理"激活—探究"教学模式建构与研究课题。

(二) 教学模式理论

教学模式是一定的教学理论或教学思想的反映，是一定理论指导下的教学行为规范。基于学生核心素养的初中物理"激活—探究"教学模式的建构与研究源于张熊飞的《诱思探究学科教学论》的基本构思，得益于激活教育理论、主体教育理论、认知理论和建构主义教学理论。现就五大教育理论主张的教学观做如下综述。

（1）诱思探究学科教学论

诱思探究学科教学论是以学生的学习为逻辑起点，以教学、心理、发展为基本教学范畴，以教学的职能观、机制观和价值观为基石，形成了诱思教学思想论、探究教学过程论、三维教学目标论。要求教师在教学过程中积极主动地创造条件，实现学生的主体地位，通过循循善诱促进学生独立思考，引导学生五官并用、全身心地参与教学过程，做知识的"探索者"和"研究者"，在切身体验和感悟中达到"掌握知识，发展能力，陶冶品德"的三维教学目标，从而促进学生掌握知识、完善人格、获得全面发展。其核心是变教为诱，变学为思，以诱达思，促进发展。这一思想体现在具体的教学过程，在课堂教学中运用探究教学方法论，要求教师按照教学的心理特征和思维规律，吃透教材，吃透学生，设计最优化的教学过程。

（2）激活教育理论

"激活"是当代行为主义心理学术语，指对神经系统或有机体进行刺激而促使其产生应激反应。"激活"涉及"人"的时候，一般是指在人的心灵或生命当中沉睡着大量的潜能和智慧，要通过一定的方法使其活跃、激扬起来，从而使潜能转化为现实的能力，展露生命的活力和智慧的光芒。把它与教育观对照时，发现教育的本质就是激活。教育的终极目标不在于传授或接纳某种外在、具体的知识和技能，而是要从人的生命深处激起沉睡的自我意识、生命意识、生命之灵性和可能性，促使其价值感、生命感、创造力的觉醒，以实现自我生命意义自由自觉的建构。教学应唤醒沉睡的潜能，激活封存的记忆，开启幽闭的心智，放飞囚禁的情愫。而这正是激活教育努力践行的真义和追求的境界，激活教育强调激活课堂、激活课程、激活教与学的资源，激活学生的思维，是对新课改理念的自觉呼应。

（3）主体教育理论

人的主体性是人的自然性和社会性的最本质的特征，是人之所以为"人"的最重要的前提。教育作为培养人的社会实践活动，理应注重培养和发展人的主体性。培养和发展人的主体性，说到底是要引发受教育者内在的教育需求，创造和谐、宽松、民主的教育环境，有目的、有计划地组织和规范各种教育活动，从而把受教育者培养成能够自主地、能动地、创造性地进行认识和实践活动的社会主体。这正是构建初中物理"激活—探究"课堂教学模式所要实现的重要目标，因此，主体教育理论将是我们开展研究的理论支撑之一。

（4）认知理论

著名心理学家皮亚杰研究表明：学习并不是个体获得越来越多外部信息的过程，而是学到越来越多有关他们认识事物的程序，即建构了新的认知图式。学生学习的过程，应该是学生和周围环境积极作用的过程，学生通过不断地同化、顺化、平衡，从而不断提高自己的认知能力。"激活—探究"教学模式中的建构有效学习，就是符合学生认知发展规律的一种学习方式，在实施过程中，符合认识论的基本思想：实践—认识—再实践—再认识。

（5）建构主义教学理论

建构主义是认知结构学习理论，强调学生的巨大潜能，认为教学要把学生现有的知识经验作为新的知识生长点，引导他们从原有的知识经验中"生长"出新的知识经验。它认为学习是在社会文化背景下，通过人际间的协作活动而实现的有意义建构的过程。建构主义学习理论认为：学习是一个积极主动的建构过程，学习者不是被动地接受外在信息，而是根据先前认知结构主动地和有选择性地知觉外在信息，建构当前事物的意义；知识的建构并不是任意的和随心所欲的，建构知识的过程中必须与他人磋商并达成一致，并不断地加以调整和修正。有效教学应当运用建构主义理论，可以有效地促进学生去主动建构知识，建构自己的经验世界，在建构中成长。

（三）教学模式明晰

基于学生核心素养的初中物理"激活—探究"式教学是在《中国学生发展核心素养》发布的背景下，课题组通过以情境、问题或实验等来激活课堂，激发学生的探究欲望，从而引导学生进行自主探究的初中物理教学模式。它是以教师为主导，以学生为主体，在初中物理教学中通过情境创设有效问题，激发学生思维，调动学习兴趣，使学生从"要我学"变成"我要学"，让学生在学习情境中通过观察实验，发现问题，寻找证据，形成解释，获得知识与技能，体验成功乐趣。它是一种积极的教学过程，师生的潜能得以挖掘，能力得以培养，物理学科核心素养得以彰显。

基于学生核心素养的初中物理"激活—探究"式教学的本质在于激发学生的学习兴趣，对兴趣的解读不能仅从表面字义来认识，要有更宽广的视角。外在来说就是一定的压力、责任、担当教育；内在来说就是动机，就是兴趣、好奇和毅力。探究是教学行为和实践，学生主动学了，学会学习了，学有所得了。学习所得不仅是物理知识和应用例子，还有方法（科学方法）与技巧策略，更有科学体验和感悟以及由此提升的科学品质（科学精神、科学态度、科学认识、科学世界观和自然观等）。

从基于课程标准要求出发，从提高学生科学素养以及探究能力出发，从提高教学质量以及中考成绩出发，在了解不同层次能力、要求的基础上构建体现现代教育理念以及符合学生认知特点的核心素养的初中物理"激活—探究"教学模式，给出实施的原则、方法和路径。经过实践提出相应的教学策略。

（四）教学模式构成

基于学生核心素养的初中物理"激活—探究"教学模式构建，从基于课程标准要求出发，从提高学生科学素养以及探究能力出发，从提高教学质量出发，在了解不同层次能力、要求的基础上构建体现现代教育理念以及符合学生认知特点的初中课堂教学模式。我们选取苏科版初中物理教材为样本，创造性地运用教材，以学生为主体，通过有效问题的设置，激活教学活动，引导自主学习发现问题，通过合作探究解决问题，形成扎实的教学合力，塑造优秀的学科品质。

1. 模式的操作序列

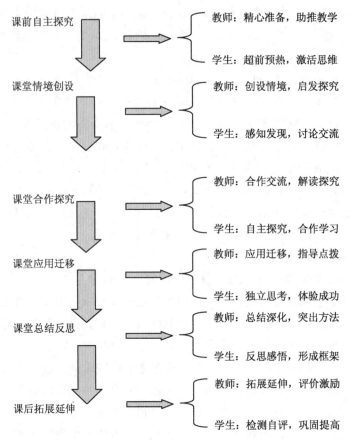

图 2-1 "激活—探究"教学模式操作序列

2. 模式的设计原则

① 主体性：激活学生学习的内部动机。

② 做中学：为学生提供手脑并用的机会。

③ 探究与接受相结合：关注理论与实践。

④ 互动性：关注有效合作与交流。

⑤ 多样性：采用灵活方式防止探究模式僵化。

3. 模式的操作要点

（1）课前自主探究要有助推作用

为了让学生产生自主学习的兴趣和动力，在设计课前自主探究时，要以问题为主线，激活学生思维，调动学生学习兴趣，提高学生课堂关注度。自主学习的任务主要设定为两块：一是对探究中学生即将使用的基础性知识可能的薄弱环节进行先期弥补，如学生的"易错点""遗忘点"；二是对探究活动的某些要素进行前置性独立学习，视要素的难易程度，一般可将"提出问题""猜想和假设""设计实验"提前到课前完成，如果实验器材易于准备、进行操作的难度也较小时，也可将"收集实验证据"提前，这样在课堂上，就能比较充分地展开"猜想的论证与筛选""实验设计的评价与优化""实验的实际操作"等方面的考察，从而既不会失去进行探究的必要性，又能在有限的课堂时间内充分地完成探究，保证探究的高效性。

(2) 课堂情境创设要有预设性

在核心素养引领下，教师在新课授课前，要创设情境为学生提供真实的素材，营造一种自由、轻松、开放的探究氛围，启发探究，促进学生感知发现、讨论交流。该环节与一般的导入课堂模式有所不同，它不但要能激发学生的学习兴趣，而且还要通过设置有效问题来激活学生的思维。不但是本节课的起点，也是本节课的终点，而且要贯穿整个课堂，激活往往由教师来完成，探究点一般由教师来预设。

(3) 课堂合作探究要慎重组织

"科学探究"是物理学核心素养中的核心部分，它是学生在学习物理过程中探索和了解自然、获取知识的主要方法，是提出科学问题、形成猜想和假设、获取和处理信息、基于证据得出结论并做出解释的过程，是对科学探究过程和结果进行交流、评估、反思的能力。

该环节是本模式的核心环节，大部分工作由学生完成，主要是围绕探究点展开的问题探究，此处的问题可以由教师提出，也可随着学习活动的进行由学生自己发现和提出。此处的活动，不仅仅指动手，也包括动脑、动口，具体来说包括调查研究、实验操作和分析、阅读、思考、合作与讨论、展示、板演等。教师要激发学生尽可能独立思考、自主探索，理解知识本质、解决疑难问题，养成良好的责任意识。在遇到只凭个人能力无法解决，必须依靠小组的力量和智慧时，才组织小组同学进行合作探究，通过同学之间的相互交流、辨析，揭示事物的本质，解决困惑。所以，教师应充分了解学生的学习实情，结合教材中的重点、难点，正确选择合作探究的内容。在组织小组合作探究时，要使大家明确探究的目的、探究的方法和时间的限制，对每位小组成员要有明确的分工。小组交流时，要激励每位学生，尤其是激励学困生主动发言，要求所有学生认真倾听别人的意见，相互补充、相互提醒，使获得的知识和能力具有完整性。

(4) 课堂应用迁移要有针对性

该环节的功能为：通过创设真实问题情境再创教学高潮，达到巩固知识、培养解决实际问题能力的目的，通过对真实问题的解决，学生再次感受知识的价值、体验成功的喜悦。这是对所讲知识点的深化与整合，要求一定要有针对性，教师结合学情，以例题为突破口，精心设计例题或习题的变式题及拓展性例题，并对例题进行归类，且设计质量较高的变式训练题，及时强化知识与技能的达成。

(5) 课堂总结反思要有多样性

该环节是本堂课教学的一个不可缺少的过程，学生学习成果展示的方法要力求多样化，充分调动学生的学习积极性，重点对概念的理解、不同观点的质疑，都要让学生大胆说出来，正确表述自己的观点，提高语言表达能力。教师要善于引导学生总结本节课所学习的知识和方法，使之形成体系。同时兼顾与本节内容相关、为下节课铺垫或有趣味性的问题，让学生学而未尽，尽享学习的乐趣。

(6) 课后拓展延伸要学以致用

这一环节属于"实践"环节，只有经过实践运用的知识才能牢固地活化在自己的脑海里，历久弥新。为达到学以致用的目的，教师要精心选编练习，兼顾基础性、发展性、提高性，达到巩固目的。学生最好的实践是"精练"，通过高效率的练来强化知识与技能的掌握，"知行合一"，让学习与智慧同行，用最经济的学习时间获取最优化的学习效果。课题组在研究中查阅了大量的文献资料，特别搜集了一些古今中外的名人或经典的读书方法，结合实验和学校学生的阅读现实情况取长补短，给学生一些课外阅读方法上的指导。

（五）教学模式愿景

目前，核心素养被置于课程深化改革、落实立德树人的目标基础地位，而初中物理教学是物理学科的启蒙教育，要注重体验物理学习的乐趣，培养学生学习物理的兴趣，掌握学习物理的方法，发展学生的思维。通过教学模式和学习方式的研习和探索，有助于教师自身教育理论素养和教学技能的提高；有助于学生突出个人修养、社会关爱、爱国情怀，同时更加注重学生自主发展、合作参与，养成一种终身探究学习的习惯。此模式构建是在核心素养背景下以激活教育、主体教育、结构认知、建构主义教学等理论为依据，建立基于价值引导与自主建构相统一的教学范式。对学生的潜能开发、精神唤醒，彰显弘扬独特性与主体性；对教师的经验共享、视界融合与灵魂感召。真正的物理课堂教学能唤醒潜能，激活动机，开启心智，放飞情愫，这正是新课程改革努力践行的真义和追求的境界。我们的教学是双向的，不仅要发挥教师的主导作用，而且要发挥学生的主体作用。模式研究与设计要兼顾六个方面：关注理念引领、关注个性发展、关注学习方式转变、关注智慧教育、关注教学相长、关注深度学习。总之，初中物理有效课堂的建构应始于教师激活，重于师生互动，精于学生探究。

第三章 基于学生核心素养下的初中物理"激活—探究"教学模式的实践研究

课堂是撬动教育的支点,改革就是变革课堂的杠杆。随着课程改革深入推进,课堂教学要真正实现由知识本位向成长本位转变。知识不是只靠教师传递的,而是学生在自主学习中建构和生成的;能力不是从说教中来,而是主体的体验、感悟、内化形成的。在认真学习新课标、新理念的基础上,运用激活、认知、建构等理论,结合实践,在初中物理课堂教学中尝试进行"激活—探究"教学模式的探索。

一、教学策略与案例评析

借助现行的苏科版初中物理教材,挖掘各章节激活点和探究点,从学生兴趣入手,结合地域教育资源,汲取现成教材中的积极因素,对部分骨干教师进行培训,打造师生共建的课堂、立体感知的课堂、多元激励的课堂,把课堂教学策略落实到具体的教学之中,构建有效的探究性学习,形成具有参考价值和借鉴意义的案例。

(一)教学策略

1. 转变思想、更新观念是实现核心素养下的"激活—探究"教学的关键

课堂是师生教与学活动的主阵地,是实施核心素养和素质教育的主渠道。转变思想,就是实现教为学服务,确立以人为本的教育思想。更新观念,就是树立正确的学生观,发现、培养、保护和发展学生的天性与个性,为学生提供适合成长的条件,确立学生的主体地位。学生知识的形成既不是被动接受的,也不是真正发现式的,而是通过导向性信息(教师)跟原有知识和思维结构(学生)相互作用实现的,它是一个互动建构的过程。教师只有转变观念,大胆实践,物理教学才可能变得生机盎然,焕发生命活力。

2. 加强物理教学的实践性是实施核心素养下的"激活—探究"教学的途径

核心素养下要求物理课程改革强调学生参与活动、操作实践、经历探究。物理实验是物理教学的重要活动,它能吸引学生注意,调动学习积极性,我们要重视和改进实验教学,使之成为建构有效课堂教学的途径。改变"独角戏"式的讲、演实验,让学生实验、探索设计实验,经历科学探究过程,习得方法,发展能力。物理教学的实践性还体现在概念的形成、模型的建立及习题的设计,应取材于学生周围熟悉的事物,让学生在

有充分的感性认识的基础上通过分析、概括、归纳形成理性思维，让学生在运用知识解决问题中形成实践能力。

3. 激发学生探究的兴趣和动机是核心素养下的"激活—探究"教学的必要条件

兴趣是激发学生学习、开发学生潜能的助推器。关注兴趣，就是寻找学生的兴奋点，寻找与学生心智水平相吻合的激趣方式，采取符合学生心理的教学手段和方法来实施教学。动机是学生学习潜能开发的原动力和源泉。教学要机智地激发学习动机，如激发好奇、真诚表扬、留白艺术、教具使用、策略调整等。激发动机和兴趣在于开发学生学习潜能，目的是有效提升学生的学习能力和实践能力。为学生的需要和发展设计教学，让学生亲力亲为，体验探究活动。让学生的思维自由驰骋，释放出学习潜能。

4. 让讨论、质疑成为核心素养下的"激活—探究"教学的基本方法

物理学家爱因斯坦说："提出一个问题往往比解决一个问题更为重要。"课堂上，学生能提出新的问题，表明学生能从新的角度去看待旧的问题，同时提出问题还可以促进学生思考、激活学生的思维，提高学生课堂关注度。从学习方式上看，能引导学生开展自主学习、合作学习和探究学习，并将学习过程转化为发现、提出、分析和解决问题的过程。

问题也是科学探究的出发点和归宿，讨论和质疑是开启科学探究的钥匙。没有问题难以诱发和激起学生的求知欲，没有问题，学生也不会去深入思考，学习只能是表层和形式的，也达不到深度学习。生生互动、师生互动的交流讨论也就无从谈起。讨论和质疑的过程，实际上是学生学习积极思维的过程。教师明确学生是具有主观能动性的、有创造性思维的活生生的人，要给学生施展个性、发展自我的条件和机会。多问几个为什么，充分激活学生的思维，让其养成习惯，提升学力。

（二）教学案例

以苏科版初中物理八年级"牛顿第一定律"一节教学为例。

本节教学目标是通过实验探究了解阻力对物体运动的影响，经过分析、归纳和推理建立牛顿第一定律；理解牛顿第一定律并能用于分析实际现象；通过观察和归纳建立惯性的概念，并能用于解释与惯性有关的现象。本节内容比较抽象，如果按常规照本宣科式完成教学内容，学生就会感到枯燥，也不容易理解。采用"激活—探究"教学，调动学生学习主动性，激活学生思维，为学生设计系列问题链，积极开展探究学习，可收到较好的效果。

1. 课前自主探究

问题一：物体受平衡力时，处于什么状态？

教师通过问题引领学生了解平衡力作用下物体所处的状态，为学习牛顿第一定律埋下伏笔。

意图：通过问题，学生了解了平衡力作用下物体所处的状态，为新授课做铺垫。

2. 课堂情境创设

问题二：亚里士多德认为，如果要使一个物体持续运动，就必须对它施加力的作

用；如果这个力被撤掉，物体就会停止运动。

意大利物理学家伽利略认为，物体的运动并不需要力来维持，运动的物体之所以会停下来，是因为受到了阻力作用。

你认为以上两种观点哪一个正确？

通过两种观点碰撞，让学生进行思考。

意图：为学生提供真实的情境，营造氛围，启发探究，促进学生感知发现、讨论交流。

3. 课堂合作探究

问题三：阻力对物体的运动有什么影响？

学生利用桌上的器材，让小车分别从同一高度下滑到不同平面上，如图 3-1 所示，观察小车在水平方向滑行的距离。

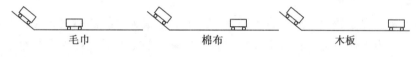

图 3-1　不同平面

意图：让学生在探究实验活动中体会在粗糙程度不同的平面上，大小不等的阻力对小车运动的影响。

问题四：如果水平面是绝对光滑的，那么小车将如何运动？

伽利略根据实验推理得出"运动的物体"如果受到的阻力为零，它的速度不会减慢，将以恒定不变的速度永远运动下去，即做匀速直线运动。

英国著名物理学家牛顿在伽利略等科学家研究的基础上对大量的事实进行了深入的研究，总结出牛顿第一定律：一切物体在没有受到力的作用时，总保持静止或匀速直线运动状态。

意图：通过此问题的设置，学生学习了前人的研究思想，通过分析、推理得出牛顿第一定律结论，同时学生认识到牛顿第一定律是在实验的基础上经过进一步的推理分析得出的，虽然世界上没有绝对不受力的物体，但由牛顿第一定律得出的推论却得到了大量事实的验证。

4. 课堂应用迁移

问题五：图 3-2 中汽车突然启动，图 3-3 中汽车紧急刹车，这两幅图说明了什么？

图 3-2　汽车突然启动

图 3-3　汽车紧急刹车

教师通过汽车突然启动时车上的人为什么向后仰和汽车紧急刹车时车上的人为什么会向前倾两种现象让学生思考。

意图：体会在科学探究中，通过生活实例进行对比分析，掌握惯性知识。

5. 课堂总结反思

问题六：通过前面的学习，你有哪些收获？

教师引导学生总结本节课所学习的知识和方法，使之形成体系。

意图：让学生能结合探究学习，展示成果，体验成功的乐趣。

6. 课后拓展延伸

教师要精心选编练习，兼顾基础性、发展性，达到学以致用的目的。此处还可设置一道创新型作业，布置写一篇"串、并联电路在生活中的应用"小论文。

意图：让不同层次的学生都有发展的空间，升华各自掌握的知识。"知行合一"，让学习与智慧同行，用最经济的学习时间获取最优化的学习效果。

案例评析：课堂教学以"问题"设置、生成和解决为主线的小组合作学习，其途径是以探究活动为平台，学生在自主建构、合作探究、展示对话过程中，学会了思考、分析、比较、总结、归纳和评价。本节课设计了六个问题，让学生围绕问题开展科学探究学习。真实的问题情境极大地调动了学生的学习积极性，创新了学习方式，突出了学习的自主性和实践性，学生在活动中利用自己的经验和已备知识去接受新的知识、成长新经验。

二、课堂观察与质性分析

走进课堂，走近师生；置身情境，观察课堂；关注细节，解析意义。在基于学生核心素养的初中物理"激活—探究"教学中，用观察的眼光、明确的主题，以独特的视角，透过课堂中观察到的事实，解析内在意义，获得教学感悟，实现教学重构。以教学用时分配、学生学习投入状态、课堂提问有效性为主题开展同课异构、同课同构，对比课堂观察和质性分析，形成模式实施策略。

（一）同课异构，对比观察

教学案例：长度的测量（苏科版八年级物理上册第五章第一节）。

"长度的测量"是传授测量基本知识和技能的开篇，其教学效果直接影响到后续的学习。大多数初中物理教材安排的教学程序都是这样：比较—科学比较—引入"测量"概念—单位（测量标准）—测量工具—测量方法—特殊测量。但是，初中的学生都已知道长度测量的基本方法和基本知识，教师讲解的"度"很难把握。在实际教学中常常出现两种极端情况：一是教师无视学生的前知识和生活经验，过多地讲解学生已知的基础知识，学生听得索然无味，学习缺少应有的深度和活力；二是教师认为学生已经都知道了，所以对教材内容只是照本宣科，一带而过，将时间主要放在长度单位换算和长度测量的习题训练上，把实验课转换成了习题训练课。

那么，怎样做到既合理利用学生已有的知识和生活经验，又充分发挥学习的主动性？基于学生核心素养的初中物理"激活—探究"教学模式，为本节课设计三项自主学习任务，让学生利用随身携带测量工具分组完成：测量物理课本的长与宽；测量教室楼层的高度；测量课本一张纸的厚度。这些原本后续学习的知识放到开头来学习，学生通过同伴互助，教师点拨，合作分工，实地测量，在15分钟内完成各项测量任务。接着，教师组织学生展示每个小组所用的测量方法，启发学生交流和评价，对学生采用的测量方法给予补充和完善。在这个交流的过程中，教师要求学生进行两项比较：一是比较测量值的大小。首先涉及"单位统一"问题，教师就可以结合当前学生的需要，结合教材讲解"测量单位"的概念，以及单位换算的方法。二是不同小组测同一个物体的测量值的比较，发现不是完全相同，提出问题：这究竟是什么原因？组织学生讨论。结合教材讲解"误差"知识，误差产生的原因、减小误差的方法。同时，讲解准确测量的方法：测量值应该等于准确值与估计值之和。这些原本是由教师讲解的知识，通过这样的设计，学生亲历过程，交流讨论，教师再加以指导，从而使学习的过程符合学生的认知规律。

两种教学设计的对比：

这种基于学生核心素养下的初中物理"激活—探究"教学模式的教学过程"颠覆"了整个教材的安排，相比传统的教学，本节课的学习过程令人耳目一新。两种教学设计的流程如图3-4所示：

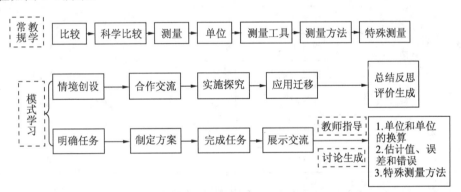

图3-4　常规教学与模式学习教学流程对照图

通过对学生核心素养下的初中物理"激活—探究"教学有关理论的学习和研究，我们对建构有效的初中物理教学模式有了一定的了解。同时，相关的教学实践告诉我们，基于学生核心素养下的初中物理"激活—探究"的教学过程与传统意义上的物理课堂有所不同。展开的课堂教学不按教材编排的顺序，而是以"问题、任务"为驱动，强调学生主动参与，合作探究，在这样的学习过程中，学生的主动性更强，完成任务需要手脑并用，调动多种感官，开展合作交流，课堂气氛更活跃，学生探究实践能力得到更好培养，这就使我们对初中物理教学中进行"激活—探究"教学模式建构学习的优势有了更多的期望。下面对本课例进行观察，洞见学生核心素养下的初中物理"激活—探究"教学模式的机理，为更好地应用寻找支撑。

(二)课堂观察

1. 课堂观察一:教学用时分配

要观察学生在学习中的参与度,必须从实际课堂可观测的细节入手。首先是课堂教学用时的分配。一节课有多少时间是教师自己在讲,有多少时间留给学生思考、讨论、动手探究,课堂用时的分配能从很大程度上反映出学生的主体参与度。我们可以设想,如果一节课三分之二的时间是教师在讲授,那么学生的主动参与程度就可想而知了。

基于以上分析,我们对两种教学设计下"长度的测量"进行了课堂观察,设计了观察量表,用以记录各部分教学内容所用的时间,并对数据进行必要的整理和分析汇总,得出了两种教学方式下教学内容和教学行为的所用时间分配表(表 3-1 至表 3-4),每节课的课时均为 45 分钟。

表 3-1 常规教学"长度的测量"教学内容时间分配

教学方式	教学内容	时间/min	百分比/%
常规教学: 长度的测量	比较	3	6.7
	科学比较	4	8.9
	测量	3	6.7
	单位	8	17.8
	测量工具	5	11.1
	测量方法	5	11.1
	特殊测量	12	26.6
	当堂反馈	5	11.1
	合计	45	100

表 3-2 常规教学"长度的测量"教学行为时间分配

教学方式	行为类别	时间/min	百分比/%	时间分配
常规教学: 长度的测量	教师讲解	23	51.1	教师主导
	学生回答	7	11.5	学生主体
	学生实验	6	13.3	
	学生自学	4	8.9	
	训练反馈	5	11.1	
	合计	45	100	

表 3-3 模式教学"长度的测量"教学内容时间分配

教学方式	教学内容	时间/min	百分比/%
模式教学：长度的测量	创设情境，明确任务	2	4.5
	合作交流，制定方案	6	13.3
	实施探究，完成任务	9	20.0
	应用迁移，展示交流	8	17.8
	总结反思，评价生成	15	33.3
	当堂反馈	5	11.1
	合计	45	100

表 3-4 模式教学"长度的测量"教学行为时间分配

教学方式	行为类别	时间/min	百分比/%	时间分配
模式学习：长度的测量	教师讲解	15	33.3	教师主导
	实验测量	9	20	学生主体
	方案设计 交流评价	16	35.6	
	训练反馈	5	11.1	
	合计	45	100	

我们常说，要充分发挥学生在课堂上学习的主动性，但是初中物理课堂上教师实际的讲解用时超过一半的情况还是屡见不鲜。要让学生主动学习、自主学习，首先要给学生必要的时间和空间，将学习的主动权还给学生，发挥学生的主体作用，应该从控制教师的讲授用时做起。

通过对两种教学方式下课堂用时的观察汇总，我们不难看出：模式学习的"长度测量"教学中，学生的活动时间较常规教学大大增加，教师讲授时间得到了有效控制。取而代之的是学生自主设计测量方案，交流评价设计的方案，实验测量，记录数据等多种形式的自主活动，在展示和讨论中引出了教学中的难点，教师适时指导，有效突破教学难点。这样的教学，学生的主动性就能够得到更好的体现。

2. 课堂观察二：学生学习投入状态

学生学习的投入程度是属于隐性的范畴，但是可以通过一些显性的外在表现进行观察。我们要知道学生是否认真投入地学习，可以观察他注意力是否集中，有没有做小动作、开小差，是否积极回答问题，有没有参与讨论和交流。如果一个学生不回答、不动手、不动笔、不讨论、不参加教学活动，他（她）可能游离于学习活动之外。

观察学生的学习状态可以有以下几个维度：一是看参与——看学生是否全员参与、全程参与；二是看交往——看课堂上是否有多边、丰富、多样的信息交流与反馈，是否有良好的人际交往与合作的氛围；三是看思维——看学生是否敢于提出问题、发表见解，这些问题与见解是否具有挑战性与独创性；四是看情绪——看学生是否有适度的紧张感和愉悦感，能否自我控制、调节学习情绪；五是看生成——看学生是否都各尽所能，感到踏实和满足，是否对今后的学习更有信心，更有兴趣。

调查安排了 7 名教师作为学生学习投入状态的观察者，每人负责观察身边的 6 名学生，共计 42 名学生。在课堂中主要通过扫视这些学生的神态和表现，对他们在各个时段的学习投入状态进行记录。观察结束后，将"长度的测量"两种教学设计下的课堂观察量表进行汇总，解析其意义，提出观察后的反思和建议。

表 3-5　学生学习投入状态观察记录表

时段	（扫视，5 min 一次，观察整节课）全班 42 人					
	编号 1—6	编号 7—12	编号 13—18	编号 19—24	编号 25—30	编号 31—36	编号 37—42
时段 1（1—5 min）							
时段 2（6—10 min）							
时段 3（11—15 min）							
时段 4（16—20 min）							
时段 5（21—25 min）							
时段 6（26—30 min）							
时段 7（31—35 min）							
时段 8（36—40 min）							
时段 9（41—45 min）							

填写内容为该时段内本组学生学习投入状态的记录。例如："做小动作""东张西望"等，每名观察者负责观察周围一组 6 名同学，只记录该组内注意力分散的学生人数和状况。学习投入、积极思维的状态包含以下几个方面：① 合作——主动参与组内讨论，小组合作进行顺利；② 表达——能积极发表自己的意见或见解；③ 质疑——通过学习能在一定范围内质疑问难；④ 思考——对有一定难度和挑战性的问题愿意去思考并表达，能进行阶段性反思总结；⑤ 倾听——深度倾听；⑥ 能创造性地解决问题。注意力分散、思维游离状态主要包含：做小动作、开小差、说话、东张西望。

表 3-6　（两种课堂）"长度的测量"学生学习投入状态观察汇总表

时段	常规教学		模式教学	
	注意力分散的人数	注意力分散的人数占比/%	注意力分散的人数	注意力分散的人数占比/%
1—10 min	2	4.76	0	0
11—20 min	5	11.90	2	4.76
21—30 min	9	21.43	3	7.14
31—40 min	7	16.67	4	9.52
41—45 min	3	7.14	2	4.76
各时段人数合计	26	61.90	11	26.18

根据上述对于学生在课堂上学习投入状态的观察汇总表，我们不难看出：利用该教学模式教学的课堂中，学生注意力分散的总人数相比于常规教学下明显要少得多。排除两个班级学生的差异（平行分班，教学质量检测得分接近）和教师教学能力的差异（两位教师均为中学一级教师，教学水平相当），我们可以认为，正是由于模式学习的物理课堂中，学生围绕着问题、任务展开学习，自主参与程度高，在活动中每个学生都担当一定角色，承担一定的责任，所以学习中投入状态普遍较好。

3. 课堂观察三：课堂提问有效性

问题是引领思维的向导，是问题教学法、启发式教学法的源头。激活教学以问题为主要方式进行，但是在课堂教学中不是问题越多越好，越多越能启发学生的思维。关键是问题提出的质量，问题提出的适时，问题提出的适度，一句话，就是问题要提得精致、有效。围绕课堂提问的有效性，我们组织教师对两节课的课堂提问进行了观察，其观察结果整理见下表：

表 3-7 常规教学"长度的测量"课堂提问有效性观察汇总表

问题有效性	问题类型	问题个数	百分比/%
有效	1. 铺垫型	5	47.2
	2. 思考型	10	
	3. 提醒型	8	
	4. 其他	2	
低效	5. 过易的	5	43.4
	6. 过难的	3	
	7. 无意义重复的	11	
	8. 表述含糊的	4	
无效	9. 问与不问一样的	5	9.4
总计		53	100

表 3-8 模式教学"长度的测量"课堂提问有效性观察汇总表

问题有效性	问题类型	问题个数	百分比/%
有效	1. 铺垫型	5	70.6
	2. 思考型	10	
	3. 提醒型	6	
	4. 其他	3	
低效	5. 过易的	4	23.5
	6. 过难的	2	
	7. 无意义重复的	1	
	8. 表述含糊的	1	
无效	9. 问与不问一样的	2	5.9
总计		34	100

对比分析两节课，我们发现就同一课题"长度的测量"的常规教学和模式教学在课堂提问上有着很大的不同，主要表现在两个方面：一是课堂提问的数量。常规教学下的课堂提问数量明显太多，本节课教师提了许多问题，总数达到 53 个，如果把"是不是啊""对不对啊"这样的口头禅也算上，总数就有 65 次之多，在 45 分钟内，平均每分钟都要问 1—2 个问题，这样学生根本没有时间深入思考，更无法体现新课程所提倡的学生"自主、合作、探究"学习方式的训练和培养了，如此之多的问题"笼罩"整节课，课堂教学效果肯定会大打折扣。相比而言，基于该教学模式学习的课堂教学中，同样的课题，教师提问从开始的情境引入到最后的训练反馈，总共只有 34 个，教师少问一点，留给学生的空间就大了，学生才有可能学得主动，教师提问的有效性也才有可能提高。二是课堂提问的质量。常规教学下课堂提问的有效率有待于提高，除去口头禅，有效提问的比例只有 47.2%，接近低效和无效提问的比例，无意义的重复提问有 11 个之多，占提问总数的 20.8%。这不仅仅是低效的问题，因为这样反而干扰了学生对问题的思考，这从有效课堂教学而论，是必须改观的。与之相对应的是，在该教学模式学习的课堂上教师提问的有效率达到 70.6%，教师在学生经历了手脑并用的探究活动后，指导学生交流活动所得，在分析和讨论中引出新授知识，在学生自学有困难的地方提供指导，在学生学习最需要的地方提出问题，生成课程，大大提高了课堂提问的有效性。

4. 课堂观察的分析与结论

通过对同一课题两种教学方式下同课异构的课堂观察，我们发现：在认真选择、精心设计下，基于核心素养下初中物理"激活—探究"教学模式学习的物理教学相比于传统的教学方式有着更明显的优势，主要表现在以下几个方面：教学形式活泼，学习主动性强；学生手脑并用，实现自主建构；小组合作交流，丰富情感体验；教师的导与学生的学有机融合，教学的实效性高。总之，基于核心素养下初中物理"激活—探究"教学模式是以激发学生学习兴趣、手脑并用、体验成功的学习，对于培养学生的科学素养和健全人格无疑具有重要的作用和积极的意义。

三、实验探索与思考感悟

基于核心素养下初中物理"激活—探究"教学模式的研究属于行动研究，为了对学生核心素养下的初中物理"激活—探究"教学模式教学效果进行评价，通过教学实践，编写了系列学生核心素养的初中物理"激活—探究"教学案例（八、九年级共四个分册），提供了一个"激活—探究"的教学范式，通过实验班与对照班的实验教学，关注学生的学习兴趣、学习情绪、学习能力和学业水平四个层面。通过广泛查阅心理学和教育学的有关文献，结合多年的教学经验，分别对初中学生物理学习的学习兴趣、学习情绪和学习能力进行调查，较为全面地了解学生的学习状态与学习能力，并选取有一定质量的学业水平测试的试卷（以全区期中、期末初中物理试卷或全市中考初中物理试卷为主）进行实验量化评估。通过对实验班和对照班的测试对比分析，实验探索的各项统计指标的差异性是十分显著的。综合了课堂观察情况，可以证明基于学生核心素养的初中物理"激活—探究"教学模式的学习在培育学生浓厚、持久的学习兴趣,培养学生健康的、稳定的学习情绪,全面提升学生的学习能力和学业成绩等方面是切实有效的。

(一) 四点思考

在实施核心素养的初中物理"激活—探究"课堂教学模式时形成了以下四点思考。

1. 问题创设

问题是课堂的路标,突出引导功能,问题的设置趣味性、针对性、启发性、情境性。问题的设置要做到:准(一语中的、切中要害)、巧(灵活巧妙)、新(新鲜独特、别具匠心)、短(言简意赅、省时高效)、全(全面全程)。

2. 自我定位

教师是主持交流讨论,激发热情,主动参与,合作探究,矫正学生表达,培养学生能力;追问、"助产"、激疑,把讨论引向深处,纠正学生的典型错误,帮助学生掌握正确的知识与方法。

3. 学会倾听

倾听就是在别人说话时认真听讲,并能做到边听边想,以积极的心态应对别人的发言。现在的课堂普遍存在的问题是,教师在提出问题后,总是在急切地寻找答案,不等回答问题的同学说完,就迫不及待地去启发,或自己说出答案。长此以往,学生回答问题的积极性下降,课堂何谈生生互动、师生互动?在初中物理课堂教学过程中,教师要学会尊重、理解和倾听学生的表达。

4. 学会合作

小组合作学习的形式为学生的主体发展提供了良好的氛围和条件。在学习过程中,学生在相互讨论、评价、激励、同伴互教等讨论过程中,他们的思维必将产生认知冲突,不充足的推论会得以暴露,最终会得到正确的判断和深刻的理解。在同伴互教中,从学习成绩方面,教者与被教者均能从中受益。国外关于同伴互教的研究发现,受益最大的是那些给他人做详细解释工作的学生,即教人的学生,因为教人者须先自教。

(二) 三点感悟

实施核心素养下初中物理"激活—探究"教学模式进行教学时,从模式的操作过程与方法谈三点感悟。

1. 教学过程要突出双主体地位

在知识建构型教学视野下,教本课堂逐步向学本课堂转型,课堂教学由过去的"教师向学生传递知识"转向"学生通过合作探究来建构知识",在这种转型过程中存在忽略教师指导作用的现象。教师搭台、学生唱戏,教学过程要教师和学生共同参与。课堂上学生的学离不开教师的教,而教师的教又激活学生的学,调动学生的学习积极性,激发学生求知欲望,激活学生的思维。"学生为主体,教师为主导",让双主体地位在课堂教学中凸显。

2. 教学操作要以"问题"激活思维

以问题为中心来设计教学,激活学生的思维,并进行有效探究。教师要能成为独具匠心的设计者、激情睿智的指挥者、有条不紊的组织者和学生素养的培养者。学生要参与活动、探究学习、建构知识和体验成功。变"被动接受"为"主动探究"。教师鼓励学生去发现问题、大胆发问；创设问题情境，指导学生进行学习。学生在学习过程中，个人生成问题，尝试自主解决问题；把个人未解决的问题上升为小组问题，组内讨论解决问题；小组不能解决的问题上升为班级共性问题，在师生的共同探究下解决问题。这在一定程度上推动了学生思维的发展。

3. 教学方法要回归探究本真

探究教学不仅是一种教学方法，还体现了一种理念和精神。其本质特征：知识建构的自主，思维活动的开放；其价值取向：促进学生的发展。教师要根据初中学生的认知特点，围绕目标，培养学生的科学素养。回归本真，就是构筑真实的教学问题，自然的教学过程，和谐的教学氛围，努力营造探究教学的"原生态"。创设真情境，符合学生认知水平的情境，能根据学生最近发展区，达到温故而知新；引发真问题，要有思维含量，形成符合学生学习胃口的"问题链"，激活学生的思维；进行真探究，要体现探究的自主性、合作性，关注学生的参与度，处理好"自主与合作"的关系，提高学生的实践能力和创新精神；追求真知识，学生自主经历有价值的学习活动，建构知识，掌握方法，获得体验。

基于"核心素养"完善学业质量标准，还可能改变中小学评价以知识掌握为中心的局面。一个具备"核心素养"的人与单纯的"考高分"并不能画等号。它还将对学习程度做出刻画，进而解决过去基于课程标准的教学评价操作性不足的问题。当然，它不仅挑战我们现有的课程设计与评价体系，同时也在考验校长和教师的教育素养，从概念到行动，从"知识至上"转向以核心素养为导向。作为初中物理教师，应清醒地认识课堂教学改革趋势，正确处理好教与学的关系，灵活运用各种教学策略和手段，采用科学的教学方法，做点燃智慧的"打火机"、科学探究的"好伙伴"，为提高初中物理探究教学效果尽职尽责。

第四章

基于学生核心素养下的初中物理"激活—探究"教学模式的理论研究

本章分别从概念解读、模式的操作程序、内涵的理解、建构的策略、实践应用、案例的反思和示范等角度出发,进一步对学生核心素养下的初中物理"激活—探究"教学模式进行解读。

一、初中物理"激活—探究"教学模式的实践与探索

(一)问题提出

新课程实施到现在已有一段时间了,从目前的物理课堂教学看,"授受模式"依然被大部分教师采用,过多强调知识、技能的传授,轻视学生的学习责任、学习情感和学习方法。随着教育现代化的推进,"一言堂、满堂灌"变成了"电灌","老师推着学生走"的惯性没有得到实质性改变,学生始终没能真正学会自主学习、自主探究,课堂教学质量低效。学习是学习者一种能动的活动,绝不是教师单方面灌输的被动的活动,知识并不是只靠教师传递的,而是学习者在自主学习中建构和生成的;能力不是从说教中来,而是主体的体验、感悟、内化形成的。美国教育家杜威认为:"教师应以兴趣为中心来设计教学,即教学要唤起学生的求知欲,教师的首要任务在于唤起学生理智的兴趣,激发对知识探究的热情。还要共同参与学生活动,引导学生去探究和发现真理。"有效课堂始于教师的激活,重于师生的互动,精于学生的探究。在整个教学活动中,教师应是学生学习的指导者、促进者、合作者和研究者。基于此,我们提出"'激活—探究'教学模式的有效建构研究"这一课题。其核心是:创造性地运用教材,以学生为主体,诱发学生内部学习动机,激活课堂教学活动,引导学生通过自主学习发现问题,通过合作探究问题,从而获得独特的体验与感悟,进而提高解决问题的能力,形成扎实的基础学力,塑造学生优秀的个性心理品质。在20世纪90年代初,我国针对当时应试教育中盛行的接受式教育,提出了素质教育中的探究式学习,探究式教学已成为当前新课程改革的核心教学理念。不少学者对探究式教学做了深入的研究和实践。例如,张熊飞教授从启迪学生思维的角度创立了诱思探究教学法,总结出了"引而不发,因为善喻,和易以思;食贵自化,学贵自得,深思熟虑,积水成渊;善诱则通,善思则得,诱思交融,众志成城;教贵善诱,学贵善思,以诱达思,启智悟通"四条诱思探究教学的规

律。在初中物理教学实践中，许多教师开展了多种形式的探究教学研究活动，主要探究形式有活动式探究、体验式探究、自主式探究、建构式探究、实验式探究等。这些都是在探究式教学策略领域里的有益探索。本课题拟以先进教学理论成果、教育心理学理论为指导，探索一条实现物理新课程教学目标的途径和方法，针对初中物理教学中存在的一些问题开展研究，力图构建适应不同教学内容和课型的"激活—探究"教学模式，培养学生学的能力和教师教的能力。

（二）概念界定

"激活—探究"教学模式是指以问题、实验或情境等来激活课堂，激发学生的探究欲望，从而引导学生进行自主探究的学科教学模式。它区别于以"教师为中心"的传统教学模式，也不完全等同于"基于建构主义的学习理论和教学理论的以学生为中心的"现代教学模式。倾向于"主导—主体论"，即以教师为主导，以学生为主体。在这种模式下，学生是主体、是中心，是知识意义的主动建构者，学生将成为知识的探索者和学习过程中真正的认识主体。同时，这种教学模式强调教师角色的变化，在整个教学过程中起组织者、指导者、帮助者和促进者的作用，最终达到使学生有效地建构所学知识的目的。

初中物理：指九年义务教育阶段中八年级至九年级物理学科。

激活：本意是"刺激有机体内某种物质，使其活跃地发挥作用"。寓意是在物理课堂教学中激发学生的思维，调动学生的学习兴趣，使学生从"要我学"变成"我要学"，从而让学生的潜能得以挖掘，实现自我超越。

探究：亦称发现学习，是学生在学习情境中通过观察、阅读发现问题，搜集数据，形成解释，获得答案并进行交流、检验、研究性学习。它是一种积极的学习过程，在学习中发现问题，通过探究来获取信息，整合知识，培养能力，获得自主发展。

有效建构：指创造性地运用教材，以学生为主体，诱发学生内部学习动机，激活课堂教学活动，引导学生通过自主学习发现问题，通过合作探究问题，从而获得独特的体验与感悟，进而提高解决问题的能力，形成扎实的基础学力，塑造学生优秀的个性心理品质。

"激活"是实现学生"自主探究、合作探究"的基础和前提，而教师指导下的"探究"则是学生学习的主要形式和有效途径。这是我们对"激活—探究"教学模式有效建构基本含义的界定。在理论上加深了对探究式教学本质属性的理解，发挥了物理教学策略的应用功能，丰富了初中物理教学策略的内涵。创新体现在对"激活—探究"教学模式教学方法的提炼、概括和总结上。在实践上为初中物理课堂教学提供可具体操作的模式，提高初中物理教学的效率，有助于从根本上改变教师的教学方式和学生的学习方式，推动本区物理教学改革向纵深发展。创新体现在有效建构物理课堂校本化"激活—探究"教学模式。

（三）理论依据

1. 激活教育理论

"激活"，是当代行为主义心理学术语，指对神经系统或有机体进行刺激而促使其产生应激反应。在现代语境中,"激活"涉及"人"的时候,一般是指在人的心灵或生命中"沉睡着"大量的潜能和智慧,要通过一定的方法使其活跃,从而使潜能转化为现实的能力,展露生命的活力和智慧的光芒。当我们不断地捶打激活的真义,并把它与教育观对照时,我们越来越清晰地发现,教育的本质就是激活。教育的终极目标不在于传授或接纳某种外在、具体的知识和技能,而是要从人的生命深处激起沉睡的自我意识、生命意识,生命之灵性和可能性,促使其价值感、生命感、创造力的觉醒,以实现自我生命意义自由地建构。由此可见,教育本身即是对人的灵性和潜能的引导、彰显、激发和生成,这种引导、彰显、激发和生成就是一种激活。《基础教育课程改革纲要(试行)》对课堂教学目标、课程结构、课程管理、学生学习方式的转变等都提出了明确的要求。肖川认为,新课程要"建立基于价值引导与自主建构相统一的教育",从学生的成长过程来说,这样的教育是潜能的开发、精神的唤醒、内心的敞亮、独特性的彰显与主体性的弘扬;从师生共同活动的角度来说,是经验的共享、视界的融合与灵魂的感召。教学应唤醒沉睡的潜能,激活封存的记忆,开启幽闭的心智,放飞囚禁的情愫。而这正是激活教育努力践行的真义和追求的境界,激活教育强调激活课堂、激活课程、激活教与学的资源,是对新课改的自觉呼应。

2. 主体教育理论

主体教育理论是 20 世纪 90 年代以来在我国掀起的教育学理论,该理论认为,人的主体性是人的自然性和社会性的最本质的特征,是人之所以为"人"的最重要的前提。教育作为培养人的社会实践活动,理应注重培养和发展人的主体性。培养和发展人的主体性,说到底是要引发受教育者内在的教育需求,创造和谐、宽松、民主的教育环境,有目的、有计划地组织和规范各种教育活动,从而把受教育者培养成自主地、能动地、创造性地进行认识和实践活动的社会主体。这正是构建"初中物理'激活—探究'课堂教学模式"所要实现的重要目标,因此,主体教育理论将是我们开展研究的理论支撑之一。

3. 认知理论

著名心理学家杰罗姆·布鲁纳认为,在教学过程中,学生应是一个积极的探究者。教师的作用是要推进一种学生能够独立探究情境的形成,而不是提供现成的知识。教师教一门学科,不是要建造一个活着的小型图书库,而是要让学生自己去思考,参与知识获得的过程。学习的主要目的不是要记住教师和教科书上所讲的内容,而是要让学生参与建立该学科的知识体系的过程。所以,杰罗姆·布鲁纳特别强调,学生不是被动的、消极的知识的接受者,而应是主动的、积极的知识的探究者。著名心理学家让·皮亚杰研究表明:学习并不是个体获得越来越多外部信息的过程,而是学到越来越多有关他们认识事物的程序,即建构了新的认知图式。学生学习的过程,应该是学生和周围环境积极作用的过程,学生通过不断地同化、顺化、平衡,从而不断提高自己的认知能力。本模式中的建构有效学习就是符合学生认知发展规律的一种学习方式,在实施过程中,符合认识论的基本思想:实践—认识—再实践—再认识。

4. 研究性学习理论

研究性学习观是基于人类对学习活动的不断认识，建立在现代学习理论基础上的科学学习观，即在教学过程中创设一种类似科学研究的情境和途径，让学生主动地探索、发现和体验。其贯彻要点有：

(1) 改变学生学习的目标

学习的目标不仅在获得传统意义上的知识，更注重学习过程中学习的创新性和主体性培养，促使学生获得亲自参与研究探索的积极性体验，从而掌握获得结论和发现真理的过程和方法，获得自我发展和主动发展的能力和内在动力，奠定科学探究能力的基础，具体包括学会学习，培养收集和处理信息的能力，激活知识储备和尝试相关知识的综合性运用；发展创新精神，形成喜爱质疑、乐于探究、努力求知的心理倾向；学会沟通与合作、乐于并善于与他人合作探究；培养科学态度和科学道德，学会从实际出发，通过认真踏实的探究获得结论，并尊重他人和他人的成果。

(2) 改变学生学习的方式

开发学生探究和创新的潜能，尊重学生的认知规律，重视运用科学认知方式和策略，让学生开展探究问题的学习，并贯穿在课堂教学过程之中，让学生以类似科学研究的方式主动地获取知识、应用知识和解决问题。

5. 建构主义教学理论

建构主义是认知结构学习理论在当代的发展，它强调学生的巨大潜能，认为教学要把学生现有的知识经验作为新的知识生长点，引导他们从原有的知识经验中"生长"出新的知识经验。它认为学习是在社会文化背景下，通过人际间的协作活动而实现的意义建构的过程。建构主义学习理论认为：

(1) 学习是一个积极主动的建构过程

学习者不是被动地接受外在信息，而是根据先前认知结构主动地和有选择性地知觉外在信息，建构当前事物的意义。

(2) 知识是个人经验的合理化，而不是说明世界的真理

因为个体先前的经验毕竟是十分有限的，在此基础上建构知识的意义，无法确定所建构出来的知识是否就是世界的最终写照。

(3) 知识的建构并不是任意的和随心所欲的

建构知识的过程中必须与他人磋商并达成一致，并不断地加以调整和修正，在这过程中，不可避免地要受到当时社会文化因素的影响。

(4) 学习者的建构是多元化的

由于事物的存在是复杂而又多样化的，学习情感存在一定的特殊性，以及个人的先前经验存在独特性，每个学习者对事物意义的建构将是不同的，因而教学方式应当转变。不仅如此，在认识方式、教学方式转变的背后更是对学习者、对学习、对教育等认识方式上的根本性变革。它更强调个体的内在认识发生机制，强调在情境脉络中主体对外部世界的适应及建构。的确，有效教学应当运用建构主义理论，有效地促进学生去主动建构知识，建构自己的经验世界，在建构中成长。

（四）实践策略

1. 教师转变教育思想、更新教学观念是实现"激活—探究"教学的关键

课堂教学是学生学习、实践活动的主阵地，是实施素质教育的主渠道。如何让学生积极主动地参与教学过程，使学习成为学生自己的活动？如何培养学生主动学习精神和自主学习能力？

（1）转变教育思想

就是要求教师由"应试教育"转变为"素质教育"，由教学的主宰转变为学生学习的指导者、帮助者和促进者，即教师必须确立以人为本的教育思想。

（2）更新教学观念

首先教师要树立正确的学生观，即学生是发展的人，是独特的人，是具有独立意义的人，课堂教学要确立学生的主体地位。学生的学习过程是学生在一定条件下对客观事物的反映过程，是一个主动构建的过程。学生知识的形成既不是被动接受的，也不是真正发现式的，而是通过外界导向性信息跟学生原有知识和思维结构相互作用实现的，在这过程中，外来知识信息要能受到学习者的注意和选择，跟原有的知识和思维结构建立联系，并相互作用才可能被接纳，这没有学习者的主动参与是不可能的。例如，物理概念、规律，必须由学生自己来构建，并且纳入学生已有的知识体系中，别人是无法代替的。教师只有彻底转变观念，大胆实践、探索，初中物理课堂教学才可能变得生动活泼、生机盎然，焕发出应有的生命活力。

2. 加强物理教学的实践性是实施"激活—探究"教学的途径

物理是一门以实验为基础的科学，物理实验是人类认识世界的一种重要活动，是进行科学研究的基础，重视和改进实验教学是落实素质教育的有效途径。随着教学条件的不断改善，应当改变过去那种"独角戏"式的在黑板上讲实验、演示实验多于学生实验的状况，积极地创造条件改部分演示实验为学生实验，改验证性实验为探索性实验，改限制性实验为开放性实验，改现成性实验为设计性实验。改变学生被动接受的现状，让学生动手、动脑探索新知识，经历基本的科学探究过程，学习科学探究方法，发展初步的科学探究能力，形成尊重事实、探索真理的科学态度。物理教学的实践性还体现在物理概念的形成、物理模型的建立以及物理习题的设计都应取材于学生周围熟悉的事物，让学生在有充分的感性认识的基础上通过分析、概括、归纳形成理性思维，让学生在运用知识解决实际问题中形成实践能力。基于此，本次课程改革特别强调学生"参与""活动""操作""实践""考察""调查""经历""探究"。

3. 激发学生探究的动机和兴趣是"激活—探究"教学的充要条件

学生的学习是由动机激起和推动的，它直接影响到自主学习的水平、进程和效果。学生学习的内在需要一方面表现为兴趣，兴趣有直接和间接之分，直接兴趣指向过程本身，间接兴趣指向活动结果。学生有了学习兴趣，特别是直接兴趣，学习活动对他来说就不是一种负担，而是一种享受、一种愉快的体验，学生会越学越想学、越爱学，有兴趣的学习事半功倍。相反，如果学生对学习不感兴趣，情况就大相径庭了，"强扭的瓜不甜"，学生在逼迫的状态下被动学习，学习的效果必定是事倍功半。另一方面表现为责任，即学习是谁的事情、谁应当对学习承担责任。教师当然应该对学生的学习负责，但是如果学生自己意识不到学习的责任，不能把学习跟自己的生活、生命、成长、发展有机联系起来，这种学习就不是真正的自我学习。只有当学习的责任真正地从教师身上转移到学生身上，学生自觉地担负起学习的责任时，学生的学习才是一种真正有意义的学习。学习兴趣是内部动机中最现实最活跃的成分，是主动发展的精神，必须把激发学生自主探究的动机和兴趣放在首位。首先，教师应了解青少年的一般心理特点，多和学生进行情感交流，做到"亲其师，信其道"；其次，要让学生学会正确的学习方法，在学习中能抓住重点，尽快掌握物理的思维方式，进入物理的"境地"；再次，让学生在探索新知识中品尝成功的喜悦，培养学生学习物理的兴趣；最后，让学生运用所学知识解决实际问题，体会物理的实用性，培养学好物理的动机。

4. 让讨论、质疑成为"激活—探究"教学的基本方法

问题是科学研究的出发点，是开启任何一门科学的钥匙。现代学习方式特别强调问题在学生学习活动中的重要性。没有问题，也就难以诱发和激起求知欲；没有问题，感觉不到问题的存在，学生也就不会去深入思考，学习也就只能是表层和形式的。质疑的过程，实际上是一个积极思考的过程。传统的物理教学带有较强的功利性，非课本内容不讲，非考试内容不学，把学生当作灌输的对象、外部刺激的接收器、前人知识与经验的存储器，忘记了学生是具有主观能动性的、有创造性思维的活生生的人，致使学生缺少施展个性、发展自我的条件和机会，学生的发散思维、逆向思维被束缚、被禁锢，学生逐渐养成一种不爱问也不知道要问"为什么"的麻木习惯，这种教学不符合时代对物理教学提出的要求。

"激活—探究"教学以先进教学理论成果、教育心理学理论为指导，针对初中物理教学中存在的一些问题开展研究，探索出一条实现物理教学目标的途径和方法，提高初中物理教学质量。当然该教学模式只提供了一个基本思路，在实际教学过程中应根据不同的教学内容而灵活变通。

二、激活物理课堂，提高探究教学效果

课堂是撬动教育的支点，改革就是变革课堂的杠杆。随着课程改革深入推进，课堂教学要真正实现由知识本位向成长本位转变。知识不是只靠教师传递的，而是学生在自主学习中建构和生成的；能力不是从说教中来，而是主体的体验、感悟、内化形成的。笔者在认真学习新课标、新理念的基础上，运用激活、认知、建构等理论，结合实践，在初中物理课堂教学中尝试进行"激活—探究"教学模式探索，收到一定的效果。

（一）诠释"激活—探究"教学模式的内涵

1. 模式明晰

"激活—探究"教学模式是指以问题、实验或情境等来激活课堂，激发学生的探究欲望，从而引导学生进行自主探究。它是以教师为主导、以学生为主体，在物理教学中激发学生思维，调动学习兴趣，使学生从"要我学"变成"我要学"，让学生在学习情

境中通过观察实验，发现问题，寻找证据，形成解释，获得知识与技能，体验成功乐趣。它是一种积极的教学过程，师生的潜能得以挖掘，能力得以培养，学科核心素养得以彰显。

2. 概念界定

"激活—探究"的本质在于激发学生学习兴趣，让学生主动探究，习得知识技能。"激活"从外在来说就是一定的压力、责任、担当教育，从内在来说就是动机，就是兴趣、好奇和毅力；"探究"是教学行为和实践，学生主动学，学会学习，学有所得。学习所得不仅是初中物理知识和应用例子，还有方法（科学方法）与技巧策略，更有科学体验和感悟，以及由此提升的科学品质（如科学精神、态度、认识、世界观、自然观等）。"激活"是实现学生"自主探究、合作探究"的基础和前提，而教师指导下的"探究"则是学生学习的主要形式和有效途径。

3. 模式构建

"激活—探究"教学模式的构建，从基于课程标准要求出发，从提高学生科学素养及探究能力出发，从提高教学质量出发，在了解不同层次能力、要求的基础上构建体现现代教育理念及符合学生认知特点的初中课堂教学模式。我们选取苏科版初中物理教材为样本，创造性地运用教材，以学生为主体，激活教学活动，引导自主学习发现问题，通过合作探究解决问题，形成扎实的教学力，塑造优秀的学科品质。

结构程序：课前自主探究（教师助推，学生预热）；课堂情境创设（教师设计，学生质疑）；合作探究（教师组织，学生自主）；应用迁移（教师点化，学生体验）；总结反思（教师参与，学生感悟）；课后拓展延伸（教师评价，学生反馈）。

设计原则：主体性（激活学生学习的内部动机）；做中学（为学生提供手脑并用的机会）；探究与接受相结合（关注理论与实践）；互动性（关注有效合作与交流）；多样性（采用灵活方式防止探究模式僵化）。

4. 价值取向

初中物理教学是物理学科的启蒙教育，要注重体验物理学习的乐趣，培养学生学习物理的兴趣，掌握学习物理的方法，发展学生的思维。通过教学模式和学习方式的研习和探索，教师自身教育理论素养和教学技能都得到了提高；学生也得到了全面发展，养成一种终身探究学习的习惯。此模式构建以激活教育、主体教育、结构认知、建构主义教学等理论为依据，建立基于价值引导与自主建构相统一的教学范式。对学生的潜能开发、精神唤醒，彰显弘扬独特性与主体性；对教师的经验共享、视界融合与灵魂感召。真正使物理课堂教学能唤醒潜能，激活动机，开启心智，放飞情愫，这正是新课程改革努力践行的真义和追求的境界。

（二）建构"激活—探究"教学模式的策略

1. 转变思想、更新观念是实现"激活—探究"教学的关键

课堂是师生教与学活动的主阵地，是实施素质教育的主渠道。转变思想，就是实现教为学服务，确立以人为本的教育思想。更新观念，就是树立正确的学生观，发现、培养、保护和发展学生的天性与个性，为学生提供适合成长的条件，确立学生的主体地

位。学生知识的形成既不是被动接受的,也不是真正发现式的,而是通过导向性信息(教师)跟原有知识和思维结构(学生)相互作用实现的,它是一个互动建构的过程。教师只有转变观念,大胆实践,物理教学才可能变得生机盎然,焕发生命活力。

2. 加强物理教学的实践性是实施"激活—探究"教学的途径

物理课程改革强调学生参与活动、操作实践、经历探究。物理实验是物理教学的重要活动,它能吸引学生注意,调动学习积极性,我们要重视和改进实验教学,使之成为建构有效课堂教学的途径。改变"独角戏"式的讲、演实验,让学生实验、探索设计实验,经历科学探究过程,习得方法,发展能力。物理教学的实践性还体现在概念的形成、模型的建立以及习题的设计,应取材于学生周围熟悉的事物,让学生在有充分的感性认识的基础上通过分析、概括、归纳形成理性思维,让学生在运用知识解决问题中形成实践能力。

3. 激发学生探究的兴趣和动机是"激活—探究"教学的充要条件

兴趣是激发学生学习、开发学生潜能的助推器。关注兴趣,就是寻找学生的兴奋点,寻找与学生心智水平相吻合的激趣方式,采取符合学生心理的教学手段和方法来实施教学。动机是学生学习潜能开发的原动力和源泉。教学要机智地激发学习动机,如激发好奇、真诚表扬、留白艺术、教具使用、策略调整等。激发动机和兴趣在于开发学生学习潜能,目的是有效提升学生的学习能力和实践能力。为学生的需要和发展设计教学,让学生亲力亲为,体验探究活动。让学生的思维自由驰骋,释放出学习潜能。

4. 让讨论、质疑成为"激活—探究"教学的基本方法

问题是科学探究的出发点和归宿,讨论和质疑是开启科学探究的钥匙。没有问题,学生的求知欲难以被诱发和激起;没有问题,学生不会去深入思考,学习只能是表层和形式的,生生互动、师生互动的交流讨论也就无从谈起。讨论和质疑的过程,实际上是学生学习积极思维的过程。教师明确学生是具有主观能动性的、有创造性思维的活生生的人,要给学生施展个性、发展自我的条件和机会。多问几个为什么,充分激活学生的思维,让其养成习惯,从而提升学力。

(三)剖析"激活—探究"教学模式的案例

以苏科版初中物理九年级"电路的连接"一节教学为例。

本节教学目标是了解电路的连接方式和串、并联电路的基本特点。内容虽然比较简单,但它是电学的起点,其效果直接影响着后续的电学学习。如果按常规照本宣科式完成教学内容,学生会感到枯燥。采用"激活—探究"教学,调动学生学习主动性,激活学生思维,为学生设计系列问题链,积极开展探究学习,可收到较好的效果。

1. 课前自主探究

问题一:如何让一个小灯泡亮起来?

教师对不同电路进行点评,将学生引导到最基本电路的要求上。

意图:通过这一问题,学生回顾最基本电路的组成和电路的连接,为新授内容做好铺垫。

2. 课堂情境创设

问题二：教室里的各灯之间是如何连接的？

演示教室日光灯开关情况，思考用电器不止一个，它们是怎样连接进行工作的。

意图：为学生提供真实的情境，营造氛围，启发探究，促进学生感知发现、讨论交流。

3. 课堂合作探究

问题三：如何让两个小灯泡亮起来？

学生利用桌上的器材，按要求连接电路。教师观察各组连接情况，鼓励并引导已完成一种连接的小组思考另一种连接方式。

意图：让学生在探究实验活动中自然发现电路连接的两种方式。

问题四：说出本组这种类型电路的优点和另一种类型电路的缺点。

深入研究两种类型的电路，交流观点。对研究方向不明确的小组，教师可指导学生从"灯泡之间的相互影响、开关位置对电路的影响"等方面寻找。在辩论中，让学生总结串、并联电路的特点。

意图：通过此问题的设置，让学生研究的方向更加明确，自然地深入研究两种类型的电路。学生在不断探究中，对电路的理解更加透彻，通过思维碰撞，学生对两种电路的认识更加深刻。

4. 课堂应用迁移

问题五：我们研究出来的电路的特点是否只适用于两个灯泡呢？

教师引导各小组在原来电路的基础上继续探究。

意图：体会在科学探究中，通过多次实验来寻找普遍规律的重要性，同时可让学生进一步理解电路基本特点，进一步熟悉电路的连接。

问题六：你能从生活中找到串联和并联电路吗？请阐述你判断的理由。

教师可预设一些现象，如小彩灯、路灯等，各小组进行交流，找出生活中的串、并联电路，并从电路特点的角度进行分析。

意图：联系生活，解决问题，让学生用学到的知识来解决实际问题。

5. 课堂总结反思

问题七：学完本节课你有哪些收获？

教师引导学生总结本节课所学习的知识和方法，使之形成体系。

意图：让学生能结合探究学习，展示成果，体验成功的乐趣。

6. 课后拓展延伸

教师要精心选编练习，兼顾基础性、发展性，达到学以致用的目的。此处还可设置一道创新型作业，布置写一篇"串、并联电路在生活中的应用"小论文。

意图：让不同层次的学生都有发展的空间，升华各自掌握的知识。"知行合一"，让学习与智慧同行，用最少的时间获取最优化的学习效果。

7. 案例评析

课堂教学以"问题"设置、生成和解决为主线的小组合作学习，其途径是以探究活动为平台，学生在自主建构、合作探究、展示对话过程中，学会了思考、分析、比较、总结、归纳和评价。本节课设计了七个问题，让学生围绕问题开展科学探究学习。通过对两灯发光的电路进行理论设计和实验探索，在活动中体会串、并联电路的特点，发现开关的不同作用，最终应用所学知识。这种以真实的问题情境为载体的学习方式，极大地调动了学生的学习积极性，创新了学习方式，突出了学习的自主性和实践性，学生在活动中利用自己的经验和已备知识去接受新的知识、成长新经验。激活了学生思维，为学生探究学习作了有效点化，凸显主体，有效建构，提高了教学效果。

（四）实践"激活—探究"教学模式的思考

经过近五年的教学实践，笔者编写了系列"激活—探究"教学案例，对教师实施物理探究式教学起到了一定的引领作用。当然该模式只是提供了一个激活探究教学的范式，在实际教学中应根据不同的教学内容而灵活变通。下面就模式的操作过程与方法谈三点思考。

1. 教学过程要突出双主体地位

在知识建构型教学视野下，教本课堂逐步向学本课堂转型，课堂教学由过去的"教师向学生传递知识"转向"学生通过合作探究来建构知识"，在这种转型过程中存在忽略教师指导作用的现象。教师搭台、学生唱戏，教学过程要教师和学生共同参与。课堂上学生的学离不开教师的教，而教师的教就是激活学生的学，调动学生学习积极性，激发学生求知欲望，激活学生思维。"学生为主体，教师为主导"，让双主体地位在课堂教学中凸显。

2. 教学操作要以"问题"激活思维

以问题为中心来设计教学，激活思维，有效探究。教师要能成为匠心独具的设计者、激情睿智的指挥者、有条不紊的组织者和学生素养的培养者。学生要参与活动、探究学习、建构知识和体验成功。变"被动接受"为"主动探究"。教师鼓励学生去发现问题、大胆发问；创设问题情境，指导学生进行学习。学生在学习过程中，个人生成问题，尝试自主解决问题；把个人未解决的问题上升为小组问题，组内讨论解决问题；小组不能解决的问题上升为班级共性问题，在师生的共同探究下解决问题。这在一定程度上推动了学生思维的发展，让学生思考、发展、成功。

3. 教学方法要回归探究本真

探究教学不仅是一种教学方法，它还体现了一种理念和精神。其本质特征：知识建构的自主，思维活动的开放；其价值取向：促进学生的发展。教师要根据初中学生的认知特点，围绕目标，培养学生的科学素养。回归本真，就是构筑真实的教学问题，自然的教学过程，和谐的教学氛围，努力营造探究教学的"原生态"。创设真情境，符合学生认知水平的情境，能根据学生最近发展区，达到温故而知新；引发真问题，要有思维含量，形成符合学生学习胃口的"问题链"，激活学生的思维；进行真探究，要体现探究的自主性、合作性，关注学生的参与度，处理好"自主与合作"关系，提高学生实践能力和创新精神；追求真知识，学生自主经历有价值的学习活动，建构知识，掌握方法，获得体验。

教育规划纲要指出，教育改革与发展的战略主题是"坚持以人为本、推进素质教育"。作为初中物理教师,应清醒地认识课堂教学改革的趋势,正确处理好教与学的关系,灵活运用各种教学策略和手段,采用科学的教学方法,做点燃智慧的"打火机"、科学探究的"好伙伴",为提高初中物理探究教学效果尽职尽责。

三、初中物理"激活—探究"教学模式解读

美国教育家杜威认为:"教师的首要任务在于唤起学生理智的兴趣,激发对知识探究的热情,还要共同参与学生活动,引导学生去探究和发现真理。"建构有效课堂应始于教师的激活,重于师生的互动,精于学生的探究。在初中物理教学实践中发现学生学习兴趣不高、动手能力不强,课堂教学的实效性不高。基于此我们探索"激活—探究"教学模式,以问题、实验或情境等来激活课堂,激发学生的探究欲望,引导学生进行自主、合作、探究,从而达成有效课堂。

(一)界定"激活—探究"教学模式基本概念

激活:本意是"刺激有机体内某种物质,使其活跃地发挥作用"。寓意在物理课堂教学中激发学生的思维,调动学生的学习兴趣,使学生从"要我学"变成"我要学",从而让学生的潜能得以挖掘,实现自我超越。

探究:亦称发现学习,是学生在学习情境中通过观察、阅读,发现问题,搜集数据,形成解释,获得答案并进行交流、检验、研究性学习。它是一种积极的学习过程,在学习中发现问题,通过探究来获取信息,整合知识,培养能力,获得自主发展。

"激活—探究"式教学有别于以"教师为中心"的传统教学模式,也不完全等同于"以学生为中心"的现代教学模式。倾向于"主导—主体论",即以教师为主导、以学生为主体。在这种模式下,学生是主体、是中心,是知识的主动建构者,学生将成为知识的探索者和学习过程中的认识主体;同时,强调教师角色的变化,在整个教学过程中起组织者、指导者、帮助者和促进者的作用,最终达到使学生有效地建构所学知识的目的。"激活"是实现学生"自主探究、合作探究"的基础和前提,而教师指导下的"探究"则是学生学习的主要形式和有效途径。

(二)建构"激活—探究"教学模式操作程序

1. 模式的操作序列

课前自主探究(教师:精心准备,助推教学;学生:超前预热,激活思维)—课堂情境创设(教师:创设情境,启发探究;学生:感知发现,讨论交流)—课堂合作探究(教师:合作交流,解读探究;学生:自主探究,合作学习)—课堂应用迁移(教师:应用迁移,指导点拨;学生:独立思考,体验成功)—课堂总结反思(教师:总结深化,突出方法;学生:反思感悟,形成框架)—课后拓展延伸(教师:拓展延伸,评价激励;学生:检测自评,巩固提高)。

2. 模式的操作要点

(1)课前自主探究要有助推作用

在设计课前自主探究时,要以问题为主线,激发学生的兴趣、激活学习的动力。自

主学习的任务主要设定为两块：一是对探究中学生可能的薄弱环节进行先期弥补，如学生的"易错点""遗忘点"；二是对探究活动的某些要素进行前置性独立学习。

（2）课堂情境创设要有预设性

教师要为学生提供真实的素材，营造一种自由、轻松、开放的探究氛围，促进学生感知发现、讨论交流。该环节与一般的导入课堂模式有所不同，它不但要能激发学生的学习兴趣，而且还要激活学生的思维。不但是本堂课的起点，也是本堂课的终点，而且要贯穿整个课堂，激活往往由教师来完成，探究点一般由教师来预设。

（3）课堂合作探究要慎重组织

该环节是本模式的重要环节，大部分工作由学生完成，主要是围绕探究点展开问题探究。教师要激发学生独立思考、自主探索，理解知识本质、解决疑难问题，养成良好的责任意识。在遇到只凭个人能力无法解决，必须依靠小组的力量和智慧时，才组织小组同学进行合作探究。同学们通过相互交流、辨析来解决困惑。所以，教师应充分了解学情，结合教材重、难点，正确选择合作探究的内容。在组织探究时，要明确探究的目的、办法，对每位小组成员要有明确的分工。小组交流时，要激励每位学生，尤其是学困生主动发言，要求学生能认真倾听别人的意见，相互补充、相互提醒，使获得的知识和能力具有完整性。

（4）课堂应用迁移要有针对性

通过创设真实问题情境再创教学高潮，达到巩固知识、培养解决实际问题能力的目的，通过对真实问题的解决，学生再次感受知识的价值、体验成功的喜悦。这是对所讲知识点的深化与整合，要求一定要有针对性，教师结合学情，以例题为突破口，精心设计例题或变式题及拓展性习题，并对例题进行归类，及时强化知识与技能的达成。

（5）课堂总结反思要有多样性

该环节是课堂教学一个不可缺少的过程，学生学习成果展示的方法要力求多样化，充分调动学生的积极性，重点对概念的理解、不同观点的质疑，都要让学生大胆说出来，正确表述自己的观点，提高语言表达能力。教师要善于引导学生总结本节课所学习的知识和方法，使之形成体系。同时兼顾与本节内容相关、为下节课铺垫或有趣味性的问题，让学生学而未尽，尽享学习的乐趣。

（6）课后拓展延伸要学以致用

这一环节属于"实践"环节，只有经过实践运用的知识才能牢固地活化在自己的脑海里，历久弥新。为达到学以致用的目的，教师要精心选编练习，兼顾基础性、发展性，达到巩固的目的。通过高效率的练来强化知识与技能的掌握，"知行合一"，让学习与智慧同行，用最经济的学习时间获取最优化的学习效果。

（三）实施"激活—探究"教学模式的几点思考

在实施"激活—探究"课堂教学模式时，作为教师需关注以下几个问题：

1. 问题创设

问题是课堂的路标，突出引导功能，问题的设置兼顾趣味性、针对性、启发性、情境性。问题的设置要做到：准（一语中的、切中要害）、巧（灵活巧妙）、新（新鲜独特、别具匠心)、短(言简意赅、省时高效)。

2. 自我定位

教师要做到以下几点：激活学生思维，主持合作探究；主动参与，师生互动；矫正学生表达，培养学生学习能力；追问、"助产"、激疑，把探究引向深入；纠正学生的典型错误；帮助学生掌握正确的知识与方法。

3. 学会倾听

倾听就是在别人说话时认真听讲，并能做到边听边想，以积极的心态应对别人的发言。现在的课堂普遍存在的问题是，教师在提出问题后，总是急切地寻找答案，没有"留白"，就迫不及待地去启发，或自己说出答案。长此以往，学生回答问题的积极性下降，课堂何谈生生互动、师生互动。在有效课堂中，教师要学会尊重、理解、倾听、表达。

4. 学会合作

小组合作的学习形式为学生的主体发展提供了良好的氛围和条件。在学习过程中，学生在相互讨论、评价、激励、同伴互教等讨论过程中，他们的思维必将产生认知冲突，不充足的推论会得以暴露，最终会达到正确的判断和深刻的理解。在同伴互教中，教者与被教者均能从中受益。国外关于同伴互教的研究发现，受益最大的是那些给他人做详细解释工作的学生，即教人的学生，因为教人者须先自教。

初中物理"激活—探究"教学模式以激活教育、主体教育、建构主义教学等理论为指导，针对初中物理教学中存在的一些问题开展研究，探索实现初中物理教学目标的途径和方法，提高初中物理教学质量。当然该教学模式只提供了一个思路，在实际教学中应根据不同的教学内容而灵活变通。在近两年的物理教学实践的基础上编写的"激活—探究"教学案例，对教师实施物理探究式教学起到了积极的指导作用，也为其他学科的教学提供校本化模式参考，这是对我们的最大鼓励。

附：课例应用

【课题】

苏科版八年级物理第二章第一节"物质的三态　温度的测量"。

【学习目标】

1. 能联系生活实际，认识物质三态的不同特征，了解物质所处状态跟温度有关。

2. 了解常用温度计的结构和工作原理，会使用温度计测量温度。

3. 能说出生活环境中常见的温度值，尝试对温室效应、热岛效应等发表自己的见解，增强环保意识。

【学习重点及难点】

温度计的正确使用。

【教具准备】

金属块、烧杯、冷水、温水、冰块、常用温度计、体温计、PPT等。

【教与学互动设计】

(一) 课前自主探究

1. 生活中物质的三态指哪些状态，它们具有哪些特征？举例说明。

2. 根据生活经验，说出你对温度及温度计了解到的内容，并与大家交流。

3. 你会使用体温计吗？它与常用温度计的使用有什么不同？

(二) 课堂情境创设

(播放一组自然界的画面)我相信同学们对云、雨、雾、露、霜、雪、雹都不会陌生，它们各有各的特征。它们都是水的"化身"，都是"水"演变而来的，在不同的状态下具有不同的特征。不光是水，一般物质都会有三种状态，今天我们来研究一下物质的三态和温度的测量。

(三) 课堂合作探究

探究一：物质的三态。

演示：在烧杯中放入少许冰块，并不断加热，观察烧杯中冰的变化。发现冰会熔化成_____，水又会变成_____。

思考：

(1) 水有哪些状态？_____。

(2) 不同状态下的水，它们的形状、体积有何特点？完成下表。

状　态	形状（固定/不固定）	体积（固定/不固定）

(3) 是什么因素促成水的三种状态之间发生相互转化？

(4) 你能列举一些自然界和日常生活中各种不同状态的物质吗？

总结：

1. 物质的三态是指_____、_____、_____。

2. 物质所处的状态跟_____有关。

探究二：温度的测量。

活动1：

1. 观察温度计，温度计的基本构造是_____、测温液体及_____。

2. 阅读液体温度计说明书与课本32页的信息快递。

(1) 常用的液体温度计是利用_____性质制成的。

(2) 温度是用来表示物体的冷热程度的物理量，其常用单位是_____，读作_____。

3. 用温度计测量一杯温水的温度。

(1) 观察你所使用温度计的量程是_____，分度值是_____。

(2) 把温度计放入温水中，温度计的液柱会_____，测出杯中水的温度是_____。从温水中拿出温度计后，液柱会_____。

活动2：桌面上分别放置两杯冷水和温水，请你设法估计它们的温度，然后再用温度计进行测量，并将结果记入下表。

	冷水	温水
估计温度/℃		
实测温度/℃		

思考：
(1) 若所测的温度过高或过低，超出了温度计所能测量的温度，会有什么后果？
(2) 使用温度计常出现哪些错误？如何正确使用温度计？
(3) 通过实验说出测量液体温度的一般步骤。
(4) 体温计与常用温度计使用的不同点有哪些？

总结：
1. 常用液体温度计的原理是_____。
2. 温度计的使用方法：
(1) 观察你所使用温度计的_____和_____。
(2) 测量时，应使温度计的玻璃泡与被测物体_____。
(3) 读数时，待温度计的示数_____后再读数，温度计仍要与被测物体接触，且视线要与温度计中液注上表面_____。
3. 体温计与常用温度计在使用上的不同点：_____。

探究三：生活中的物理现象。

同学们已经知道温度是表示物体的冷热程度，温度的变化给人们带来一个五彩缤纷的世界，同时也给人们的生活带来了隐忧，请同学们阅读课本中的"生活·物理·社会"，了解"温室效应""热岛效应"及其带来的后果。

思考：
(1) 温室效应不断加剧的原因是什么？
(2) 理解"城市尚余三伏热，秋光先到野人家"的含义。

(四) 课堂应用迁移

类型一：物质的三态。

例1 夏天，小明买了一些冰淇淋，为了储存，他把冰淇淋放在冰箱的冷冻室里，此时，冰淇淋是_____态；在吃的时候冰淇淋到嘴里变成了_____态；如果不小心滴在地上，一会就不见了，这时它又变成了_____态。

类型二：温度的测量。

例2 下列关于常用温度计的使用错误的是 （　　）

A. 温度计不能用来测量超过它的最高刻度的温度
B. 温度计的玻璃泡要跟被测物体充分接触

C. 测量液体温度时，温度计玻璃泡要完全浸没在液体中

D. 读数时，要把温度计从液体中拿出来再读数

例 3 如图 4-1 所示是体温计和实验室常用温度计，请简要说出它们在构造或使用上的三个不同点。

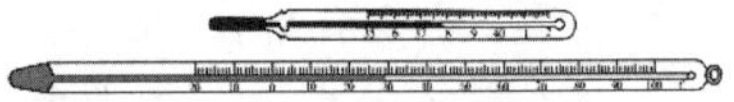

(1) _____ ；(2) _____ ；(3) _____ 。

图 4-1　体温计和实验室常用温度计

类型三：温室效应，热岛效应。

例 4 2013 年 8 月，我国科学家在珠穆朗玛峰进行科学考察时发现东绒布冰川末端较三十年前有明显的退缩，表明"温室效应"导致冰川融化加快。"温室效应"是指大气中二氧化碳含量增高引起的环境温度升高，为了减缓大气中二氧化碳含量的增高，你的建议是（至少写两条）：

(1) _____；

(2) _____。

（五）课堂总结反思

总结：本节知识点（让学生完成，注意知识框架建构）；本节学习用到哪些研究方法？（如列举法、比较法等）

反思：温度计知识的拓展。

(1) 我们所学的温度计是利用液体性质制成的，那么用其他原理能否制成温度计？（如金属温度计、气体温度计等）

(2) 温度计的玻璃管内径变大将会怎样？

（六）课后拓展延伸

1. 物质一般以固、液、气三种状态存在，_____ 既有一定的体积，又有一定的形状，物质处于哪种状态与 _____ 有关。

2. 物体的冷热程度用 _____ 表示；实验室常用 _____ 来测量，它是根据 _____ 原理制成的。

3. 下列说法不正确的是　　　　　　　　　　　　　　　　　　　　(　　)

A. 水的三态是指冰、水、冰水混合物

B. 露、雾、霜等都是水的"化身"

C. 水的三态变化与温度有密切关系

D. 一般物质也都有三态

4. 以下温度最接近 25 ℃的是　　　　　　　　　　　　　　　　　　(　　)

A. 健康成年人的体温

B. 宿迁市冬季最低气温

C. 冰水混合物的温度

D. 让人感觉温暖而舒适的房间里的温度

5. 图 4-2 中各温度计的读数分别为：甲 _____ ；乙 _____ 。

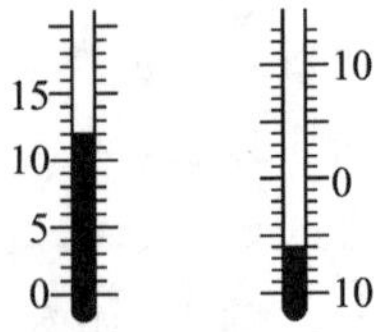

6. 用温度计测量刚倒入保温杯内开水的温度。

图 4-2　温度计

(1) 现有最高测量温度为 110 ℃、200 ℃、42 ℃三种温度计，测量时应该选用最大测量值为_____的一种。

(2) 在测量时，温度计插入水中后应何时读取数据？对这个问题有三种不同的意见：甲认为应立即读数；乙认为应该在温度计示数稳定后读数；丙认为插入时间越久越准确。三种意见中正确的是_____（填"甲"、"乙"或"丙"）。

7. 将一支灵敏温度计的玻璃泡浸入热水里，并立即观察温度计细管里的水银面高度的变化，将会看到温度计中水银面先下降，然后再上升。试说明其道理。

四、基于核心素养的初中物理"激活—探究"教学模式的教学实践与思考

初中物理学科核心素养，是指学生在接受教育的过程中，逐步形成的适应个人发展和社会发展需要的必备品格、价值观念和关键能力，是学生通过物理学习而内化的带有物理学科特征的品质。学生经历初中物理教育，应该具备良好的思维品质，掌握科学探究的基本方法，形成正确的物理观念和科学态度。

课堂教学中如何实施提升学生物理学科核心素养呢？教师在课堂教学中可以设置有效问题来激活学生思维，问题是思维的起点，探究始于问题，提出问题是实验探究的首要环节。在课堂教学过程中教师根据教学内容、学生学习情况适时提出有效问题，引发学生思考、分析、猜想、探究、推理、判断和逻辑分析，形成自己的物理思维，提高课堂学习的有效性。

（一）"激活—探究"教学模式及其内涵

1. "激活—探究"教学模式的六个环节

"激活—探究"教学模式的六个环节如图 4-3 所示。

2. "激活—探究"教学模式的内涵

（1）课前自主探究要有助推作用

在课前准备过程中，教师设计自主探究时，要以问题为主线，以激发学生学习兴趣、激活学生学习为动力。学生自主学习的任务主要设定为两块：一是对探究中学生可能的薄弱环节进行先期弥补，如学生的"易错点""遗忘点"；二是对探究活动的某些要素进行前置性独立学习。

（2）课堂情境创设要有预设性

教师在课前要精心准备，搜集素材；课堂上要营造一种自由、轻松、开放的探究氛围，促进学生感知发现、讨论交流。该环节与一般的导入课堂模式有所不同，它不但要能激发学生学习物理的兴趣，而且还要激活学生的物理思维。而激活方式则是通过设置有效问题来完成，它将贯穿整个课堂教学过程中，激活往往由教师来完成。

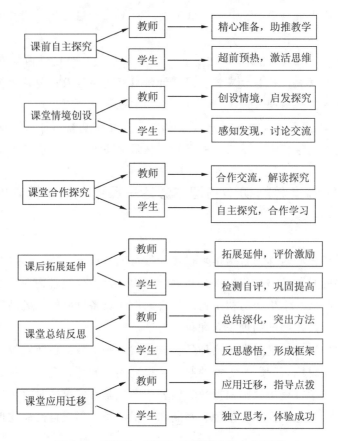

图 4-3 "激活—探究"教学模式的六个环节

(3) 课堂合作探究要慎重组织

该环节是本模式的重要环节,主要工作由学生来完成,它将围绕探究点展开问题的探究。教师通过设置有效问题来激发学生独立思考、自主探索,理解知识本质、解决疑难问题,养成良好的责任意识。学生在学习过程中如果遇到只凭个人能力无法解决,必须依靠小组的力量和智慧时,将组织小组其他同学进行合作探究,通过同学之间的相互交流、辨析,解决困惑。所以,教师应充分了解学情,结合教材的重、难点,正确选择合作探究的内容。教师在组织探究时,要明确探究的目的、办法、步骤、注意事项等,还要对每位小组成员有明确的分工。

(4) 课堂应用迁移要有针对性

物理课堂教学过程中,要通过创设真实问题情境,达到巩固知识、培养解决实际问题的能力,通过对真实问题的解决让学生再次感受知识的价值、体验成功的喜悦。这是教师对所讲知识点的深化与整合,要求一定要有针对性,教师结合学情,以例题为突破口,精心设计例题或变式题及拓展性习题,并对例题进行归类,及时强化知识与技能的达成。

(5) 课堂总结反思要有多样性

课堂总结反思过程,教师要善于引导学生总结本节课所学习的知识和方法,使之形成体系。同时兼顾与本节内容相关、为下节课铺垫或有趣味性的问题，让学生学而未尽，尽享学习的乐趣。

（6）课后拓展延伸要学以致用

这一环节属于"实践"环节，只有经过实践运用的知识，才能牢固地活化在自己的脑海里，历久弥新。为达到学以致用的目的，教师要精心选编练习，兼顾基础性、发展性，达到巩固目的。通过高效率的练来强化知识与技能的掌握，"知行合一"，让学习与智慧同行，用最经济的学习时间获取最优化的学习效果。

附：课例应用

【课题】

苏科版八年级物理第三章第一节"光的色彩　颜色"。

【教与学目标】

1. 通过光的色散的实验探究过程，学生知道太阳光是由多种色光混合而成的。

2. 通过观察色光的混合和物体在不同照射下呈现的颜色，结合探究活动，学生初步了解物体颜色形成的原因，能解释生活中与光的色彩有关的现象。

3. 能结合具体的实例说明光具有能量。

【教与学重点及难点】

1. 重点：光的色散，色光的混合。

2. 难点：知道物体颜色的成因。

【教具准备】

光源、三棱镜、滤色纸、平面镜、太阳能电扇帽等。

【教与学互动设计】

（一）课前自主探究

教师通过问题形式呈现给学生，以激活学生的学习动力：

1. 你能区分天然光源和人造光源吗？它们都有哪些特征？举例说明。

2. 根据生活经验，你认为太阳光是由哪些色光组成的？请相互交流。

3. 不同的色光能相互混合成其他颜色的光吗？请相互合作交流。

4. 物体的颜色是如何形成的？有什么规律？

（二）课堂情境创设

如图4-4所示，教师播放课间在操场上利用喷雾器喷出的水雾让学生在阳光下观察的视频，学生观察发现彩虹现象，进而激发学习兴趣。在学生注意力还没有消退之前，教师再播放多幅光现象图片，学生观察，教师进而抛出问题：图片中的光来自哪里？生：光源。教师再接着提出问题，光源都是天然的吗？通过观察、思考、合作、交流、讨论，学

图4-4　彩虹现象

生将各幅图片进行分类，得出光源有的是天然光源，有的是人造光源。师：我们常见的太阳光只是一种白色光，可为什么在只有一种颜色的阳光下会出现这么多彩的世界？今天我们来研究一下光的色彩和颜色。（教师通过视频展示自然界各种自然现象，启发学生思考、讨论、交流学习成果，从而引发学生的学习兴趣）

（三）课堂合作探究

探究一：光的色散。

演示：如图4-5所示，让一束太阳光通过三棱镜，观察置于三棱镜后的光屏，有什么现象发生？

通过观察发现太阳光可以分解为_____。

问题思考：（通过观察上述演示实验，教师提出下列若干问题让学生独立思考、自主探究或合作学习）

图4-5 光的色散

1. 太阳光是单色光还是复色光？

2. 根据光的色散现象，能否在图4-6中画出对应色光的光路图？

3. 如果将图4-6中三棱镜倒置，再让一束太阳光通过，则在光屏上观察到色光分布与上述一样吗？

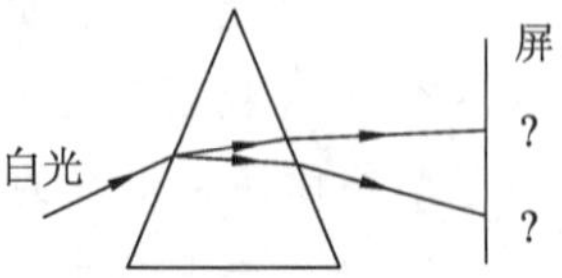

4. 如果在图4-6后面叠加一个倒置的三棱镜，如图4-7所示，继续实验，将会观察到什么现象？

师生分析总结：

1. 太阳光可以分解为红、橙、黄、绿、蓝、靛、紫色光。

2. 如果让一束太阳光通过倒置三棱镜，则在光屏上观察到七色光分布将倒过来。

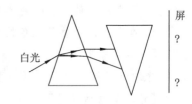

图4-6 一个三棱镜

图4-7 两个三棱镜

3. 如果在三棱镜前再叠加一个倒置的三棱镜，继续实验，将发现色散后的光线又重新混合为白光。

探究二：色光的混合。

活动1：观察白光透过有色玻璃纸。（教师通过点拨、启发，学生通过观察、实验，交流合作学习获得）

当太阳光通过红色玻璃纸时，会看到_____光；

当太阳光通过绿色玻璃纸时，会看到_____光；

当太阳光通过蓝色玻璃纸时，会看到_____光。

活动2：观察色光混合现象。（学生通过实验探究、交流学习获得）

将红、绿、蓝三种单色光中任意两种单色光混合射到白纸上，在相互重叠区域可以观察到什么颜色的光？

问题思考：（学生通过对实物的观察、使用、探究、思考、交流等方式获得相关知识，然后回答下列若干问题）

1. 生活当中，你们发现哪些方面为了改变光的色调，采用让白光透过有色玻璃纸来获取单色光？

生：_____。

2. 你能总结出获取单色光的方法吗？

生：_____。

3. 将红、绿、蓝三色光两两等比例混合，你能看到哪些颜色的光？

生：红光和绿光混合是_____光；红光和蓝光混合是_____光；绿光和蓝光混合是_____光。

4. 如果红、绿、蓝三色光不是等比例混合，还能得到上述颜色光吗？

生：_____。

5. 无论何种混合，你们能不能用其他颜色的光得到红、绿、蓝三种光中的一种色？

生：_____。

师生分析总结：

1. 白光透过有色透明体，将获得与透明体相同的色光。例如，白光透过红色玻璃，将获得红光。

2. 不同色光混合，将能得到不同的颜色色光。

3. 将红、绿、蓝三色光按不同的比例混合，能产生任何一种其他颜色的光，而自身却无法用其他的色光混合得到，因此，将红、绿、蓝三色光叫光的三原色。

探究三：物体的颜色。

同学们已经知道获取单色光的途径，同时又了解了色光混合，那么，同学们平时看到的物体颜色又是怎么回事呢？

问题思考：（学生通过观察纸片的颜色、观察、思考、讨论、自主探究或合作学习获得）

1. 用白光照射到不同颜色的不透明物体上，观察看到的颜色。

例如，用白光照射到红色物体上，将看到_____色光。

2. 白光照射到红色物体上，只看到红光，其他色光呢？

3. 若红光照在白色物体、绿色物体上，将分别看到什么颜色？试试看。

4. 引导学生使用白光照射到彩色鹦鹉图片上，观察看到的现象。然后学生分组讨论，为什么在白光的照射下，我们能看到彩色鹦鹉？

师生分析总结：

白光射到不同颜色不透明物体上，将看到与不透明物体相同的颜色，白光中其他颜色光被不透明物体吸收。

探究四：光能。

问题思考：（阅读课本第57页上的"生活·物理·社会"，然后思考、合作交流）

1. 前面学习了白光照射到不透明物体上，将看到与物体颜色相同的色光，其他色光被物体吸收了，你是怎么知道其他色光被物体吸收了？

生：_____。

2. 如果用手摸一下物体，你有什么感觉？

生：_____。

说明了什么？

生：_____。

3. 既然光有能量，那么光能可以转化为其他形式的能吗？结合日常生活事例谈谈你对光能转化的理解。

生：_____。

师生分析总结：

1. 光不仅能使周围变得明亮、温暖，还能使胶卷感光……所以，光具有能量，也叫光能。

2. 通过某种形式，光能可以转化为电能、内能、机械能、化学能等。

（四）课堂应用迁移

类型一：光源。

例1 能自行发光的物体叫_____，其可以分为_____和_____两类。我们生活中的太阳属于_____，点燃的火把属于_____。

类型二：光的色散。

例2 我国唐朝的张志和在《玄贞子》中记载了著名的"人工虹"实验，"背日喷乎，水成霓虹之状"。这个实验说明光的_____现象。白色光可以分解为_____七色光。

类型三：色光混合。

例3 如图4-8所示为光的三原色示意图，图中1和2两个区域应标的颜色分别是（   ）

A. 蓝色、白色　　　　　　　　B. 黄色、黑色

C. 绿色、白色　　　　　　　　D. 黄色、白色

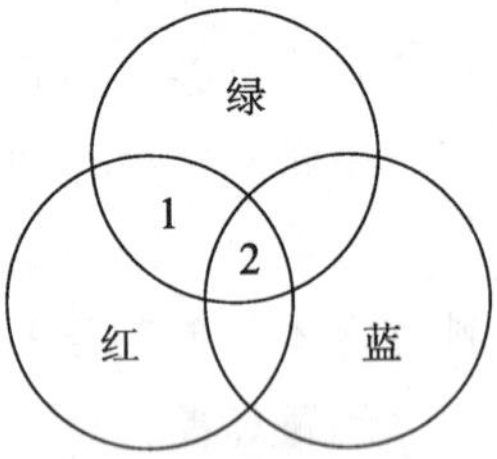

图4-8 光的三原色示意图

类型四：物体的颜色。

例4 在没有任何其他光照的情况下，舞台追光灯发出的绿色光照在穿白上衣、红裙子的演员身上，观众看到她（   ）

A. 全身呈绿色　　　　　　　　B. 上衣呈绿色，裙子不变色

C. 上衣呈绿色，裙子呈紫色　　D. 上衣呈绿色，裙子呈黑色

类型五：光能。

例5 光具有能量，这种能叫作光能。通过某种方式，光能可以转化为其他形式的能。例如：

(1) 太阳能汽车是将_____能转化为_____能；

(2) 植物的光合作用是将_____能转化为_____能；

(3) 人造地球卫星上的太阳能电池板是将_____能转化为_____能。

（五）课堂总结反思

总结：本节知识点。（让学生完成，注意知识框架建构）

本节学习用到哪些研究方法？（如讨论法、实验法等）

反思：对于大家看到的物体的颜色，容易混淆物体是否透明。

1. 白光射向透明物体，出来光的颜色是由透明体的颜色决定的，其他色光被其吸收。

2. 白光射向不透明物体，反射光颜色是由不透明体的颜色决定的，其他色光被其吸收。

（六）课后拓展延伸

1. 下列四个词语所描述的光现象，属于光源的是　　　　　　　　　　　　（　　）
   A. 金光闪闪　　　　B. 火光冲天　　　　C. 风光无限　　　　D. 红光满面

2. 关于电视台屏幕上的荧光点能复合成多种色光，下列说法正确的是　　　（　　）
   A. 是由颜料的三原色红、黄、蓝复合的　　B. 是由光的三原色红、绿、蓝复合的
   C. 是由光的三原色红、黄、蓝复合的　　　D. 是由颜料的三原色红、绿、蓝复合的

3. 阳春4月，荷兰花海的各种郁金香竞相开放，争妍斗艳，喜迎各地的游客。在太阳光的照耀下，游客看到的鲜艳的红郁金香是因为　　　　　　　　　　　　　（　　）
   A. 红郁金香能发出红色的光　　　　B. 红郁金香能反射太阳光中的红色光
   C. 红郁金香能发出白色的光　　　　D. 红郁金香能吸收太阳光中的红色光

4. 如图4-9中的甲所示，让一束太阳光通过棱镜射到白屏上，在光屏上就形成一条彩色光带，其颜色自上而下依次是_____不同颜色的光；若在白屏上贴一张红纸，如图4-9中的乙所示，则光屏上会出现_____。

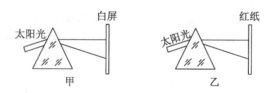

图4-9　第4题

（二）"激活—探究"教学模式的教学实践的思考

基于学生核心素养发展的初中物理"激活—探究"教学模式将课堂教学分为六个部分，每个部分均具有较强的针对性。如果长期坚持下去，对提高初中物理教师自身的业务能力、对核心素养的理解、课堂问题的设置、探究能力的提高等将有更大的帮助。它将克服"满堂灌"的教学方式，为初中物理教师改进教学方法提供了新的思路和理论指导。目前经过一段时间的物理教学实践，课题组编写出部分该模式的教学案例，已对教师实施初中物理探究式教学起到了积极的指导作用。

五、基于核心素养发展的初中物理"激活—探究"教学实践

这是江苏省初中物理一节示范课，课题是"欧姆定律"，是由课题组主持人之一陈

喜校长于2018年1月28日在江苏省教学新时空进行现场上课，利用"激活—探究"教学模式进行授课。同时整个活动环节邀请两名知名专家进行现场点评。

（一）"欧姆定律"一课教学设计

1. 教材分析

欧姆定律是电学中的基本定律，是把电学三个物理量——电流、电压、电阻联系起来的一个重要实验定律。教材通过探究性活动，引导学生进行合理猜想，经过实验验证，得出欧姆定律。让学生学习科学探究方法，进一步体验科学探究的全过程。本节内容综合性强，从知识层面上看，要用到学生已学过的电路、电流、电压和电阻的知识；从技能层面上看，要会熟练使用电流表、电压表和滑动变阻器等；从方法层面上看，要能熟练运用控制变量法和图像分析法。

2. 学情分析

学生已学习了电路的基础知识，并对电学产生了浓厚的兴趣，多数学生能正确连接电路元件，正确使用电流表、电压表和滑动变阻器，对于控制变量的研究方法也较为了解。学生有较强的好奇心和求知欲，他们渴望自己动手进行科学探究，体验成功的乐趣。同时，他们的思维方式逐步由形象思维向抽象思维过渡。在教学中让学生自主设计研究问题的方案，是发展学生思维的有效途径。

3. 教学目标

- 通过实验探究电流与电压、电阻的关系，理解欧姆定律的物理意义。
- 通过问题情境，学生做出猜想、自主设计实验方案、合作实验，从而使合作、探究、分析、归纳总结和迁移运用等方面的能力得到了提高。同时，学生体验"控制变量法""图像法"这两种科学研究的方法。
- 引导学生正确认识物理规律的客观性、普遍性和科学性，关注学生科学世界观的形成。并通过介绍欧姆的故事，培养学生热爱科学、追求真理、献身科学的崇高情感。

4. 教学重点与难点

重点：通过实验探究导体中的电流与电压、电阻之间的关系，总结出欧姆定律。

难点：利用电流表、电压表和滑动变阻器等来设计实验、正确操作、分析数据、总结规律。

5. 教学方法

质疑探究教学法：提出问题—作出猜想—设计实验—进行实验—分析与总结。

6. 设计理念

本节课设计以学生发展为本，关注学生核心素养的培养，安排两个实验活动，为学生提供了自主学习、相互交流的机会，给予他们充分展示自我的空间，通过鼓励学生讨论、设计、实践、总结等形式来培养他们诸方面的能力，提升他们的学科核心素养。摒弃传统的"演示—归纳—结论"的设计框架，采用实验探究法，激活学生已有的知识，让学生沿着科学家发现规律的历史足迹，体现知识的产生过程，体悟物理学的基本研究方法和科学的思维途径，从中感悟科学思想和科学方法。使知识活化、重组，形成知识结构，并向能力转化。另外，充分利用好交流和评估，培养修改完善自己实验方案及团队合作精神的能力。即通过具体的任务驱动，引导学生在实验探究中熟悉相关知识，提高相关仪器、仪表的使用技能，学习科学探究的方法，在体验科学探究的过程中提高分析问题、解决问题的能力。

7. 教学过程

(1) 发现问题

创设情境：三个规格相同的小灯泡接在三个不同的电路中（其中包括一个调光灯电路），让学生观察小灯泡的亮度，并试着根据灯泡的亮度情况提出一个物理问题（如影响电路中电流大小的因素是什么）。让学生发现电流、电压、电阻之间存在某种关系。

通过情境创设，调动学生的学习兴趣及求知欲望，并使学生将已学知识与即将要研究的问题迅速建立联系，很快将注意力指向本节课。

(2) 提出猜想

问题导引：通过导体的电流与电压、电阻究竟有什么关系？你能否提出一种猜想或假设，并说出支持你猜想的事实依据？

学生根据前面所学的有关电压、电阻、电流的概念，容易想到三者之间的某种定量关系。教师要引导学生对引入新课的情境回顾，参与讨论与猜想，并加以鼓励。

(3) 设计实验

提出问题：探究电流与电压和电阻的关系，你想到了什么方法？具体怎么做呢？实验需要哪些器材？如何设计实验电路呢？（要求学生独立设计小组交流，派代表展示汇报）

学生在小组讨论中，从理论上理解"控制变量法"，在思维深度上深化这一研究方法，并清晰明确各方案中所要测量的物理量。通过展示学生设计的电路可能有两种情况进行分析讨论，指出电路的优缺点，以便对实验方案的完善达成共识，同时提高其运用知识思考、分析、归纳的能力。对于实验中细节问题（如滑动变阻器的作用），可让学生在动手实验中去摸索去体悟，其深刻性才强。

(4) 进行实验

布置学生对照电路图检查实验器材并交流仪器使用的规范操作（利用投影展示电路连接中的注意问题）：开关应处于_____状态；滑动变阻器的滑片处于阻值_____位置；认清电压表、电流表的_____接线柱；电压表、电流表的_____选择要正确。接下来引导学生依次完成两个实验（实验1：电阻一定时，研究电流与电压的关系；实验2：电压一定时，研究电流与电阻的关系），设计表格采集数据，分析数据寻求规律。在学生实验过程中，教师参与其中，巡视指导实验，对于存在的问题进行交流，并采集相关的图片，留作交流评估时使用。

在一个电路中，同时使用电压表和电流表，对学生来说是第一次，因此在学生自主交流回顾电流表、电压表的使用方法的同时，老师应参与学生的讨论中，共同分析连接电路时要注意的问题。巡视参与实验并指导，使学生认识到实验1与实验2可以使用同一电路图，此外要提醒学生将测量数据及时记入实验记录表格中。对于实验2怎样使每次所更换电阻两端的电压保持不变？这一问题，应留给学生自己解决，让学生在动手的过程中自己去感悟，更能体会到研究方法的科学性、客观性与深刻性。通过这两个实验活动培养观察、实验、交流合作等能力，感受探索与发现的乐趣。

（5）分析论证

引导学生分析实验数据，得出结论。选取了两个小组作为代表对实验1与实验2分别进行汇报，借助实物投影展示，学生代表对照表格中的数据进行分析讲解。以数学上数据的倍数关系寻求结论。在这个过程中要注意倾听指出学生结论中不正确的语言表述，引导学生思考不正确的原因。引导学生以电流 I 为纵坐标、电压 U 为横坐标，建立平面直角坐标系，并在坐标系中描出实验1表格中所测数据的对应点，画出 I-U 图像，由图像得出结论。为了便于学生综合归纳，发现电流、电压和电阻三者的定量关系，借用数学上正比或反比关系，分析电流与电压、电阻关系，巧妙将三个物理量表示在一个式子中，揭示欧姆定律。同时加入欧姆生平介绍，对学生进行科学精神教育。

这一环节，师生之间互帮互学，共同提高，培养学生总结实验得失，拓展学生的认知空间。给予一定自由空间，尽可能地激活他们的思维。学会用表格、图像等多种方法处理实验数据，揭示物理规律。学生上讲台，展示自己的数据，分析、概括出数据之间的关系，从而得出结论，培养学生分析数据的能力，学生上讲台讲，锻炼口头表达能力。分析、归纳是实验活动的关键环节，也是研究问题的一种方法。增设数据记录的科学规范指导，目的是提升他们的科学素养。增加欧姆生平介绍，是对学生进行科学教育，学习科学家不畏艰难、锲而不舍的精神。

（6）交流评估

这节课同学们经历了科学家的探究过程，并出色地找到了一条重要的电学规律——欧姆定律。想问一下，在探究过程中同学们有没有走过弯路而影响实验结果？实验后你有没有新的发现呢？通过展示图片（学生在实验过程中操作上的失误及实验疑难问题），学生交流讨论，评估实验中出现的问题，讨论解决的办法。并抛出"滑动变阻器"在两个实验中的作用，让学生明晰。

通过图片展示，再现学生实验中的问题，以及疑难问题呈现，让师生对实验过程交流评估有形象直观素材，研讨有目标、抓手。使学生在交流中发现问题，突显学生在评估和思考中思维的碰撞，提高学生发现问题，从而在交流中得到学习、提高，在交流中有新的发现。

（7）迁移应用

通过出示例题，师生分析交流，提出解决电学问题的规范格式（如建模、画出电路简图、公式及数据代入等），这由教师板演。接着让学生思考通过不同方法解决问题，并板演算过程。这是为引导学生根据欧姆定律得出可能存在的两个变换公式。出示变换公式，引导学生理解公式 $R=U/I$。接下来设置电压表、电流表能否直接连到电源两极，结合欧姆定律进行讨论。

这一环节是让学生熟悉如何用欧姆定律解决实际问题，是对欧姆定律的理解与应用，培养学生应用物理知识解决问题的能力，既有效巩固新知识，又培养知识迁移能力。

(8) 课堂小结

通过本节课学习，你学到了什么，在实验探究中有哪些感悟？还想进一步学习和探究的内容是什么？

让学生对这节课学习进行自我评价，发现自己在实验探究中的收获，并适时引导学生提出新问题，带着问题走出课堂。

8. 教学反思

本节课的课程实施立足于学生发展，致力于素养提升。课堂教学从情境设置引出教学内容—猜想、假设导入教学—实验探究进行教学—收集证据深入教学—交流、评估整合教学，整个教学流程符合学生的认知规律，即从直觉思维到逻辑思维；从感性认识到理性认识，使学生由浅入深地掌握物理规律。借助情境设置、设疑、猜想、探究、交流等教学手段，不仅激发了学生的求知欲望，提高了学生的学习兴趣，而且激活了课堂思维，学生的主动性、积极性得以充分发挥，并能全神贯注地去完成学习任务。课堂积极倡导给学生以沃土，提升思维自觉；给学生以方法，实现知行合一；给学生以力量，绽放活力课堂的教学思想，演绎规律探究过程及规律理解迁移应用之间的关系，让学生体悟科学探究的一般过程，学会在提出科学问题时，能说出提出问题的依据；在解决问题时，注重方法研究与实验设计，能借助观察、假设、实验、验证等途径来获取证据；在得出结论阶段，能根据客观的实验事实和结果，进行基于证据的推理，推出符合逻辑的结论。使学生从表层学习走向了深度学习，实现从"知"的分析到"行"的解决。就课堂教学设计与实施谈以下三点思考：

(1) 教学中，教学方法与教学形式要"活"

探究教学不仅是一种教学方法或模式，它更是体现了一种理念和精神。学生积极参与，主体地位和合作学习要得到充分体现，离不开教学方法与教学形式的灵活应用。学生不是被动的、消极的知识接受者，而是主动的、积极的知识探究者，教师在课堂上灵活采用不同教学方法，营造了一种能够让学生自由讨论、合作探究的学习情境，在教师的适当启发下，学生自己去思考、去设计、去实验，学生真正成了课堂的主人，真正参与了获取知识的全过程。自主学习的问题要求学生"踮踮脚尖就能摘到"，合作探究的过程应该是顺着教学过程水到渠成而为之，而不是为形式而合作探究。探究教学强调知识建构的自主，思维活动的开放，其价值取向是促进学生的发展。这样的一种学习过程会让学生感觉轻松，产生兴趣，学到方法，形成能力，提升素养。

(2) 教学中，学生的参与意识要"强"

要充分发挥学生个体的主观能动性，变"要我学"为"我要学"。学生只有积极参与教学活动，亲身体验，既动手又动脑，充分经历观察、实验、分析、推理、综合等过程，才能完整地理解概念的内涵，全面地掌握规律的实质。在课堂教学中，教师要改变以讲解知识为主的传授者的角色，成为一名学生想法的聆听者。本节课学生始终在动脑、动手，学习的多种形式得到了落实，讨论、设计、实验、展示、处理数据等，尽管所研究、处理和学习的内容较多，但学生始终保持着积极主动的学习热情，课堂活动的参与度高，教学目标得到了充分的落实。

（3）教学中，学习重、难点把控要"准"

在探究教学中，要能够落实好交流与评估环节，对学生的发展来说，学习的价值不仅仅是记住几个物理结论和规律，解决几道物理习题，而是要体会解决探究问题的过程和方法，及时回忆再现渗透着物理思想的过程和方法，从而达到增强记忆，减少遗忘，达到深刻理解和掌握知识的目的。本课中通过分析论证和交流评估环节设置，既让学生巩固了所学知识，也让教师及时弥补了教学中的不足，起到了教学相长的作用。学生不再是被动的、消极的知识接受者，而是主动的、积极的知识探究者。教师在课堂上营造了一种能够让学生自由讨论、合作探究的学习情境，在教师的适当启发下，学生自己去思考、去设计、去实验，真正成了课堂的主人，真正参与了获取知识的全过程。

让物理课堂"活"起来，学生"动"起来，就是根据物理教材的解读，以学生自主学习和合作探究为前提，给予学生充分思考、动手操作、质疑、讨论问题的机会，通过多种渠道，尝试解难释疑。教师要搞好探究教学的设计，需要教师具备不可言传的教学智慧，关键在于找到内容和科学方法的最佳结合点，以"扶"的方式助学生"上路"，以"引"的方式助学生"学走路"，以"放"的方式让学生"自己走路"，以此建构有效的探究式课堂教学。

（二）"欧姆定律"一课教学实录

1. 公开课教学内容回顾

（1）教材分析

教材是引导学生开展探究性学习的"资源库"，要指向学生核心素养培养、提高教学有效性就要突出对教材的解读。欧姆定律是电学中的基本定律，是把电学三个物理量（电流、电压、电阻）联系起来的一个重要实验定律。教材通过探究性活动，引导学生猜想，经过实验验证，得出欧姆定律。让学生学习科学探究方法，进一步体验科学探究的全过程。本节内容综合性强，从知识层面上看，要用到学生已学过的电路、电流、电压和电阻的知识；从技能层面上看，要会熟练使用电流表、电压表和滑动变阻器等；从方法层面上看，要能熟练运用控制变量法和数据、图像分析法。在教学中，应发挥教材潜在的教学价值，将教材提供的"静态内容"激活，并结合学生的思维发展水平，建构有效的探究教学。

（2）设计理念

核心素养是学生素质结构的核心内容，是决定学生能否适应未来社会、未来社会是否和谐健全的重要内容。通过对教学方式的变革，建构有效教学模式，可以培养和提升学生的核心素养。本节课采用"激活—探究"教学模式，以学生发展为本，关注学生核心素养的培养，教学设计从三个认识维度展开：一是对学生世界观会形成怎样的基本态度和情感，帮助学生自我建构电流与电压、电阻三者关系并获得认知；二是学生能够掌握哪些物理独特的认知方法和能力，通过一系列问题解决与演绎思维，养成物理思维习惯；三是学生能够掌握哪些有关的物理知识与技能，促成认知结构的形成，有效地固化并转化为学生的物理学科思维及素养。以"电流跟电压、电阻关系研究"为实验探究的主线，安排两个实验活动，为学生提供了自主学习、相互交流的机会，给予他们充分展示自我的空间，激活学生已有的知识，让学生沿着科学家发现规律的历史足迹，体现知识的产生过程，体悟物理学的基本研究方法和科学的思维途径，从中感悟科学思想和科学方法。使知识活化、重组，形成知识结构，并向能力转化。另外充分利用好交流和评估，培养修改完善自己实验方案、数据处理能力以及团队合作精神，即通过具体的任务驱动，引导学生在实验探究中熟悉相关知识，提高相关仪器、仪表的使用技能，学习科学探究方法，在体验科学探究的过程中提高分析问题、解决问题的能力。

（3）教学过程

① 发现问题。创设情境：三个规格相同的小灯泡接在三个不同的电路中（其中包括一个调光灯电路），让他们观察小灯泡的亮度，并试着根据灯泡的亮度情况提出一个物理问题（影响电路中电流大小的因素是什么）。让学生发现电流、电压、电阻之间好像存在某种关系。

通过情境创设，调动学生的学习兴趣及求知欲望，并使学生将已学知识与即将要研究的问题迅速建立联系，很快将注意力指向本节课。

② 提出猜想。问题导引：通过导体的电流与电压、电阻究竟有什么关系？你能否提出一种猜想或假设，并说出支持你猜想的事实依据？

学生根据前面所学的电压、电阻、电流的概念，容易想到三者之间的某种定性关系。教师要引导学生对引入新课的情境进行回顾，参与讨论与猜想，并加以鼓励。

③ 设计实验。提出问题：探究电流与电压和电阻的关系，你想到了什么方法？具体怎么做呢？实验需要哪些器材？如何设计实验电路呢？（要求学生独立设计小组交流，派代表展示汇报）

学生在小组讨论中，从理论上理解"控制变量法"，在思维深度上深化这一研究方法，并清晰明确各方案中所要测量的物理量。通过展示学生设计的电路可能有两种情况进行分析讨论，指出电路的优缺点，以便对实验方案的完善达成共识，同时提高其运用知识思考、分析、归纳的能力。对于实验中细节问题（如滑动变阻器的作用），可让学生在动手做实验中去摸索、去体悟，才能更加深刻。

④ 进行实验。布置学生对照电路图检查实验器材并交流仪器使用的规范操作（利用投影展示电路连接中的注意问题）：开关应处于_____状态；滑动变阻器的滑片处于阻值_____位置；认清电压表、电流表的_____接线柱；电压表、电流表的_____选择要正确。接下来引导学生依次完成两个实验（实验1：电阻一定时，研究电流与电压的关系；实验2：电压一定时，研究电流与电阻的关系），设计表格采集数据，分析数据寻求规律。在学生实验过程中，教师参与其中，巡视指导实验，对于存在的问题进行交流，并采集相关的图片，留作交流评估时使用。

在一个电路中，同时使用电压表和电流表，对学生来说是第一次，因此在学生自主交流回顾电流表、电压表的使用方法的同时，教师应参与学生的讨论中，共同分析连接电路时要注意的问题。巡视参与实验并指导，使学生认识到实验1与实验2可以使用同一电路图，此外要提醒学生将测量数据及时记入实验记录表格中。对于实验2怎样使每次所更换电阻两端的电压保持不变?这一问题,应留给学生自己解决,让学生在动手的过程中自己去感悟,更能体会到研究方法的科学性、客观性与深刻性。通过这两个实验活动培养观察、实验、交流合作等能力,感受探索与发现的乐趣。

⑤ 分析论证。引导学生分析实验数据,得出结论。选取了两个小组作为代表对实验1与实验2分别进行汇报,借助实物投影展示,学生代表对照表格中的数据进行分析讲解。以数学上数据的倍数关系寻求结论。在这个过程中要注意倾听并指出学生结论中不正确的语言表述,引导学生思考不正确的原因。引导学生以电流I为纵坐标、电压U为横坐标,建立平面直角坐标系,并在坐标系中描出实验1表格中所测数据的对应点,画出I-U图像,由图像得出结论。为了便于学生综合归纳,发现电流、电压和电阻三者定量关系,借用数学上正比、反比关系,分析电流与电压、电阻关系,巧妙将三个物理量表示在一个式子中,揭示欧姆定律。同时加入欧姆生平介绍,有助于对学生进行科学精神教育。

这一环节,师生之间互帮互学,共同提高,培养学生总结实验得失,拓展学生的认知空间。给予一定自由空间,尽可能地激活他们的思维。学会用表格、图像等多种方法处理实验数据,揭示物理规律。学生上讲台,展示自己的数据,分析、概括出数据之间的关系得出结论,培养学生分析数据的能力,让学生上讲台讲,锻炼口头表达能力。分析、归纳是实验活动的关键环节,也是研究问题的一种方法。增设数据记录的科学规范指导,目的是提升他们的科学素养。增加欧姆生平介绍,是对学生进行科学教育,学习科学家不畏艰难、锲而不舍的精神。

⑥ 交流评估。这节课同学们经历了科学家的探究过程,并出色地找到了一条重要的电学规律——欧姆定律。想问一下,在探究过程中同学们有没有走过弯路而影响实验结果?实验后你有没有新的发现呢?通过展示图片(学生在实验过程中操作上的失误及实验疑难问题),让学生交流讨论,评估实验中出现的问题讨论解决的办法。并抛出"滑动变阻器"在两个实验中的作用,让学生明晰。

通过图片展示,再现学生实验中的问题,以及疑难问题呈现,让师生对实验过程交流评估有形象直观的素材,研讨有目标、抓手。使学生在交流中发现问题,突显学生在评估和思考中思维的碰撞,提高学生发现问题的能力,从而在交流中得到提高,在交流中有新的发现。

⑦ 迁移应用。通过出示例题,师生分析交流,提出解决电学问题的规范格式(建模、画出电路简图、公式及数据代入等),这由教师板演。接着让学生思考通过不同方法解决问题,并板演演算过程。这是为引导学生根据欧姆定律得出可能存在的两个变换公式。出示变换公式,引导学生理解公式$R=U/I$。接下来设置电压表、电流表能否直接连到电源两极的问题,结合欧姆定律进行讨论。

此环节是让学生熟悉如何用欧姆定律解决实际问题,是对欧姆定律的理解与应用,培养学生应用物理知识解决问题的能力,既有效巩固新知识,又培养知识迁移能力。

⑧ 课堂小结。通过本节课学习,你学到了什么?在实验探究中有哪些感悟?还想进一步学习和探究的内容是什么?

让学生对这节课的学习进行自我评价，发现自己在实验探究中的收获，并适时引导学生提出新问题，带着问题走出课堂。

（4）教学反思

本节课的课程实施立足于学生的发展，致力于学生素养的提升。在情境中发现、在探究中领悟、在建构中发展。课堂教学从情境设置引出教学内容—猜想假设导入教学—实验探究进行教学—收集证据深入教学—交流评估整合教学—应用迁移拓展教学。整个教学流程符合学生的认知规律，即从直觉思维到逻辑思维；从感性认识到理性认识，使学生由浅入深地掌握物理规律。让学生体悟科学探究的过程，学会在提出科学问题时，能说出提出问题的依据；在解决问题时，注重方法研究与实验设计，能借助观察、假设、实验、验证等途径来获取证据；在得出结论阶段，能根据客观的实验事实和结果，进行基于证据的推理，推出符合逻辑的结论。使学生从表层学习走向了深度学习，实现从"知"的分析到"行"的解决。下面就学生发展核心素养观下的课堂教学模式建构谈四点思考：

① 转变思想、更新观念是实现"激活—探究"教学的关键。课堂是师生教与学活动的主阵地，是培养核心素养的主渠道。转变思想，就是实现教为学服务，确立以人为本的教育思想。更新观念，就是树立正确的学生观，发现、培养、保护和发展学生的个性，为学生提供适合成长的条件，确立学生的主体地位。学生知识的形成既不是被动接受的，也不是真正发现式的，而是通过导向性信息（教师）跟原有知识和思维结构（学生）相互作用实现的，它是一个互动建构的过程。教师只有转变观念，大胆实践，物理教学才可能变得生机盎然，焕发生命活力。

② 加强物理教学的实践性是实施"激活—探究"教学的途径。物理课程改革强调学生参与活动、操作实践、经历探究。物理实验是物理教学的重要活动，它能吸引学生注意，调动学习积极性，我们要重视和改进实验教学，使之成为建构有效课堂教学的途径。改变"独角戏"式的讲、演实验，让学生实验、探索设计实验，经历科学探究过程，习得方法，发展能力，提升素养。物理教学的实践性还体现在概念的形成、模型的建立及习题的设计，应取材于学生周围熟悉的事物，让学生在有充分的感性认识的基础上通过分析、概括、归纳形成理性思维，让学生在运用知识解决问题中形成实践能力。

③ 激发学生探究的兴趣和动机是"激活—探究"教学的充要条件。兴趣是激发学生学习、开发学生潜能的助推器。关注兴趣，就是寻找学生的兴奋点，寻找与学生心智水平相吻合的激趣方式，采取符合学生心理的教学手段和方法来实施教学。动机是学生学习潜能开发的原动力。教学要机智地激发学习动机，如激发好奇、真诚表扬、留白艺术、教具使用、策略调整等。激发动机和兴趣在于开发学生学习潜能，目的是有效提升学生的学习能力。为学生的需要和发展设计教学，让学生亲力亲为，体验探究活动。让学生的思维自由驰骋，释放出学习潜能。

④ 让讨论、质疑成为"激活—探究"教学的基本方法。问题是科学探究的出发点和归宿，讨论和质疑是开启科学探究的钥匙。没有问题难以诱发和激起求知欲，没有问题，学生不会去深入思考，学习只能是表层和形式的，生生互动、师生互动的交流讨论

也就无从谈起。讨论和质疑的过程，实际上是学生学习积极思维的过程。教师明确学生是具有主观能动性的、有创造性思维的活生生的人，要给学生施展个性、发展自我的条件和机会。多问几个为什么，充分激活学生的思维，让其养成习惯，促成学力，提升素养。

学生发展的核心素养与"激活—探究"的本质相契合，激活学生思维，为学生探究学习做有效点化，凸显主体，有效建构，习得知识技能方法。基于学科核心素养培养的课堂转型，强调的不是记住了"是什么"，而是解决了"为什么"。精准设定课堂教学效益，切实把握课堂教学效果，不断优化课堂教学效率，为"激活—探究"课堂教学指出了理论探索和实践突破的方向和思路。我们将以"教学内容的价值解读与转化"和"教学活动的设计与展开"为聚焦点，在教材解读过程中实现教材资源向教学内容的转换，在活动设计时实现从教学内容向教学活动的转化，让课堂教学成为课程实践的中心，以体验性学习推进教与学方式的转变，让物理学科核心素养真正落地生根、开花结果。

2."激活—探究"教学模式解读

本节课是通过"激活—探究"形式来具体落实培养学生物理学科的核心素养。那么如何去理解"激活—探究"模式呢？

激活本意是"刺激有机体内某种物质，使其活跃地发挥作用"，寓意就是在物理课堂教学中激发学生的物理思维，调动学生的物理学习兴趣，使学生从"要我学"变成"我要学"，从而让学生的潜能得以挖掘，实现自我超越。那么，教师在课堂教学过程中如何具体实施激活环节？

"学起于思，思源于疑"问题是启迪学生智慧，促进学生思维，参与课堂的有效方式。教师要善于给学生设计有效的问题来启迪、鼓励学生。就是要求教师在课堂教学过程中根据教学内容、学生学习情况适时提出有效或高效问题引发学生思考。教师的课堂问题设计要符合学生的认知背景、思想状况和思维特点，要具有明确性和具体性，引导学生更好地分析知识，学会推理判断和逻辑分析，形成自己的物理思维，从而提高课堂学习的有效性。

探究也称发现学习，是学生在学习情境中通过观察、阅读、发现问题，搜集数据，形成解释，获得答案并进行交流、检验、研究性学习。

"激活—探究"是一种积极的学习过程，通过挖掘潜能，在学习中发现问题，通过探究来获取信息，整合知识，培养能力，获得自主发展。

3. 本节课物理核心素养解读

（1）物理观念

学科核心素养是学科育人价值的集中体现，是学生通过学科学习而逐步形成的正确价值观念、必备品格和关键能力。在"物理观念"素养中，强调应用一些相关物理观念来解决实际问题；教学中教师还要善于创设真实的教学情境，让学生经历科学探究和思维加工，让物理概念和规律进行内化，形成科学的思想。

本节课堂教学中关于例题解析环节，教师按教材提供方法——比较电流进行解析示范，又让学生补充其他解法，在一位女生计算出安全电压45 V进行正确比较后就总结说：还有其他方法就不说了。开始笔者是感到不理解的，为什么要放弃比较电阻的展示呢？更何况教材也给了教学提示，在例题解析后的反思中提出：根据题目给出的条件，能来用其他方法作出判断。这个例题是一题多解，很能训练学生发散性思维。个人觉得问题在于一个重要数据的得出就是安全电压是45V，因为在教后"WWW"（是什么，为什么，怎么做）课外实践与练习第2题中指出"36 V的安全电压"，学生很容易用例题45 V来解释生活动中的实际问题，那就是确保安全，当然这是考虑安全电压问题的一个因素，在学生头脑中树立科学用电的安全观。至于另一计算比较电阻在下一节欧姆定律中还有重要应用，在此进行淡化处理，以突出主体方法和关于核心素养的侧重培养。

另外，关于电压表和电流表能否直接接到电源两极的问题，学生用欧姆定律很好地解决，对于前期学生电流表使用要求：绝不允许把电流表直接连接到电源的两极，对为什么存在这样的要求现在看来豁然开朗。

本节内容教学之前，学生已经学习了电路的基本物理量及其测量器材电流、电压、电阻，本节欧姆定律提示了电流和电压、电阻之间满足的规律，变阻器在实验中的功能教学更进一步让欧姆定律这个规律在学生脑海中得到了一定的提炼和升华。

通过这两点教学，学生初步具有应用此规律解释之前存在的实际问题的能力，培养了学生的物理观念。

（2）科学思维

作为物理学核心素养，"科学思维"是从物理学视角对客观事物本质属性、内在规律及相互关系的认识方式；是基于经验事实建构模型的抽象概括过程；是分析综合、推理论证等科学思维方法的内化；是基于事实证据和科学推理对不同观点和结论提出质疑、批判，进而提出创造性见解的能力与品质。它主要包括模型建构、科学推理、科学论证、质疑创新等。具体表现有四个方面：一是能对客观事物进行抽象和概括，构建反映事物本质特征共同属性的物理模型和概念；二是具有规律意识，能通过科学推理，形成物理规律及理论，解释自然现象和解决实际问题；三是具有证据意识，能评估并使用证据对问题进行描述、解释和预测；四是具有批判思维的意识，能基于证据大胆质疑，乞求科技创新。

（3）科学探究

"科学探究"是物理学核心素养中的核心部分，它是学生在学习物理过程中探索和了解自然、获取知识的主要方法，是提出科学问题，形成猜想和假设，获取和处理信息，基于证据得出结论并做出解释，以及对科学探究过程和结果进行交流、评估、反思的能力。以证据为基础，运用各种信息分析和逻辑推理得出结论，公开研究成果，接受质疑，不断更新和深入。一般情况下，科学探究包含提出结论、交流表达、反思评价等方面，可以概括为问题、证据、解释、交流等四大要素。

六、物理学科核心素养视阈下"激活—探究"教学

课堂教学不仅要传授知识，还要培养学生学科的思维方法与能力，提升学生的学科核心素养。物理学科核心素养是指学生应具备的适应终身发展和社会发展需要的必备品格和关键能力，它包括物理观念、科学思维、科学探究、科学态度与责任四个方面。

激活本意是刺激有机体内某种物质，使其活跃地发挥作用，寓意就是在物理课堂教学中激发学生的物理思维，调动学生的物理学习兴趣，使学生从"要我学"变成"我要学"。"学起于思，思源于疑"，"疑"即是我们所说的"问题"。要激活学生思维，教师就要善于设计有效的问题来启迪学生。在课堂教学过程中教师根据教学内容、学生学习情况适时提出有效问题引发学生思考、分析知识，并学会推理判断和逻辑分析，形成自己的物理思维，提高课堂学习的有效性。

探究也称发现学习，是学生在学习情境中通过观察、阅读，发现问题，搜集数据，形成解释，获得答案并进行交流、检验、研究性学习。

"激活—探究"是一种积极的学习过程，通过挖掘潜能，在学习中发现问题，通过探究来获取信息，整合知识，培养能力，获得自主发展。

下面就以苏科版九年级物理上册"欧姆定律"为例，撷谈物理学科核心素养视阈下"激活—探究"教学。

（一）教学设计及分析

1. 发现问题

创设情境：三个规格相同的小灯泡接在三个不同的电路中（其中包括一个调光灯电路），让学生观察小灯泡的亮度。教师根据灯泡的亮度情况提出一个物理问题：影响电路中电流大小的因素是什么？通过问题引领学生思考并能发现电流与电压、电阻之间"好像"存在某种关系。

分析：有趣、有味的教学情境，对调动学生的学习兴趣和求知欲望有很好的帮助，同时又能将已学知识与即将要研究的问题迅速建立联系。

2. 提出猜想

问题导引：通过导体的电流与电压、电阻究竟有什么关系？你能否提出一种猜想，并说出支持你猜想的事实依据？

分析：学生根据前面所学的电压、电阻、电流的概念容易想到三者之间存在某种定性关系。教师要引导学生对引入新课的情境回顾，参与讨论与猜想，并加以鼓励。

3. 设计实验

提出问题：探究电流与电压和电阻的关系，你想到了什么方法？具体怎么做呢？实验需要哪些器材？如何设计实验电路呢？（要求学生独立设计，小组交流，然后再派代表展示汇报）

分析：学生在小组讨论中，从理论上理解"控制变量法"，在思维深度上深化这一研究方法，并明确各方案中所要测量的物理量。通过展示学生设计的电路可能有两种情

况进行分析讨论，指出电路的优缺点，以便对实验方案的完善达成共识，同时提高学生思考、分析、归纳的能力。

4. 进行实验

布置学生对照电路图，检查实验器材并交流仪器使用的规范操作（利用投影展示电路连接中的注意问题）：开关应处于_____状态；滑动变阻器的滑片处于阻值_____位置；认清电压表、电流表的_____接线柱；电压表、电流表的_____选择要正确。教师再引导学生自主设计两个实验：一是电阻一定时，研究电流与电压的关系（实验1）；二是电压一定时，研究电流与电阻的关系（实验2）。学生在设计实验时，教师提醒学生注意设计表格、采集数据，并分析数据、总结得出结论。

分析：在一个电路中，同时使用电压表和电流表，对学生来说是第一次。因此，在学生自主交流学习电流表、电压表的使用方法的同时，教师应适时参与学生的讨论中，共同分析连接电路时要注意的问题，对于存在的问题进行交流，并采集相关的图片，留作交流评估时使用。对于实验2，怎样使每次所更换电阻两端的电压保持不变？这一问题应留给学生自己解决，让学生在动手的过程中自己去感悟、体会到研究方法的科学性、客观性与深刻性。通过以上实验活动，即培养学生观察、实验、交流合作的能力，又让他们感受探索与发现的乐趣。

5. 分析论证

引导学生分析实验数据，得出结论。选取两个小组代表对实验1与实验2分别进行汇报，借助实物投影展示，学生代表对照表格中的数据进行分析讲解，引导学生以数学上数据的倍数关系寻求结论，过程中要注意倾听并指出学生得出结论中不恰当的语言表述，引导学生思考不恰当的原因。还可以引导学生以电流 I 为纵坐标、电压 U 为横坐标，建立平面直角坐标系，并在坐标系中描出实验1表格中所测数据的对应点，画出 I-U 图像，由图像得出结论。为了便于学生综合归纳，发现电流、电压和电阻三者的定量关系，借用数学上正比、反比关系，分析电流与电压、电阻关系，巧妙将三个物理量表示在一个式子中，揭示欧姆定律。

分析：这一环节，师生之间互帮互学，既培养学生总结实验得失，又拓展学生的认知空间。同时也给予学生一定的自由空间，尽可能地激活他们的思维。学会用表格、图像等多种方法处理实验数据，揭示物理规律。学生上讲台，展示自己的数据，分析、概括出数据之间的关系，得出结论，培养学生分析数据的能力，让学生上讲台讲，锻炼他们的口头表达能力，提升科学素养。

6. 交流评估

展示图片（学生在实验过程中操作上的失误及实验疑难问题），学生交流讨论，评估实验中出现的问题并讨论解决的办法。同时，教师抛出"滑动变阻器"在两个实验中的作用，让学生明晰。

分析：通过图片展示，再现学生实验过程中存在的问题，以及疑难问题呈现，让师生对实验过程交流评估有形象直观素材，研讨有目标、抓手。使学生在交流中发现问题，突显学生在评估和思考中思维的碰撞，提高学生发现问题的能力，从而在交流中得到学习、提高，在交流中有新的发现。

7. 迁移应用

通过出示例题，师生分析交流，提出解决电学问题的规范格式（建模——画出电路简图、公式及数据带入等），这由教师板演。接着让学生思考通过不同方法解决问题，并板演演算过程。这是为引导学生根据欧姆定律得出可能存在的两个变换公式。出示变换公式，引导学生理解公式 $R=U/I$。接下来设置电压表、电流表能否直接连到电源两极，结合欧姆定律进行讨论。

分析：该环节是让学生熟悉如何用欧姆定律解决实际问题，是对欧姆定律的理解与应用，培养学生应用物理知识解决问题的能力，既有效巩固新知识，又培养知识迁移的能力。

8. 课堂小结

通过本节课学习，你学到了什么？在实验探究中有哪些感悟？还想进一步学习和探究的内容是什么？

分析：让学生对这节课学习进行自我评价，发现自己在实验探究中的收获，并适时引导学生提出新问题，带着问题走出课堂。

（二）"激活—探究"教学促进学生物理核心素养发展

1. 促进学生物理观念的形成

学科核心素养是学科育人价值的集中体现，也是学生通过课堂学习过程逐步形成的。物理学科核心素养的"物理观念"，强调应用物理观念来解决实际问题。为此，教学中教师要善于创设真实的教学情境，让学生经历科学探究和思维加工，将物理概念和规律等进行内化，形成科学的物理思想、物理观念。

本节课堂教学中关于例题解析，教师按教材提供方法——比较"电流"进行解析示范后，接着又让学生补充其他解法。其中有一位学生采用比较"电压"方法计算出安全电压 45 V（图 4-10），进行正确比较后教师就总结说还有其他方法，但是没有说具体方法，为什么

图 4-10　板书

不说呢？为什么要放弃比较"电阻"方法呢？这个例题是一题多解题，对于初学电学计算的学生来讲，它能很好地训练发散性思维。同时笔者觉得有一个数据也值得商榷——安全电压是 45 V？因为在"WWW"课外实践与练习第 2 题中指出"36 V 是安全电压"，前面例题讲过后，学生很容易用 45 V 来解释生活中的实际问题。

另外，关于电压表和电流表能否直接接到电源两极的问题，学生用欧姆定律可以很好地解决，对于前期学生电流表使用要求：绝不允许把电流表直接连接到电源的两极。

通过这两点教学，学生初步具有应用此规律解释之前存在的实际问题的能力，培养了学生的物理观念。

2. 促进学生科学思维的养成

作为物理学科核心素养，"科学思维"是从物理学角度对客观事物本质属性、内在规律的一种认识方式，它实质上就是理论探究。在物理教学过程中，不但要重视学生实验探究能力的培养，更要提高学生科学思维能力。任何一个物理规律的建立，都离不开实验探究和理念探究，二者是相互印证的。

结合"欧姆定律"这节课，谈谈两点看法。

其一在本节课堂教学中，从两个实验结论中提炼归纳出欧姆定律这一总体规律环节中，教师并没有像教材那样及时归纳出欧姆定律及其表达式，而是通过让学生先作出在电阻 R 一定的情况下，I-U 图像过原点的正比例直线，通过数学正比例、反比例表达通式写出两个实验规律通式，并通过实验数据计算出两个实验规律通式中的常数，引导学生发现常数与实验中控制变量的定值惊人的相等，从而写两个实验规律具有相同的表达式，规律合二为一，表达式也就水到渠成。可以说这一过程是分析综合、推理论证等方法在物理教学中的具体运用。

其二是在例题教学中关于物理模型的构建，面对复杂物理情境，教师做了很好的示范和要求：首先排除题中一些干扰因素，在电学问题中，要注意画电路简图，本题中教师在黑板上将身体触电情境画成电路简图，非常直观清晰地提炼出解题的要素，方便学生解题。

3. 促进学生科学探究能力的提高

"科学探究"是物理学核心素养中的核心部分，它是学生在学习物理过程中探索和了解自然、获取知识的主要方法，是提出科学问题，形成猜想和假设，获取和处理信息，基于证据得出结论并做出解释的过程，是对科学探究过程和结果进行交流、评估、反思的能力。

本节课的探究活动主要是探究导体的电流与电压、电阻的关系。本节课探究环节紧凑，环环紧扣。例如：在保持定值电阻 R 不变，通过改变 R 的两端电压，来比较电路中的电流，紧接着教师跟进问题，激活学生思维，如何完成上述操作？学生通过思考，得出可以通过改变滑动变阻器连入电路中的电阻来完成。在学生测出几组数据，并将数据填到相应的表格后，教师启发学生画出 I-U 图像，由图像得出结论。整个过程流畅、自然，学生通过教师引导、启发，激活学生思维，学生通过实验探究，既掌握了知识，又体验了过程。

4. 促进学生科学态度与责任的形成

"科学态度与责任"要求教师在课堂教学过程中要有正确态度和责任心，要尊重客观事实。学生在学习过程中克服紧张情绪，并以积极的情感投入到课堂学习过程中。

本节课堂教学中教师设计了一系列的活动情境，并通过活动情境激活学生的思维，调动学生的学习兴趣，激活的主语是教师，宾语是学生，可以说在这一教学环节中体现了教师的主导性。学生在教学活动情境中通过观察、阅读、思考，发现问题，搜集数据，形成解释，获得答案并进行交流、检验，完成了学习任务的探究，可以说在这一教学环节中体现了学生的主体性。"核心素养"是教学纲领，是培养学生的目标，"激活"

是实现学生"自主探究、合作探究"的基础和前提，教师指导下的"探究"则是学生学习的主要形式和有效途径。

七、初中物理探究实验中发展学生学科核心素养

物理学科核心素养，是指学生在接受教育的过程中，逐步形成的适应个人终身发展和社会发展需要的必备品格、价值观念和关键能力，是学生通过物理学习而内化的带有物理学科特征的品质。学生经历初中物理教育，应该具备良好的思维品质，掌握科学探究的基本方法，形成正确的物理观念和科学态度。

实验探究是在问题驱动下进行的研究活动。一般包括提出问题、形成猜想或假设、设计实验与制订方案、进行实验操作、获取和处理信息并基于证据得出结论、做出解释等环节。实验与探究既是认识物理问题的科学手段与过程，同时也是学生在学习物理过程中应当习得的能力，包括提出问题与猜想、设计与操作以及证据与论证等能力。

如何在初中物理探究实验过程中发展学生物理学科核心素养，是初中物理教师在新时代背景下必须研究的课题，也是初中物理探究实验过程中必须解决的问题。

（一）提出探究问题

探究实验过程中物理学科核心素养的培养需要引导学生合理提出探究问题。

物理学家爱因斯坦说过："提出一个问题往往比解决一个问题更为重要，因为解决问题也许是数学上的或是实验上的技能而已，而提出新的问题，新的可能性，从新的角度去看旧的问题，却需要创造性的想象力；而且标志着科学的真正进步。"在初中物理探究实验中，思维的发生始于探究问题的提出，如何提出探究问题？教师在前课要做足功课，在课堂上要创设物理情境，让学生感受生活化的物理，并让学生处于注意力最集中、思维最积极的状态，这样，学生才能根据情境提出问题，并积极主动地进行科学探究。

1. 观察自然现象，提出探究问题

自然界中许多现象都是与物理知识息息相关的，这些自然现象在日常生活中经常呈现在学生面前。如果教师能积极地引导学生主动地去观察，引起学生的兴趣，就能激发学生的问题意识和求知欲望。例如，在讲授"密度"概念时，由于密度概念比较抽象，对于初中学生来说也比较陌生，教师可以通过创设问题情境的方式，激发学生视野聚焦、心生疑惑、主动探究。日常生活中常说，铁块比塑料块重，是什么意思呢？通过这个自然现象，这个问题创设的情境是：你能区分表面被涂成相同颜色的铁块和塑料块吗？学生经过分析、提炼能主动提出自己的疑惑——物体的形状相同，表面被涂成相同颜色，如何区别两种物质？然后，学生会根据已有的知识对该问题进行分析和探索，进而解决问题。学生在解决问题的过程中，对于密度概念的掌握、理解和运用，自然就水到渠成了。

2. 教师演示实验，提出探究问题

教师也可以通过演示实验来提出问题，引导学生对物理现象进行详细、持续的观

察，以此作为提出问题的事实前提和客观依据。教师在做演示实验的过程中，引导学生对一些要点进行细致的观察，并针对实验现象提出有层次的问题，通过层层质疑，引导学生积极思考、主动探索。

3. 学生分组实验，提出探究问题

实验在引导学生质疑、提问方面有着十分重要的作用。在物理教学过程中，教师可以设计一些趣味的分组实验，引导学生通过对实验现象的观察和比较，自然地发现并提出科学探究问题。例如，在进行"汽化"内容教学时，可通过对比观察引导学生提出科学问题。首先，要引导学生将酒精棉球包裹在两支温度计的玻璃泡上，观察温度计示数的变化；接着，再引导学生将两个酒精棉球分别包裹在两支温度计的玻璃泡上，并用扇子对其中一个酒精棉扇风，同时观察两支温度计示数变化情况。教师启发学生："实验过程中，同学们观察到什么现象？通过这些现象可以提出哪些探究问题？"

（二）大胆猜想

探究实验过程中物理学科核心素养的培养需要引导学生大胆猜想。

猜想是对研究对象或问题的分析、观察、类比、实验、归纳等，它是根据现有的材料和知识，找出一种对经验和事实的合理猜测想象的思维方式。猜想是一种合理的推断，是一个综合性较强的认识过程并具有一定的直觉性。猜想是初中物理探究实验教学中的一个重要环节，是学生思维较活跃的阶段。没有猜想，探究就成为无源之水，猜想决定了科学探究的方向，科学合理的猜想能使探究活动有计划、有目的、有步骤地展开，确保探究实验有序地进行。

1. 通过日常生活经验提出合理猜想

猜想不是凭空瞎想，而是建立在丰富的生活和知识经验的基础上，经验越丰富，猜想就越趋于合理。课堂上，要多鼓励学生多观察、多体验、多思考，积累丰富的生活经验和扎实的基础知识，以便在探究实验环节中进行有效、合理的猜想。在"探究蒸发快慢的影响因素"的实验中（图4-11），教师可以引导学生结合晾衣服的经验做出合理的猜想，学生很自然地根据晾衣服的习惯提出温度、表面积、空气流动快慢这三点猜想。

图 4-11 晾衣服

2. 通过直觉感悟提出合理猜想

直觉是指不受某种固定的逻辑规则约束，直接领悟事物本质的一种思维形式。直觉有迅捷性、直接性、本能意识等特征。它作为一种心理现象贯穿于日常生活之中，也贯穿于科学研究之中。在探究牛顿第一定律时，师生一起做小车从斜面下滑到平面上的实验（图4-12），学生观察到三种不同情况，发现平面越光滑，小车就运动得越远，学生凭直觉感悟到：如果平面非常光滑，则小车就会运动得越远。由以上直觉便可建立猜想：物体在不受外力作用时,总沿原来的方向、速度不变地永远运动下去。这种方式不仅能培养学生的推断、假设能力,同时也能培养学生的观察、分析和综合等思维能力。

3. 通过对比和观察提出合理猜想

初中物理教学中,教师可以鼓励学生通过对比和观察,聚焦实验结果差异性要素,自然地作出猜想。例如,影响电路中电流大小的因素可能有哪些?导致压力形变效果的因素可能有哪些?影响电磁铁磁性的因素可能有哪些?影响滑动摩擦力的因素有哪些?等等。对于此类任务,教学过程中,教师可以鼓励学生在对比和观察的基础上,提出合理的猜想。

(三) 设计实验并制订计划

探究实验过程中物理学科核心素养的培养需要引导学生设计实验并制订计划。

实验设计具有很强的逻辑性、综合性和创造性,需要学生综合运用已有的知识、经验,创造性地构思、设计实验开展的途径和方法。由于实验具有很强的灵活性与开放性,对于要解决的问题,根据不同的实验条件,可以设计不同的方案;即使是相同的实验条件,也可以进行不同的设计。可见,通过实验方案的设计,能够提高学生解决问题的能力和创造能力。

1. 根据实验目的,明确实验原理

初中物理探究实验的方案制订,首先明确探究实验的目的,究竟是探究什么事实或规律、要解决什么样的问题,探究目的源自探究问题,探究计划的具体任务或实验方案的具体要求源自基于问题的猜想。制订探究实验的方案,本质上就是从操作的角度,将猜想具体化、程序化。在制订探究实验方案的过程中,会出现多种探究方法和路径,需要根据探究需求和现有条件,经比较、选择、合并、优化形成最终的探究实验方案。

2. 根据实验需要,选择适当的器材

不同的实验,需要的实验器材不同,选择实验器材时,需要考虑多方面的因素:实验步骤、器材安全、减小误差、方便操作等。教师可以鼓励学生在制订探究计划时,要考虑需要哪些实验器材,根据以上因素等方面来考虑器材的规格等问题,合理选择实验器材的意识,逐步地提高选择实验器材的能力。同时,还应该提倡实验中多采用日常生活常见的器具来进行实验,这有利于学生产生对实验探究的亲近感,以及发展学生在实验器材选择方面的创造力。

3. 根据实验特点,选择合适的实验方法

探究实验的设计过程中,还要考虑实验方法的选择,在初中物理探究实验过程中,常见的实验方法有:控制变量法、比较法、转换法、放大法……其中转换法,学生相对掌握难度较大。在初中物理实验中,一些物理量,如果直接测量会存在这样或那样的困难,转换法就可以很好地解决这类问题,例如在测量影响动能大小因素时,把它转换成测量木块水平移动的距离(图 4-13)。

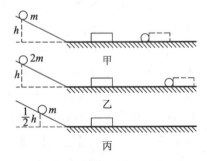

图 4-13 测量木块水平移动距离

4. 根据实验要求，设计规范表格

初中物理有很多探究实验需要通过多个仪器测量不同维度的数据，为了减小误差或发现内在规律，需要进行多次测量。这就要求，探究实验的实验数据不是一个、两个简单数据，而是多个数据组。在这种情况下，使用表格记录实验数据就是一种比较好的形式。

（四）操作实验并获得相关数据

探究实验过程中物理学科核心素养的培养需要引导学生操作实验并获得相关数据。

实验操作是一种手脑并用的活动，学生在动手的同时必然要动脑。手脑并用就会使大脑里最特殊的、最积极的、富有创造性的区域积极活动起来，学生的思维能力将得到迅速发展。

1. 根据不同器材要求，规范操作

不同的实验需要不同的实验器材，在理解仪器的工作条件和操作要求的前提下，应该按照要求正确地操作仪器，把基本规范落实到实验操作中去。教师要培养学生使用基本仪器的技能和规范，要将仪器的使用方法与原理结合起来，使学生有利巩固实验方面的知识，也可以理解为什么要这样使用仪器，这样，学生操作起来才会更加自觉、主动。例如：在用温度计测量容器中的水温时，应该将温度计的玻璃泡完全浸没在水中，避免玻璃泡与容器底或器壁接触；连接电路时，应先接线路，后接电源，拆卸电路时，应先断电源、后拆线路等。

2. 根据实验异常，排除故障

在操作实验过程中，往往由于各种原因，实验过程中难免出现这样或那样的问题，教师应鼓励学生运用所学的知识对实验过程中出现的问题进行分析，并及时排除故障，提高学生解决实际问题的能力。例如：在测量小灯泡电功率实验过程中，就需要根据电路故障的不同现象表现，分析电路问题并进行排除。如果电压表示数为零，电流有示数，往往可能是灯泡短路；如果电压表有示数，电流表示数为零，可能是灯泡断路等。

3. 准确读数，正确记录数据

在实验过程中，除了能够正确地动手操作实验仪器外，还需要正确地观察、读取仪器示数，不同的测量工作，读数方法也有区别。例如：测量长度时，不同最小分度的刻度尺，在记录数据时，估读也是不一样的。

（五）根据实验现象、数据得出结论

探究实验过程中物理学科核心素养的培养需要引导学生根据实验现象、数据得出结论。

实验数据不是探究结论，实验现象、数据是对实验事实的客观记录，探究结论是在实验现象、数据的基础上，通过分析论证所得出的具有普遍意义的规律。学生需要整理现象、信息、数据，形成证据，并对证据进行分析，应用科学的思维和方法，通过分析和归纳，找出规律，进而得出实验结论。

1. 根据实验数据，进行规律归纳

在经历了对实验数据的准确记录、比较和对可能的因果关系进行分析之后，离科学

探究的结果仅有一步之遥，也就是归纳出科学规律。为此，就要寻找数据之间相互关系的特征，这些特征通常表现为相等、之和、之差、乘积、比值等数学关系。师生在分析归纳时，就要通过对这些数据进行比较，归纳得出实验结论。例如：串联电路中的电流处处相等，只要对实验数据进行简单分析比较，就容易得出结论。又如：在杠杆平衡条件实验中，需要将有关数据的乘积进行比较，就能发现和归纳出它们的规律。启发学生自己发现这些数据之间规律的过程，是发展学生创造性思维的过程。

2. 对实验现象，做出合理解释

物理结论得出后，还要对实验现象做出科学合理的解释。如果得到的结论不能解释与之相关的物理现象，表明得到的物理结论缺乏适用性、缺失准确性，也意味着得到的结论存在片面性；如果得到的结论能很好地解释相关的物理现象，表明它既能体现规律本身的解释性功能，也能帮助学生在学以致用的过程中深化理解能力、提升知识的应用水平。例如，在探究凸透镜成像活动后，得到相关的成像特点，就能解释一系列相关物理现象：为什么使用放大镜时总要手持放大镜靠近被观察物体；为什么要调大投影仪在幕布上的像时要搬动投影仪使之远离幕布……

综上分析，探究实验过程中物理学科核心素养的培养要注重对学生的基础知识、技能、态度、动手、分析、概括等能力的培养，通过实验探究，学生的自主发展、探索实验的素养得到进一步提升；通过实验探究，学生的合作学习、实事求是和严谨的科学态度素养得到培养。我们相信，在探究实验过程中注重对探究过程中各个环节的训练，学生的物理学科的素养，尤其是实验探究的素养将得到进一步的提升。

八、基于核心素养下初中物理探究教学模式的研究

物理核心素养是学生物理学习过程中所形成的一种学科特性品质，同时也是学生科学素养中重要的组成部分。物理观念、科学思维、学习探究、科学态度和责任这四个部分共同组成了物理核心素养，同时也是教学三维目标的一种体现与发展。本文将以初中物理教学知识内容为例，简要探讨与阐述如何运用探究教学模式构建物理课堂，发展学生的创新能力和科学思维等核心素养。

（一）更新教学理念，满足学生需求

传统教学观念往往采用"填鸭式"的教学模式，这与素质教育下所提倡的"以生为本"的核心素养相违背，不利于物理的教学。因此，想要在核心素养引领下构建初中物理课堂"激活—探究"教学模式，首先就需要更新教学理念。所谓更新教学理念，主要是指教师要善于转变传统教育下"填鸭式"的教学理念，将过于以知识为主的教学转变为以学生为主的教学模式。在以往的教学中，教师将学生知识的掌握程度作为衡量教学质量的唯一标准，这种教学模式违背了"以生为本"的教学理念。对此，初中物理教师要顺应时代的要求，培养学生的物理核心素养，通过教学理念的更新将课堂教学落到实处，开展以生为本的物理教学。在具体教学实践中，教师需要密切关注学生的学习需求与学习感受，切忌为了教学任务的完成而忽视学生自身的学习反应，只注重知识的传

输。教师需要让学生真正成为课堂的主人，针对学生实际情况，进行选择性教学。推进核心素养的改革将以人为本的教学理念落到实处，以此最大限度地满足学生的学习需求，提升探究教学模式的教学质量。

（二）转变教学方法，丰富教学活动

教学方法的选用将直接决定教学质量，影响着教学有效性。物理作为一门抽象性的学科，教学内容更是涉及许多抽象难懂的定律与公式，而初中阶段的学生抽象逻辑思维能力尚未成熟。在这种教学情况下，想要在核心素养引领下构建初中物理"激活—探究"教学模式，选择适宜的教学方法，构建有效的课堂，势在必行、迫在眉睫。对此，在初中物理教学中，需要充分借助物理这门学科的特点，如大部分实验都与学生的生活紧密相关，通过实验教学法的开展，加强学生动手实践操作的能力，在主动探究中发现学习规律，习得相关知识。而在这一过程中，不仅有助于实践能力、创新能力以及自主探究能力的培养，更有助于适应核心素养下"以生为本"的教学理念。例如，在教一些纯理论知识时，教师就可以通过言语直观教学方法进行授课。对于一些实践性强的教学内容，教师则可以选择实验教学法或者情境教学法进行教学，让学生在自主学习、合作探究过程中培养物理学科素养，让其能够在自主学习、合作探究中促进学生最大限度的发展。

（三）优化评价方式，促进全面发展

在素质教育下，培育人才、实现人的全面发展成为核心素养下主要的教学目标，这改变了传统课堂教学下以分数为主的教学活动。教学目的的转变不仅要求教学理念、教学方法的改变，同时也要求教学评价方式的转变，促进学生综合素质的全面发展。传统教学下的评价方式往往将分数作为唯一的教学评价标准，让学生不能充分发挥自己的个性与才能。所以，想要在核心素养引领下构建初中物理"激活—探究"教学模式就需要优化评价方式，以人的全面发展为核心素养，改变传统教育下以分数为唯一标准的教学评价模式。在核心素养的时代背景下，为了能够快速高效地开展物理教学，将课堂教学落到实处，创新课堂教学，利用多种教学评价方式，让学生能够多角度、多方位地进行教学，促进学生综合素质的全面发展与培养。教师评价是过去传统教育下惯用的一种评价方式，无论是在传统教学下，还是素质教育理念下，这都是一种必不可少的评价方式。如果能在教学中利用学生自评、学生互评等多种方式进行创新型评价，让学生在多种评价方式中得到最公正、客观的评价，就能促进学生核心素养的全面发展，为社会培养出一大批优秀的社会主义事业接班人，从而促进教育事业的发展。

总而言之，核心素养作为素质教育下所提倡的一种教学能力，更是学习好物理这门学科所需具备的人格品质与关键能力。所以，在初中物理教学中，教师要善于在核心素养的引领下构建初中物理"激活—探究"教学模式的具体实施，通过教学理念、教学方法以及教学评价等多种教学方式的转变，促进学生综合素质的全面发展，实现学生创新能力、探究能力的培养与发展，从而提升教学质量。

九、激活教材教学价值，建构有效探究教学

教育，是"根据一定的社会要求和受教育者的发展需要，有目的、有计划、有组织地对受教育者施加影响，以培养一定社会所需要的人的活动"。作为一种特殊的活动，教育就是影响人，就是增进人的知识、技能、身心健康、思想品德的形成，一句话，就是促进人的发展。随着新课程改革的不断深入，有效教学成了提高课堂教学效果的重要环节。但在教学实践中，过分强调教学的有效性，忽略教学价值的现象较为普遍。我们说有效并非价值的全部内容和完整形态，若以有效取代价值，其后果必然是用单一的标准评价教学，导致评价的片面与绝对，最终极有可能伤害学生发展这一核心价值。怎样关注教材的教学价值，实施有效教学呢？笔者从具体的物理教学案例入手来探讨教学价值诉求及实现办法，权当抛砖引玉。

（一）概念教学应彰显教学价值——以"认识力臂"教学为例

从学科的角度而言，杠杆是一种简单机械；从认知的角度而言，杠杆是一种模型。本课时在设计时首先通过实物创设认知表象，通过对表象的归纳建立认知图式，建构杠杆模型。让学生认知杠杆的五个要素（支点、动力、阻力、动力臂和阻力臂），重点是力臂的概念及力臂的画法。常规教学设计是讲授练习式，即实例引入，讲述杠杆的五要素，通过大量的实例让学生练习力臂的画法。

纵观"力臂"概念教学，存在如下两个问题：在教方面，"空降"传授力臂概念，教师无心或无法向学生展示概念建立的价值与内涵。不能向学生明示概念引入的必要性，就将概念凭空地、囫囵地灌输给学生；在学方面，"空心"记忆力臂概念，学生由于没有获得相关物理事实的支持，没有获得相应的抽象概括、生成概念的内部思维过程的支持，将概念的学习退化为纯粹的记忆过程，对概念缺乏深刻的理解与认同，一旦面临新的、较复杂的情境，就会束手无策或不自觉地产生认知背叛。

我们说物理概念是对物理客体的抽象与概括，概念本身都是在科学探究活动中逐步生成、廓清和发展的，与科学探究有着"天生而必然"的联系，应该可以将概念教学与科学探究有机地结合起来，以"探究的形式"来进行物理概念的教学。例如，现行的教材中，密度、比热容等概念的教学都是通过严格的探究进行的，但对力臂概念教学一直停留在讲授练习式，即空降概念，然后进行练习，巩固强化。

对"力臂"概念的教学，要能如实地、正确地反映和概括客观物理事实。一方面，力臂概念正确地反映了"支点到力的作用线的距离"（而不是"支点到力的作用点的距离"）会影响杠杆转动这一事实；另一方面，力臂概念的建立使人们对杠杆的研究从"定性"进步为"定量"，使得探讨杠杆平衡的"定量规律"成为可能，促进了杠杆研究和相关理论的发展。具体地说，在"力的三要素"的教学中，通过生活中的"关门"等事实，学生已经获得了"力的大小、方向和作用点都会影响物体的转动"这一定性认识。由于"力臂"的长短是由力的方向和作用点的位置决定的，力的方向和作用点是通过影响力臂进而影响杠杆的转动的，力臂的概念本身概括了"力的方向和作用点"对杠

杆转动的综合影响，所以影响杠杆转动的因素可简化为两个定量因素——力的大小和力臂，这就为我们定量探究杠杆的平衡条件铺平了道路。通过以上分析，不难看出要实现力臂教学的真正突破，其突破口应选在"如何通过相应的教学设计，使学生明了（甚至自主发现）力臂概念在杠杆研究中的价值"。

下面来看看"力臂"概念的探究式教学流程设计。

（1）见识杠杆，明确任务

让学生观察羊角锤拔钉子，完成撬起课本实验（可用铅笔杆、直尺等学具）。

（2）剖析典型，引发猜想

学生展示撬课本过程，引导学生细心观察，发现问题。并提出作用在杠杆上的力的作用效果是使杠杆发生转动，这种效果可能同哪些因素有关呢？

（3）设计实验，初探规律

学生重做撬课本实验，体会不同情况。教师出示铁架台，在铁架台上悬挂一根吊棒，要求学生把吊棒提起，可以让不同学生从不同角度上台展示，体会提起吊棒时用力的感受，并结合操作或板演图示进行说明。

（4）揭示矛盾，深化探究

教师汇总学生情况画出提吊棒图示，让学生指出各种情况用力大小，分析原因，达成共识。

（5）启发铺垫，催生顿悟

在学生明确只有力与吊棒垂直，用力最小时，让学生试着作出转轴（支点）到各力的垂直距离。再通过比较找出问题症结所在：由于距离的长短（力臂）是由力的方向和作用点的位置决定的，力的方向和作用点是通过影响力臂进而影响杠杆的转动。

（6）回味反思，彰显价值

给学生思考回味时间，体会力臂的概念本身概括了"力的方向和作用点"对杠杆转动的综合影响。得出影响杠杆转动的因素可简化为两个定量因素——力的大小和力臂，从而让学生真正认识物理学上引入力臂概念的价值，这也为探究杠杆平衡条件具有具体测量量，便于操作做好铺垫。

对力臂概念探究教学的启示：决定教学设计走向的是教师的教学理念。不同的教育理念导致不同的教学价值追求，由此产生不同的教学设计。不难发现，讲授练习式的设计追求是"如何向学生传授概念，如何让学生牢固掌握概念"，而关注价值的设计追求是"如何让学生经历概念的形成和发展过程，如何让学生在探究过程中理解和掌握概念，并受到方法和情感的培育"。支配前者设计的是"传授教学"的理念，而后一种反映的则是"探究教学"理念。

（二）规律教学应关注教学价值——以"探究焦耳定律"教学为例

教材的大致意思是：电流通过导体会发热，简称"电热"。电热很多时候有好处，应该利用，比如电热水壶烧水；电热有时候也有害处，应该减弱或避免，比如电动机、电视机、计算机、电风扇发热就不好了。因此，探究"电流产生的热量与哪些因素有关"具有价值。从教学的知识目标上说，就是习得"焦耳定律"。从教材内容的安排上说，在给出焦耳定律之前，安排了探究性实验。

就这样一个教学内容，现实中会有多种不同的教学处理方法，而这些不同方法的焦点是如何对待教材中安排的那个探究性实验。

一种教学方式是"讲实验"。讲实验装置、讲"控制变量法"、讲操作步骤，或在黑板上画简图讲，或课件播放讲；然后引出焦耳定律：公式，讲适用条件；再后来就是讲试题。这种教法是"节约化"的，讲实验的目的只是为佐证焦耳定律是有"来头"的，教学重心定位在运用焦耳定律公式解题的狭义知识层面。在当下以解题和记忆实验为主的考试中，只要讲得清、练得多，考出的分数是不会低的，甚至还比较好。但从全面追求教学价值来看，这不能成为有效课堂教学的理由。

另一种教学方式是"做实验"。做实验有两种选择，一是教师做演示实验，二是学生做实验。前者有"亲见"的教学价值，后者有"亲历"的教学价值。开展学生实验是"烦事"，做演示实验"费事"，不做实验"省事"。作为物理教学，我们应当肯定不怕费事的、赞扬不怕麻烦事的。在追求有效课堂教学的过程中，我们应挖掘教材所蕴含的教学价值。

在做"探究电流产生的热量与哪些因素有关"的实验之前，也许我们容易由已有知识做出"可能与电流、电压、电阻及时间有关"的种种猜想，但是要真正实现这种探究，还有一些关键性的问题需要解决。

第一是突出可能性因素，简化研究对象。既然想到"用电器发热可能与导体的电阻这一因素有关"，那就要突出电阻这一因素。用电器是各种各样的，而且它们的复杂结构中还可能有非电阻因素（如电磁炉），突出电阻这一因素的最简单的方法，就是以电阻丝为代表。这在物理学研究中，被称为建立物理模型。

第二是"放大"现象、缩短时间。在科学研究中，常常会遇到这样的问题：在自然状态下，要观察的现象很不明显，或者某一现象的发生和发展需要经历很长时间。这就需要通过选择合适的器材或采取一定的人为干预手段，放大现象或缩短时间。

第三是控制变量、进行对比。对比是科学实验最一般的方法，比如要知道某种药物的剂量与效果的关系，可以对两组对象施以不同的剂量进行观察分析。并且，当某种现象同时与多个因素有关时，必须控制变量。探究电流产生的热量与哪些因素有关的实验就属于这一类。

第四是运用转化方法。在探究电流产生的热量与哪些因素有关的实验中，如果不能解决如何表示或表现热量多少这一关键问题，就不能将电流、电压、电阻及时间与产生多少热量联系起来。在这一实验中，转化的方法显得更为突出。因为热量是看不见摸不着的，也没有可供直接测量热量的仪器。怎么办？转化！根据热现象转化。

电流通过电阻丝发热，会使电阻丝温度升高，可以通过测量温度来反映电阻丝发热多少。使用常用温度计不适宜直接测量电阻丝的温度，怎么办？物理学中通过转换法可以定论。方法一：电阻丝给液体加热，用温度计测量液体的温度来实现；方法二：通过液体的热膨胀来反映电阻丝产生热的多少，即观察玻璃管中液体上升的高度来反映所产生热的多少；方法三：在电阻丝圈上夹火柴（或放上感温纸），通过观察火柴被点燃的先后（感温纸变色或冒烟）情况来反映所产生热的多少，……煤油、温度计、火柴或感温纸在这里扮演着重要角色，通过它们能使看不见、摸不着也无法直接测量的热量，变得可以观察、可以比较。

讲了这么多，无非是希望我们一起思考以下问题：其一，通常都说教学要突出学科特点，以上这些是不是物理学科的特点呢？在追求有效课堂教学，作为教师是不是应该想到呢？答案应该是显然的。其二，本节教学掌握焦耳定律，能分析计算有关题目是必须的，知道科学探究依赖于实验，知道怎么做实验也是必需的。但是掌握科学探究的一般方法，懂得为什么要这样做，这对学生理解知识、科学素养的形成，以及未来的创造性，将具有怎样的意义？是不是属于有效教学体现育人境界的追求呢？是不是教材教学价值的诉求呢？答案是不言而喻的。

从知识与能力、过程与方法、情感态度与价值观三维教学目标来看，现代的有效教学与传统教学不同，倡导教学从偏于知识性的轨道走向知识性和教育性并重的轨道。

对于物理概念，要充分让学生体验概念的形成过程。采用还原稀释法，让情境之于知识，犹如汤之于盐，知识只有溶入情境，才能显示出活力和美感。通过创设情境（感知材料形成表象）、抽象加工（分析比较抽象概括）、巩固深化（变式迁移完善结构）来形成概念。对于物理规律，要坚持"延迟判断"，让学生探寻规律的发现过程。给学生留有足够的思维时空，使他们对物理结论的判断，产生于经历必要的认知过程之后。通过提出问题、猜想假设、实验观察、分析归纳、总结规律、应用延伸来建构规律，让规律的得出丰满、有血有肉。

在平时教学中，有些教师对以上问题的思考可能重视不够，或这方面的意识略显薄弱，在追求有效课堂教学的过程中，这些都是不容回避的！让我们共同来激活教材教学价值，真正建构有效探究教学，促进每位学生的发展。

十、让物理课堂"活"起来

有学者认为，实施有效教学就要进行有效的教学设计，包括对教材的理解和处理，对学情的掌握，对教学目标、方法、组织形式及评价的设计等。教材是引导学生开展探究性学习的"资源库"，要提高教学有效性，就要突出对教材的解读。在初中物理教学中，教师应发挥教材潜在的教学价值，将教材提供的"静态内容"激活，并结合学生的思维发展水平，建构有效的探究教学。

现以苏科版初中物理八年级上册第四章"探究凸透镜成像规律"的教学为例。

（一）教学设计

1. 教材简析与学情分析

研究凸透镜对光的作用和凸透镜成像规律是光学教材的中心内容。凸透镜成像规律只有学生主动参与探究，才能激发学习欲望，加深对知识的理解与掌握。这要求教师摒弃对知识的灌输，充分激活教材，实施教学。本节内容学生比较感兴趣，特别是对凸透镜在不同条件下得到不同的像兴趣更浓。但是，由于课本中出现较多的抽象概念，如焦点和焦距、实像和虚像、物距和像距等，加之凸透镜成像规律实验的操作要求又较高，所以完成教学目标是有一定难度的。

2. 设计思路

教材对凸透镜成像规律的探究是一个全过程的探究，从提出问题到猜想、制订计划与设计实验、进行实验与收集证据、分析与论证、交流与合作，整个过程要求教师加以正确地引导，帮助学生主动建构，同时注意探究过程中方法的点拨与内化，追求实效。本节课教学设计的主要流程如图 4-14 所示：

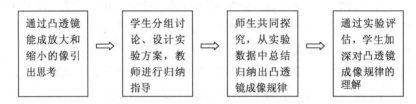

图 4-14　教学设计的重要流程

3. 教学过程

（1）复习引入

怎样判断一个透镜是否是凸透镜？说出有关凸透镜的物理名词。把焦点的位置称为一倍焦距处，用 F 表示。如果焦距是 10 cm，在主光轴上离光心 20 cm 处我们可以叫作什么？

设计意图：简明扼要的回顾，复习了上节课有关透镜的知识，同时补充了一倍焦距处（F）和二倍焦距处（$2F$）两个在凸透镜成像规律中重要的分界点，为学生分析实验数据做铺垫。

（2）引入新课

用放大镜观察书本上的字和周围物体，并相互交流观察到的结果。通过放大镜来观看物体，看到的像是怎样的？可让两位同学上讲台演示蜡烛的烛焰成像情况。

设计意图：通过学生自主发现，揭示凸透镜不仅能成像，还能成不同的像，激发学生兴趣，激活课堂；同时为学生探究凸透镜成像规律的猜想顺利打下基础。两位同学的演示，不仅能进一步调动学生学习的积极性，还能引导接下来的实验设计，达到环环相扣的目的。

（3）提出问题、猜想

根据观察到的现象：凸透镜所成的像有时缩小有时放大，有时倒立有时正立，同学们还有哪些想法和问题吗？归纳确立探究的问题：像的大小、正倒跟物距、像距间的关系。

设计意图：通过讨论激活学生的发散性思维。教师简单归纳学生的问题，确立本堂课探究的内容。

（4）设计实验与收集证据

实验需要哪些器材？结合器材如何来设计实验？介绍实验器材。分成五个组独立完成任务，分别找到清晰的缩小的像、等大的像、放大的像、倒立的像、正立的像。学生设计实验方法和实验数据表格，教师巡视、发现问题，并作指导。对无法完成的组织，学生讨论交流。特别在光屏上无法得到正立的像，引导通过透镜看，找到正立的像。

设计意图：在这一环节并没有按照一般的科学探究的过程，让学生在动手实验前就有一个完整的实验方案，而是简单的提示所需实验器材和使用方法，将原来完整的实验分解成5个单独的任务，并不强调具体方法。目的是降低实验难度，节约实验时间。学生在完成任务时，本身就具备了实验的所有要素。对正立的像的寻找，使虚像和实像的概念在矛盾冲突中得出，培养学生遇到问题时要开拓自己的思维的能力。

(5) 实验分析与论证

把学生实验的数据投影，交流讨论凸透镜所成的像与物距应有什么规律。把归纳的结论表示出来：当 $u>2f$ 时，$f<v<2f$，成倒立、缩小的实像；当 $u=2f$ 时，$v=2f$，成倒立、等大的实像；当 $f<u<2f$ 时，$v>2f$，成倒立、放大的实像；当 $u=f$ 时，不成像；当 $u<f$ 时，成放大、正立的虚像。用多媒体动画演示：凸透镜成像规律，并进行适当解释，加深对知识的理解。

设计意图：关于凸透镜成像的规律最好由学生得出，如果学生提出有困难，则教师要做好引导。实验探究过程节约下来的时间主要用于此时的数据分析。充足的讨论时间保证了分析的完整性，让每个学生参与进来，思考、讨论、发言，让他们得到锻炼和鼓励的机会。用课件演示比较直观，有利于学生加深对问题的理解，比空头的说教效果要好得多。

(6) 实验交流评估

以小组形式汇报实验过程中成功与疑惑。在学生说的基础上用多媒体补充展示：① 实验为什么应使蜡烛、凸透镜、光屏位于同一直线上，并使三者中心大致在同一高度？② 在实验中，你发现光屏上成放大的像和缩小的像的分界点在什么位置？实像和虚像的分界点呢？③ 当烛焰通过凸透镜在光屏上成一实像时，如果用手或其他不透明的物体挡住透镜的上半部，光屏上的像可能有什么变化？学生思考、交流讨论。

设计意图：培养学生总结实验得失，拓展学生的认知空间。给予一定的自由空间，尽可能地激活他们的思维，让学生能主动与同学交流合作互动，而不是僵化和局限在课本之内，即"神在课本之内，形在课本之外"。

(7) 课堂小结

通过学习，谈谈有哪些收获？学到了什么知识和学习方法？有什么体会？学生进行总结，互相补充及完善。

设计意图：把课堂小结交给学生，是对学生所学知识的巩固深化，不仅回顾学到的知识，而且还能使学生明白学习的方法及途径，让学生体会到一堂课收获的喜悦感。

(二) 教学反思

此案例以探究式教学来设计，从追求整体效率到关注个体发展，学生通过积极有效参与教学活动，主动探究，在学习知识、培养能力的过程中，情感、态度与价值观也得到了培养和锻炼。通过教学过程的设计与实施，有以下几点思考：

① 本节课从情境设置引出教学内容—猜想、假设导入教学—实验探究进行教学—收集证据深入教学—交流、评估整合教学。整个教学流程符合学生的认知规律，即从直觉思维到逻辑思维；从感性认识到理性认识，使学生由浅入深地掌握物理概念和规律。借助情境设置、设疑、猜想、探究、交流等教学手段，不仅激发了学生的求知欲望，提高了学生的学习兴趣，而且激活了课堂思维，学生的主动性、积极性得以充分发挥，并能全神贯注地去完成学习任务。

② 课堂教学的"活"，体现在教师处理教材要活。根据学生的认知水平，精心备课，设计出有价值的问题和有目的的任务引导学生自主学习、合作探究。自主学习的问题要求学生"踮踮脚尖就能摘到"，合作探究的过程应该是顺着教学过程水到渠成而为之，而不是为形式而合作探究。本节中没有按照一般的科学探究的流程，没有完整的实验方案，只是把原来完整的实验分解成五个单独的探究任务，让学生合作探究，各自寻求方法完成任务，这样大大活跃了课堂，学生思维得到张扬。探究教学不仅是一种教学方法或模式，它更是体现了一种理念和精神。探究教学强调知识建构的自主，思维活动的开放，其价值取向是促进学生的发展。课堂教学要抵制形式主义或僵化的探究，按照探究教学的本质内涵，精心设计，灵活操作，让课堂真正灵动起来。

③ 课堂教学的"活"，体现在学生的参与意识要强。充分发挥学生个体的主观能动性，变"要我学"为"我要学"。学生只有在积极参与教学活动，亲身体验，动手操作，既动手又动脑，进行实验，充分经历观察、实验、分析、推理、综合等过程，才能完整地理解概念的内涵，全面地掌握规律的实质。在课堂教学中，教师要改变以讲解知识为主的传授者的角色，成为一个学生想法的聆听者。在教学过程中，要改变以往那种以教师为中心的传统观念，加强学生在教学这一师生双边活动中的主体参与，充分发挥物理学科实验教学的特点，做好演示实验和学生探究性实验，增加学生对物理课堂的亲切感，产生参与课堂教学的冲动。

④ 课堂教学的"活"，体现在学习重难点把控要准。在探究教学中，要能够落实好交流与评估环节，对学生的发展来说，学习的价值不仅仅是记住几个物理结论和规律，解决几道物理习题，而是要体会解决探究问题的过程和方法，让学生及时回忆再现渗透着物理思想的过程和方法，会增强记忆，减少遗忘，达到深刻理解和掌握知识的目的。本课中通过三道典型问题，既让学生巩固了所学知识，也让教师及时弥补了教学中的不足，起到了教学相长的作用。

让物理课堂"活"起来，就是根据物理教材的解读，以学生自主学习和合作讨论为前提，给予学生充分思考、动手操作、质疑、讨论问题的机会，通过多种渠道，尝试解难释疑。教师要搞好探究教学的设计，需要教师具备不可言传的教学智慧，关键在于找到内容和科学方法的最佳结合点，以"扶"的方式助学生"上路"，以"引"的方式助学生"学走路"，以"放"的方式让学生"自己走路"，以此建构有效的探究式课堂教学。

十一、问题育素养，探究出真知

学科核心素养是学科育人价值的集中体现。初中物理学科核心素养，是指学生在接受教育的过程中，逐步形成的适应个人终身发展和社会发展需要的必备品格、价值观念和关键能力，是学生通过物理学习而内化的带有物理学科特征的品质。它包括概括理解、实验探究、实践应用和求实创新四个方面。

初中物理实验探究是在问题驱动下进行的研究活动。它包括提出问题、形成猜想、设计方案、实验操作、获取和处理信息、得出结论等环节。实验探究既是认识物理问题的科学手段与过程，同时也是学生在学习物理过程中应当习得的能力。

初中物理教学要开展以物理实验为主的多种科学探究活动。通过学生在生活中体验到的物理现象为素材，启发学生提出问题，并针对提出的问题进行科学探究，在探究过程中通过小组实验、合作交流、分析，进而获得实验结论。

（一）教学背景设计

物理学家爱因斯坦说过："提出一个问题往往比解决一个问题更为重要"。课堂上，学生能提出新的问题，表明学生能从新的角度去看待旧的问题，同时提出问题还可以促进学生思考、激活学生的思维。从学习方式上看，能引导学生开展自主学习、合作学习和探究学习，为此，就要将上述学习过程转化为发现、提出、分析和解决问题的过程。

初中物理"欧姆定律"一课，从知识内容方面来看，是在同学们初步了解电路的基本构成和两种基本电路状态，并知道了电压、电流在电路中的作用基础上，再让同学们观察日常生活中经常使用到的几种可以通过调节旋钮来实现不同功效的用电器，如台灯亮度调节旋钮，收音机的音量调节旋钮等。教师通过设置明确、直观的问题，鼓励学生大胆思考并提出问题，即调节旋钮就能实现对电路中电流大小的控制，是什么原因？电流在电路中是按什么样的规则在流动？是否像车辆在公路上行驶要遵循一定的交通规则才能保持道路的畅通无阻一样，电流在电路中也按照自己的"交通规则"在流动？还是另有其他途径？本节课重要的指导思想就是培养学生提出问题的能力，然后再对学生提出的问题进行分析，进一步渗透物理学科思想，指导学生提出的问题，再通过实验探究、小组合作交流、分析，并获得实验结论，培养学生自主探究能力，提升学生的学科素养。

（二）教学思路设计

1. 通过教学内容的分析挖掘学科核心素养

物理课堂教学，通过选取合适物理教学素材来激发学生学习物理的兴趣。本节课是在学生已有的知识和经验的基础上，让学生进行合理的猜想，通过交流合作设计实验方案进行探究，在探究活动中，培养学生提出问题的能力，激励学生用实验的方法去探究、总结出物理规律；引导学生通过交流、合作解决问题，使学生进一步掌握"控制变量"的科学方法，体会用图像分析数据和归纳得出物理规律。

本节课教学起点可以通过生活中电灯由暗变亮现象引起学生学习兴趣的探究欲望，

启发学生提出更多的探究问题。例如，上述过程中电流是如何变化的？电流与电压、电阻之间存在什么关系？学生通过一系列问题的提出、猜想、设计方案、评价、小组合作实验等过程，让学生体验科学探究的过程，学习科学探究的方法，培养学生的科学探究能力和实践能力素养。具体如下：

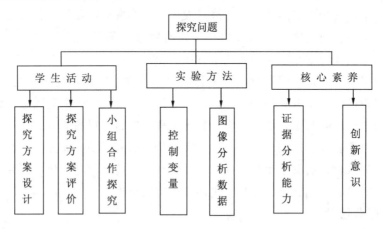

图 4-15 科学探究的过程

2. 通过教学目标的确定深化学科核心素养

基于学科核心素养的教学应在建构化知识的基础上，以学科思维与实验意识为核心，指导科学实践与创新，培养物理学科核心素养对三维目标的引领与提升，本节课的教学目标如图 4-16 所示：

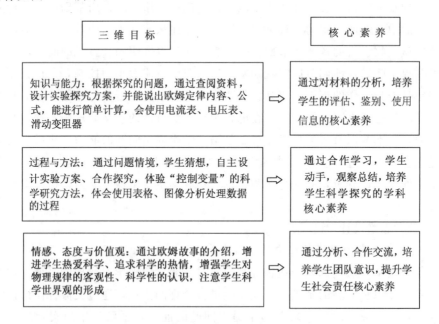

图 4-16 教学目标

3. 通过教学方法的选择体现学科核心素养

通过情境引入，采用提出问题、解决问题为目的的教学方法，教师在课堂上组织学生合作交流、自主设计实验方案、合作探究、数据分析、方案评价，以实现在探究活动中提升学生的物理学科核心素养。

（三）教学过程设计与实施

1. 创设物理情境，导入新课，在情境中生成问题

情境引入：三个规格相同的小灯泡接在三个不同的电路中，如图 4-17 中的 A、B、C 所示，其中 C 是一个调光电路。

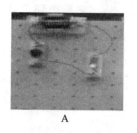 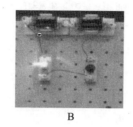 

图 4-17　情境引入

实验演示：分别连接好图 4-17 中的电路，教师再利用 C 装置进行手动调节滑动变阻器，让学生观察小灯泡的亮度变化情况，根据 A、B、C 中灯泡的亮度情况让学生提出一个物理问题。

生成问题：影响电路中电流大小的因素是什么？

设计意图：通过物理现象的观察，鼓励学生大胆提出想要了解、探究的问题，培养学生提出问题的能力，深化物理学科核心素养的培养。

点评：教师通过实验演示，实验现象的分析，能很好地激发学生学习物理的兴趣和求知欲望。

2. 分析情境中问题，提出猜想

教师：通过前面所学知识以及电路的调节，大家思考能发现电流与前面所学过的电压、电阻之间"好像"存在某种关系。

生成问题：大家根据前面观察到的实验现象和分析，能否提出猜想，影响电路中的电流有哪些因素？并说出你的猜想理由。

设计意图：由于前面几节教学内容已经完成电流、电压、电阻等概念的学习，很多学生自然想到三者之间存在某种关系。在实验教学过程中，教师只要稍加点拨、分析，就能自然地引起学生进行合理的猜想。

点评：利用学生对问题的讨论得到猜想，当然也可能有其他的猜想，教师不反对，可以用实验进行检验。

3. 分析相关材料，设计实验方案

教师：组织学生分析猜想内容后，得出要探究的问题，接下来就要选择合适的实验方法，以及设计合理的实验方案来验证上述的猜想。

生成问题：同学们猜想出电流与电压和电阻有关，那么我们将采用什么方法进行探究？具体怎么做呢？实验需要哪些器材？如何设计实验电路呢？

学生通过查阅相关材料，评估、鉴别、提取有用信息，小组合作交流、讨论，然后再派代表展示各自设计的方案。

设计意图：让学生自主设计实验方案，在实际问题中体会控制单一变量等学科思想的重要性；学生在合作学习、交流的过程中形成了对实验方案的规范叙述与表述，使得表达能力和质疑的核心素养得到了培养。

点评：学生在小组讨论中，从理论上理解"控制变量法"，在思维深度上深化这一研究方法。学生设计出电路后，教师再组织全班学生讨论，指出实验电路设计的优、缺点，使实验方案形成共识。

4. 通过小组合作交流，实施科学探究

学生：利用提供的实验器材，并根据需要选择合适规格的器材；对照电路图（图4-18）连接好实物电路，再进行实验及数据的搜集、分析。

教师：提醒学生在连接电路和实验过程中，要注意电流表、电压表、滑动变阻器的正确使用，保证实验顺利进行，同时要注意实验数据采集的真实性。

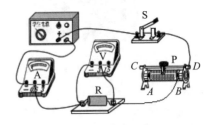

图 4-18　电路图

生成问题：实验采用控制变量法，设计的两个实验方案，如何控制不变量？另外每个方案的电路中都有滑动变阻器，它在电路中起到什么作用？

设计意图：通过小组实验、交流，学生感悟实验中出现的问题，并适时去解决问题，如在研究电流与电阻的关系时，怎样去保证每次更换的电阻两端电压保持不变？教师让学生自己解决，既培养学生观察、实验、交流合作能力素养，又让他们感受探索与发现的乐趣。

点评：让学生亲自体会在电学实验中同时使用电流表和电压表测量数据，对培养学生电学综合能力起到积极作用。

5. 依据实验数据，进行科学论证

教师：教师将学生得到的实验数据，分组展示在黑板上不同的实验表格中，通过对比分析表格中的实验数据，引导学生以数学上正比、反比、线性关系、倍数、乘积等数据的关系寻求实验结论。

生成问题：除了使用上述方法进行实验数据分析外，是否还有其他直观、简洁的方法进行数据处理？

学生：学生通过分析以前学过的物理知识并讨论交流后，认为建立平面直角坐标系，描出实验中所测数据的对应点，画出 I-U 图像，并由图像分析也可以得出实验结论。

设计意图：在教师指导下，学生合作分析实验数据并得出正确结论，通过这一过程既培养学生总结实验得失和实验数据的分析能力，同时又拓展学生的认知空间，提升学生的学科科学素养。

点评：学生相互交流，展示自己的实验数据，分析、概括出数据之间的关系，能体

验成功的喜悦。

（四）教学反思

学好初中物理，实验探究是正确途径之一。学生的物理核心素养只有在实验探究活动中才能发展起来，只有通过探究活动才能培养人，如果只通过教师单纯讲解、"填鸭式"传授知识，已不能满足现代人才的培养。本节课的物理教学呈现以下两个特点：

1. 提出问题是学生学习活动的原点

笔者从做学生到做教师，所经历的物理课堂教学多为教师讲，学生听，教师讲什么，学生就学什么；教师怎样讲，学生就怎样听。课堂上设计的问题很少，即使有，也多为教师的口头禅。而现代课堂教学则是以素养培养为导向，课堂教学一定要从提出问题开始。教育是培养具有独立自主、创新意识、实践能力的人，其核心素养是培养有质疑精神和提出问题的能力。

本节课是从实验探究环节——"猜想"中提出电路中的电流大小与哪些因素有关。问题的提出也是本节课正式拉开序幕，学生也逐渐融入课堂教学。学生只有提出了问题，学习才有目的性，只有目的明确的学习才是主动的学习，学生提出的问题也是源自学生内心想要解决的疑问。

2. 通过探究活动中解决问题，提升学生核心素养

在探究活动中提出问题、解决问题，是提升学生学科核心素养的途径之一。

本节课是学生在实验过程中，通过自身的活动体验发现问题，学生利用物理知识解决实验中存在的问题，不仅知识得到了运用，更重要的是在解决问题的实验活动中形成了严谨的科学素养。在依据实验数据，进行科学论证环节，学生的信息处理能力、实践能力、分析归纳能力等关键能力得到了发展。学生的合作精神、求实的科学态度、责任心等重要的品质得到了进一步提升。

初中物理课堂教学过程中，只有让学生生成问题，才能让学生有思考的空间；有了思考，才能进行探究；只有通过探究，才能有收获成果。在物理课堂教学过程中，教师要善于给学生搭建发现问题、探究问题的平台，让学生在探究的体验中形成核心素养。本节课，教师善于引导学生并让学生充分提出问题，并对问题进行分析，针对研究的问题，使得学生亲身经历科学探究的全部过程，容易让学生用心灵感受物理、感悟物理。

十二、把握教材，提高探究式教学的实效性

探究式教学，是指在教师的启发诱导下，以学生自主学习和合作交流为前提，为学生提供充分自由表达、质疑、讨论交流机会，让学生通过多种解难释疑尝试活动，并将所学知识应用于解决实际问题的一种教学形式。《物理课程标准》指出："物理课程应改变过分强调知识传承的倾向，让学生经历科学过程，学习科学研究方法，培养学生的探索精神、实践能力以及创新意识。"要达到课标要求，须把探究式教学运用到平时教学中，把探究变成既是学生学习目标又是我们教学方式。加强探究式教学，提高物理教学的实效性，得从教学内容和教学对象（学生）上入手，把握教材，为学而教。

（一）来自现实中真实的课案

在一次公开课上，上课内容是探究浮力的大小，教师首先复习了浮力的概念，接着通过木块浮在水面上的情境提问："木块所受浮力的大小可能与哪些因素有关？"一学生举手回答："跟物体密度有关。"教师未予理睬，稍后另一学生翻了一下课本举手回答："可能与物体排开体积、液体的密度有关。"教师如释重负，露出欣慰的笑容，接下来设计统一方案，统一实验，得出统一的结论。对阿基米德原理的探究就是教师在演示，学生在看；教师推导，学生记录。整个探究课堂学生不知道怎样学习，像机器一样被教师牵着转。教师把学生硬拉在预设好的轨道上进行探究，教师的强行介入，使学生统一、标准化行动，学生毫无自主性可言。这种所谓的"探究"式课堂教学，与课标的要求相差甚远。

（二）如何上好探究课

通过深入研读教材，首先对内容进行处理，分两步：第一步要求学生掌握浮力大小跟液体的密度和排开液体体积之间的定性关系；第二步要求学生掌握浮力的大小跟液体的密度和排开液体体积之间的定量关系（阿基米德原理）。然后对学情进行分析：在第1课时"认识浮力"中，学生已经知道"浮力产生的条件及原因"，并学会用弹簧测力计测量"浸在液体里的物体所受到的浮力的大小"（称重法），这就为实施本节课教学奠定了基础。最后针对本节内容设计了五个教学环节，尝试探究式教学来突出重点、突破难点，让学生积极参与，主动探究，经历探究的全过程。

1. 创设情境，提出问题，引出教学内容

多媒体展示画面：一艘货轮正在海上航行。天、海、船，有效刺激着学生的感官，从而让学生进入学习的情境之中。接着让学生产生疑问并提出问题：这艘货轮受到海水对它的浮力有多大呢？这一问题已无法借助弹簧测力计用"称重法"测量了。问题的提出引起学生头脑中的困惑，激起了探索新知识的强烈愿望。为了解决轮船在海上航行时所受浮力大小的问题，须先研究跟浮力大小有关的因素。将学生对解决轮船所受浮力大小的直接兴趣，引导到研究浮力大小跟什么因素有关的间接兴趣上来。

2. 猜想与假设，导入教学

浮力大小究竟跟哪些因素有关？猜一猜，发表自己的见解，并说出理由。同学们根据以往学过的知识、生活经验、所见所闻进行猜测。此时，课堂成为学生探究新知识的场所，自主思考、合作交流在课堂中尽情展现。学生1认为浮力大小跟物体的体积有关，理由是：轮船体积大，在海上能装载很多货物，说明它所受到的浮力大；学生2认为浮力大小跟物体浸入液体的深度有关，理由是：在游泳池里游泳，在浅水区感到浮力小，在深水区感到浮力大；学生3认为浮力大小跟液体密度有关，理由是：看了在死海上可以躺着看书的画面，怀疑浮力大小可能跟液体密度有关……对于以上猜想，有对有错，教师要允许学生猜错，不要挫伤学生学习的积极性，同时这些错误的猜想也是宝贵的课堂资源，为学生在下一步探究活动中自己去"去伪存真"提供很好的素材，这比教师直接告之，效果要明显得多。作为教师应事先估计到学生可提出的各种猜想，并进行充分的准备，学生没有提到的因素，教师应及时进行启发，还要准备好各种相关的实验器材。

3. 探究实验方法，设计实验，进行教学

既然浮力大小可能和物体密度、物体体积、浸入液体深度、液体的密度等因素有关，怎样来验证这些猜想是否正确呢？让学生经过思考后提出，可以用实验的方法来检验。接下来学生自己设计实验，包括选用器材。在这里要摒弃实验由教师设计，突出探究教学的实质，不是验证、模仿。在设计过程中如有的学生提出：只要将木块和铁块都浸没在水中，分别用弹簧测力计测出它们受到的浮力，若浮力大小不一样，则说明物体所受浮力大小和物体密度大小有关；反之无关。有的学生提出：将一块大的金属块和一块小的金属块都浸没在水中，用弹簧测力计测出它们所受的浮力，若浮力大小都一样，就说明物体所受浮力大小和物体体积大小无关；反之有关。对于以上学生发表的看法，教师要点拨学生用"控制变量法"进行实验。例如，在研究浮力大小和液体密度的关系时，必须将相同体积的同种金属块，分别浸没在水和酒精中同样深度处，这样就保持了物体密度、物体体积、浸在液体中深度、排开液体的体积都不变，只有这样才能得出浮力大小跟液体密度的正确关系。紧接着各组学生用"控制变量法"进行实验，教师巡视、点拨，真正让学生亲身经历探究的过程。实验后，让学生自己说出发现：当其他条件都一样，只有液体密度和物体浸入液体体积不一样时，测得浮力大小不等，说明浮力大小和它们有关。作为阶段性探究，教师及时小结，让全体学生对"浮力大小的影响因素"达成共识，对部分学生在探究中存在的问题要进行集体探讨、化解。

4. 探究物理规律，收集证据，深入教学

在完成浮力大小的定性探究后，为了找出浮力大小的定量关系，必须深入探究，收集数据，通过分析归纳得出结论。此环节可以按以下步骤：

① 设疑：我们已经探究出浮力大小跟液体密度、排开液体体积有关，那么，它们之间有没有确定的数量关系呢？这一问题，促使学生由定性到定量、由浅入深地进行探究。

② 动手实验：引导学生用弹簧测力计吊着体积不同的金属块，浸没在盛满水的溢水杯里，用空杯盛接从溢水杯里被金属块排出的水。

③ 观察现象：学生将金属块逐渐浸入水中，直至浸没，发现弹簧秤读数逐渐变小，水逐渐从溢水杯中流出。

④ 分析比较：学生发现，体积小的金属块浸没在水中时，弹簧测力计读数变化小（浮力小），排开的水也少；反之排开的水也多。

⑤ 点拨：浮力大，排开的水多；浮力小，排开的水少。那么，浮力的大小和排开水的多少是否有着必然的联系呢？从而引导学生去测一测排开液体所受重力有多大，比较它和浮力大小究竟是什么关系。

⑥ 进行实验、发现规律：学生动手实验，通过对现象的观察、对数据的分析比较，自己总结出浮力的大小和排开液体所受重力的大小关系，从而得出阿基米德原理。

5. 交流与评估，整合教学

通过上述定性、定量实验，学生不仅认识到浮力大小的影响因素，也认识了物理规律。教师此时要给学生时间来回顾本节课的内容，并对所学内容进行一些简单的应用。例如："你与同学是如何完成两个探究实验的？""你与同学在探究过程中有没有不同意见？如有，如何进行统一？""实验设计和操作有无失误与不妥？""测量数据和结论是否可靠？""你能导出阿基米德原理的数学表达式吗？""现在如何来解决轮船所受的浮力？"这样的教学不仅可以有效地整合本节课的教学内容，做到首尾呼应，而且可以培养学生在探究的过程中吸取经验教训的意识，体验在探究过程中的乐趣。

（三）对提高探究式课堂教学实效性的思考

1. 重视情境创设

通过创设物理情境，学生能够对这节课产生兴趣，引发他们的好奇心、求知欲。在情境中要设置有思考价值、智力上有挑战性的问题，增强学生学习的针对性，启发学生学会观察、提出新问题。情境创设最终是为课堂教学服务的，要和教学内容联系的，不能只是为了学生的兴趣创设情境，造成学生"看热闹"的现象。要善于引导、启发学生积极思考，使学生对课堂教学产生一种期望。

2. 重视探究过程

重视探究过程就是要体现探究的自主性、合作性、开放性，关注学生的参与度，真正提高学生解决具体问题的能力。探究的问题要追问是什么？为什么？怎么样？实验探究要追问做什么？怎样做？为什么要这样做？怎么想到这样做？每个问题提出后，要留有学生思考的时间，交换思路，分享思想，碰撞智慧，生成新知。还要让学生真正有亲身体验，动手操作，寻找最佳设计方案，进行实验，而不是走过场。重视过程教学，学生不只是获得一些科学的结论，重要的是发展学生的探究能力，获得探究方法。

3. 重视探究点拨

由于初中学生的探究能力并不成熟，教师要给以适当的引导和点拨甚至是讲解，才能逐步提升学生的探究能力。在鼓励学生大胆动手、勤于实践，同时要引导学生学会观察，学会收集。并在教师的引领下应用科学的思维和方法对信息、数据进行分析，找出规律，得出结论。教师还要引导学生对探究过程进行思考，例如：通过探究究竟得到了哪些启示；探究的设计和计划的进行过程是否有缺陷；还有哪些需要改进的地方；等等。只有在教师适时点拨下，学生的探究能力才能有逐步提高。

4. 重视探究评价

探究教学中对学生的评价要体现适时性和激励性。积极的适时评价对调动学生参与探究教学非常有帮助。在课堂上要善于观察学生，对学生的一言一行要给予充分的关注。关注学生在教学中的表现，即关注学生是怎么学的，它包括学生在课堂上自主学习、师生互动、同伴合作中的行为表现及参与热情。通过信息反馈，及时把握学生的学习动态，并作出正确的判断与评价，这样可以激励他们集中精力完成学习任务。

在实施探究式教学时，如何把握好教材，关键要解决好探究环节的设计，重视探究情境、过程、引导点拨和积极评价。以"扶"助学生"上路"，以"引"助学生"学走路"，以"放"助学生"自己走路"。在师生共建和谐的探究式课堂中，他们积极参与，主动探究，各种能力得到历练，从中也真正体验到了探究的乐趣。

十三、刍议初中物理探究式教学中猜想与假设

提高学生的科学素养，培养学生的探究意识与能力是新一轮课改的重要目标，而科学探究是实现这一目标的重要途径。在探究式教学中，猜想与假设是探究过程中的一个重要环节，它是物理智慧中较活跃的成分，决定了探究的方向。而现实教学发现大部分学生不太善于围绕所要解决的问题，根据生活经验或新获得的事实材料，做出猜测与假设。

（一）现实中猜想与假设案例

在一次公开课上，教师执教"动能"这一课时，用了一物理小车从斜坡高处滑下，撞到水平桌面上的纸盒，并将其推行一段距离，引出了动能的概念，然后让学生猜想：小车动能的大小跟哪些因素有关呢？学生提出的猜想五花八门，如与小车的重力、斜坡的高度、桌面的摩擦力、小车的速度、小车的体积、小车的质量、斜面的坡度等有关，为了把学生的猜想引到相关因素上来，教师费了很多心思和时间仍未奏效，不得不采取强行入轨，勉强完成探究活动。

而在一次关于实验研究的报告中，教师做"高低蜡烛"的实验时，让大家猜一猜哪一支蜡烛先熄灭，然后再做演示。实验的结果让很多人都感到意外，此时教师再问大家是怎样作出猜想的。

通过上述正反案例，我深感对学生的猜想与假设进行引导的重要性，它能使探究者明确方向，有目的、有计划地进行探究。在实践中，猜想与假设还要能放得开、收得住。

（二）历史上猜想与假设例证

公元2世纪，古希腊天文学家托勒玫提出了以地球为宇宙中心的"地心说"，认为天上的日月星辰都绕着地球旋转。在随后1 400多年里，许多人都相信托勒玫的观点是正确的。16世纪波兰天文学家哥白尼提出的太阳系假说，创立了"日心说"，是以当时所掌握的天文观测资料为依据的，如关于行星的"顺行"和"逆行"等，其中有不少观测事实的记述是较为可靠的。哥白尼对于科学的伟大贡献是给予宇宙的"地心说"以一种明晰的和系统的批判，把天文学从地球静止的观念解放出来，促进了以后的发展。纵观哥白尼的"日心说"，其中有合乎实际的内容，如地球是转动的，地球和其他行星是绕太阳运行的等。也有不切合实际的内容，如太阳是宇宙的中心，行星的轨道是正圆形的等。由此可知，猜想与假设的内容构成通常是复杂的，它既有真实性尚未判定的内容，又有比较确实的内容。

（三）物理上猜想与假设的含义

猜想与假设是科学假说的不同称谓，其实质是一样的。猜想与假设不是异想天开，要依据一定的经验和事实，或在观察、实验的基础上，根据科学原理和科学事实进行理性的思考，利用发散思维对未知的现象及其规律作出预见。但对学生来说，猜想与假设与科学假说是有区别的，前者是认识的初级阶段，它未构成系统的陈述，而后者是认识

的较高阶段，它已具备了科学理论的形式和内容。

在初中物理探究式教学中，学生的猜想与假设应具备如下特点：

(1) 具有预测性

猜想与假设往往是在科学资料不够充足、知识经验不够成熟的条件下提出来的，带有假定性成分，因而它具有预测性。

(2) 具有科学性

学生对某一问题的原因或现象进行猜想与假设时，不是"瞎说""胡乱猜测"，而是基于与问题相关的已有知识、经验和新的科学事实进行猜想与假设，也就是说所提出的猜想与假设是有根有据的。

(3) 具有多样性

由于学生已有的知识经验、认知结构等方面存在着差异性，因而要学生基于已有知识、经验和新的事实进行猜想与假设时，他们可能会从不同的角度和不同的层面提出多种不同的猜想与假设。

(4) 具有可检验性

猜想与假设的可检验性是指学生提出的猜想与假设能用现有的知识和方法进行验证和检验的，它是猜想与假设的重要特点，是衡量学生作出的猜想与假设质量的重要因素。

(5) 具有创新性

创新最有价值的表现是个性化的突破，是对自己的超越，在猜想与假设的实践中，学生提出新的想法，尝试一些与众不同的事物，是学生的创新思维体现，对发展他们的创造力和想象力有很大帮助。

(四) 探讨猜想与假设的方法

在物理探究课堂上，教师要引导学生应用现有的经验和知识对问题中的事实寻求可能解释的过程，也就从不同角度提出猜想。当然，猜想假设不是学生胡思乱想。应从一定的策略引导、鼓励学生作出合理的猜想假设。一般可从思维角度考虑：

(1) 依据直觉思维进行猜想和假设

直觉思维是人们对未知世界的一种直接领悟式的本质理解和综合的整体分析，它的思维过程没有经过严密的逻辑推理。例如，浮力大小跟哪些因素有关，学生根据以往学过的知识、生活经验、所见所闻进行猜测：① 浮力大小跟物体的体积有关，因为轮船体积大，在海上能装载很多货物，说明它所受到的浮力大；② 浮力大小跟物体浸入液体的深度有关，因为在游泳池里游泳，在浅水区感到浮力小，在深水区感到浮力大；③ 浮力大小跟液体密度有关，因为看了在死海上可以躺着看书的画面，怀疑浮力大小可能跟液体密度有关。

(2) 依据逻辑思维进行猜想假设

在教学中引导学生运用已知知识经验进行归纳分析、类比、推理等，建立猜想假设，培养学生的思维品质。例如：电磁铁的磁性与电流大小的关系，可引导学生进行类比、推理，假设电磁铁中的电流由 1 A 变成 3 A，可推测导线中 3 A 的电流是三根

1 A的电流汇合而成的,每股电流都产生一个磁场,三个相同的磁场合在一起磁性增强。

(3) 用物理模型建立猜想假设

物理模型就是借助于逻辑思维和想象力,有意识地突出研究对象的主要原因,排除次要因素和无关因素的干扰,在大脑中形成理想化的研究客体。例如:电流的热效应可能与导体的电阻有关,如何让学生想到电阻这一因素?生活中用电器是各种各样的,而且它们的复杂结构中还可能有非电阻因素,简单方法就是以电阻丝为"代表",突出电阻这一因素,建立模型。又如光线模型、磁感线模型、原子行星核式模型等。这些在物理学研究中,都称为建立物理模型。

(五) 列举猜想与假设的做法

1. 营造自由安全的心理环境,让学生"敢猜"

心理学家罗杰斯指出:"有利于创造活动的一般条件是心理的安全和心理的自由",因此教师要善于营造一种宽松、和谐、民主的教学环境,让学生在平等、尊重、信任、理解和宽容的氛围中受到鼓舞和激励,他们才能敢猜、敢说、敢质疑。既然是猜想,就有对、有错,就有探究价值、无价值的,教师切不可批评指责,这样不至于使学生产生心理压力,能无拘无束地大胆说出想法。只有探究课堂成为生生、师生之间充分交流讨论场所,学生发散思维才最为活跃,各种猜想才会应运而生。

2. 创设问题情境,让学生"想猜"

问题是猜想的前奏,猜想源于问题。而问题离不开具体的情境,同时还需有适度的障碍性。适度障碍性指问题能造成一定的认知冲突,其难易程度适合全班学生的实际水平,以保证大多数学生在课堂上处于思维的活跃状态。所以创设的问题要基于学生经验又高于学生的经验,把问题难度设在学生的最近发展区。例如:在探究"浮力大小"的实验中,我们先用两张同样大小的锡纸分别做成船形和实心球形,放入水中。引导学生观察现象及猜想:浮力大小与它排开水的体积有关;然后再把船形锡纸放在盐水中,与刚才放在水中的情形进行比较及猜想,这时的情境已超出学生刚刚建立的感性认知,学生已不能很快地进行准确预测了,面对这个障碍学生已有的知识已不够,自然而然地就需要学习新的知识来解释这一现象,使得下面的探究实验活动对学生来说更具吸引力。

3. 适时点化诱导,让学生"会猜"

猜想要有一定经验和知识作为基础。学生根据已有知识和生活经验逐一进行分析,想想生活中有哪些事实支持它,它和已有知识是否一致,排除那些与经验和知识相矛盾的想法,留下的就可能是科学的猜想了,当然教师在设计猜想情景时可恰当地启发诱导,但不要过头,以免束缚学生的思维空间。例如:在探究"压力的作用效果与哪些因素有关"的实验中,学生猜想可能跟物体重力有关。此时教师要进行点拨:放在水平桌面上的物体,对桌面产生的压力的大小,等于物体重力大小,仅说明压力在数值上等于物体的重力,它们的性质、方向、作用物体都不同。这样学生自然想到其影响因素是压力而非重力。另外,教师引导学生猜想要注意把握好方向性。例如:在前面提到的猜想动能大小与哪些因素，学生在生活经验及实验观察的基础上，得出可能有质量、速度、重力、斜面坡度、高度等，并说出猜想的理由和依据。由于时间、器材及学生的知识的限制，我们不可能将学生讲的、说的一一进行探究，必须进行去粗取精、去伪存真，才能让探究过程顺利完成。这里要引导学生把其中类似的因素归为一类，即质量和重力可以归为质量这个因素，斜面坡度、高度、速度都可以归为速度这个因素。这样就把动能大小影响因素归纳为质量和速度。同时引导学生回顾学习过的牛顿第一定律实验，让其知道要控制物体到达水平面的速度相同，必须控制物体从斜面上滑下的高度相同。然后通过控制变量的研究方法，这个探究实验就不难完成了。完成实验后，教师可以补充一个实验，即把质量和速度分别增大一倍，观察木块被推动的距离，来判断质量和速度这两个因素中到底哪一个因素对动能的影响更大，这样不仅激发学生的兴趣，也为猜想能力提升奠定基础。

　　4. 进行思维训练，让学生"能猜"

　　在实际探究式教学中，学生往往对猜想情境提供的信息不能抓住主要矛盾，而是漫无边际地异想天开，甚至胡思乱想。为此必须进行思维训练。使学生的猜想既符合科学原理又具有创新性，不断提高猜想的质量。初中物理教学中比较普遍使用的是"推断性猜想"，即提出猜想需要以一定的经验和认识为依据，并需要经过一定的逻辑思维过程。为了搞好猜想这一环节的教学，可设计系列问题。例如："你们猜这跟哪些因素有关？"（猜想）"你怎么知道是这样？"（方法）"你为什么这么想？"（证据）"谁还有什么别的发现吗？"（寻找更多证据，修正已有猜想，合作交流）例如：在探究滑动摩擦力的大小与哪些因素有关时，可以让学生直接回答"你的猜想是什么？"然后提问学生："你根据什么作出的猜想？""你有什么经验促使你作出这样的猜想？你又是怎样思考的？"学生就会把经验与猜想结合起来思考，既达到目的又训练了思维。又如讲"电流通过电热器所产生的热量与哪些因素有关"时，教师可以启发学生："电热器是由电阻构成的，想一想，电热器如何才能发热？"从概念的角度思考，电热器发热必须要有电流通过，因此电流可能是影响电热器发热的一个因素；另外，电热器是由电阻组成的，因此它产生的热量可能与电阻的大小有关，这是一种理性的猜测。对猜想思维的反复训练和对猜想探究的成功体验，能培养和提高学生的猜想兴趣和能力，使学生的猜想摆脱某些表面感性的错觉而上升到理性的境界。

　　研究初中物理教材后发现，并不是所有的探究活动都要有猜想的环节或者要让学生直接进行猜想。有的可以直接给出猜想；有的可以先通过一个实验使学生获得一点感性认识，再让学生猜想；有的先定性猜想再做实验，然后做一些理论分析。这些说明了对待"猜想和假设"没有一成不变的模式，需要灵活地把握和进行创造性的设计。

　　猜想与假说是物理学科进行创新教育的重要组成部分和实施科学探究的关键环节。十年课改，初中物理教师进行了一些有益和成功的尝试，积极提供猜想的机会，创造猜想的条件，鼓励加激励，引导他们严谨思考，发散求异，敢于创新，从而有效地培养学生的科学素养。

十四、刍议学生提出问题能力的培养策略

著名物理学家爱因斯坦说过:"提出一个问题往往比解决一个问题更重要。"海林堡也曾说过:"提出正确的问题,往往等于解决了问题的一半。"提出问题可以说是思维活动的更高境界,是一种能动的、理性的冲动,需要批判性思维,需要有创造性和想象力。随着新课程改革的不断深入,物理教材中科学探究的内容非常丰富,学生进行科学探究活动兴趣很浓,但随着教学的进行,我们越来越感觉到学生提出问题的能力较差,不能提出有效的问题。大多数的探究活动,由教师来提出问题,然后再来进行探究,科学探究的质量就打了很大的折扣。学生提出问题的能力成了制约提高科学探究学习水平的一个瓶颈。

(一) 重视学生提出问题的现实意义

学生提出问题能力的高低反映了学生的思维是否具有创造性与独特性。同时,学生提出问题又是进行科学探究的前提和其他各个探究环节的核心。提出问题的过程是极具创造力的过程,是人们对某些现象、事物进行细致观察、深入思考的结果。从平常已习惯的事件、现象中发现不平常的因素是一件很不容易的事情,它比在现成的问题下寻求解决问题的方法更需要创造性思维。从这个意义上来说,学生提出问题是学生是否具有创造性思维的标志。因此在物理教学中,对学生自己发现并提出问题能力的培养显得至关重要。

作为物理教师,应如何帮助学生有效地提出问题,成为摆在我们面前迫切需要解决的重要问题。

(二) 制约学生提出问题的成因扫描

通过调查研究,笔者发现阻碍学生提出问题的原因来自两个方面:一是教师方面,即教师过度忠实于自己的教学设计,为了完成教学任务和保持正常的教学进度,没有留出足够多让学生提问的时间;教师不相信学生能提出值得研究的问题,认为提问是教师的事,从而忽视、淡化了学生提出的问题;部分教师害怕驾驭不了课堂秩序和解决不了学生提出的问题,认为这样会降低自己在学生中的声誉和形象,不让学生提出问题;还有的教师一贯过于威严、专制,让学生不敢表达自己的问题和见解等。二是学生方面,即学生学习兴趣不浓,表现不积极,没有感到问题对他的挑战;学生的批判性思维没有形成,对许多日常生活现象、自然现象、实验现象熟视无睹;学生已有经验和知识面窄,未能有效地建立合理的认知结构;还有的学生观察能力较差,思维不活跃,不能从问题情境中找出问题等。

针对以上两方面的原因,归根究底是教师对学生提出问题能力的培养认识不到位!其实培养学生问题意识不仅是一个教学方式方法问题,更是一个教学观念问题。教师要有创新意识,必须打破以往旧的教学思想,敢破、敢立,破"书本唯上",立"学生为本";破"教师讲、学生听,教师问、学生答"的传统方式,立"提出问题→讨论问题→解决问题→总结与应用"的学习思路。

(三) 帮助学生提出问题的教学策略

学生提出问题的意识与能力并非天生，它需要激发与培养。美国教育家布鲁巴克说："最精湛的教育艺术，遵循的最高准则，就是学生自己提出问题"。教师既要尊重学生的主体地位，激活学生的主体能动性，又要让学生掌握提出问题的方法。笔者通过新教材的使用，摸索出几条策略，相信在一定程度上能够提高学生提出问题的能力。

1. 提高兴趣，激发学生提出问题的欲望

兴趣是最好的老师，教师可以充分利用物理学科的特点，让学生完成一些意想不到的实验。例如，在"吹不开的纸片，吹不走的乒乓球"实验中，让学生顿感好奇；在"放大镜把物体缩小了"的实验中，使学生蒙生悬念；在"光的色散"实验中，太阳光被分解成七色彩带，让学生叹为观止。教师设置这些场景诱导了学生的好奇心，为培养学生的创造思维创设了有利条件，便于训练学生良好的思维习惯，进一步提出值得研究的问题。这样学生的求知欲表现得更强烈，他们会主动地多思多问，并积极主动地去探究实验现象背后的奥秘，转变为一个学习的主动者和自觉者，进而愿意提出更多的问题。

2. 创设情境，引导学生提出有价值的问题

教师通过实验、故事等，让学生置于一定的问题情境中，学生的大脑才会迸发出火花，才会提出原来不可能提出的问题。例如在讲解电阻时，教师将电池、灯泡、导线连接起来，使小灯泡发光，然后用铅笔芯、铜丝、钥匙等代替部分导线使灯泡亮起来，教师指导学生观察，并提出要求："你们观察到什么现象？发现了什么问题？"学生们提出了诸如"为什么小灯泡的亮度不一样？""不同材料导电的能力一样吗？""导电的能力是否和导体的长度有关？""导电的能力和什么因素有关？"组织学生讨论后再来探究"电阻"的概念，这样学生就对电阻概念有了深刻的认识。当学生能够把心中的疑惑表达出来时，教师应不放过任何一个问题，可以把他们的问题筛选后再进行探究，这样学生就能感受到学习的乐趣，思维处于兴奋状态，从而保持强烈的学习热情。在这里，教师应在设计让学生发现和提出问题的情境上下功夫，而不是自己去设计问题。

3. 传授方法，培养学生提出问题的能力

学生提出问题的能力是慢慢培养的，不可能一蹴而就，要遵循循序渐进的原则，逐步提高。学生首先要把观察到的现象用问题化的形式进行陈述。例如，针对这样一个场景：两位女士在沙滩上走过，体重相当，一位穿平底鞋，一位穿高跟鞋，她们留在沙滩上的脚印有明显的差异。高跟鞋留下的脚印窄而深，平底鞋留下的脚印宽而浅。可让学生首先陈述这个现象：高跟鞋在沙滩上的印痕比平底鞋深。然后把它问题化，如可表达为："为什么……"。这样问题化的表述仍停留在较低的层次上，教师要继续引导把它演变成一个科学的问题，需要进一步思维加工后提出"是不是……"或"……怎么样"的问题。对比和比较是最常用的思维方式，对比即同中求异的思维，比较则是异中求同的思维。例如，学生在对上述现象进行对比以后可提出"是不是力的作用效果与面积有关"，还可以提出"力对物体的作用效果与什么因素有关系"等。学生经过一定的经验和方法的积累，随着他们物理知识的增多，就能够逐步提高自己提出问题的能力，问题

意识一定能得到大幅度提高。

4. 鼓励评价，强化学生提出问题的意识

教师引导学生提出有价值的问题后，要及时评价学生提出的问题，表明学生进行了积极的思考，使学生的大脑处于积极活跃的状态。哪怕学生提出的问题没有什么价值（但在学生心中这个问题是有价值的），也不轻易否定，让学生感到老师对他的尊重，让学生产生满足感、成就感。如果轻易地否定，学生的问题意识和刚刚燃起的火花就会被浇灭。对于一些基础差且胆小的学生提出问题后，多表扬，多鼓励，多引导，也要多赞赏其勇气。对于一些学生提出古怪、幼稚、可笑甚至错误的问题不能求全责备，告诉学生错了也没有关系，可怕的是提不出问题。教师要能从学生提出的问题中找出闪光点，让学生通过提出问题体验到成功的喜悦，只有这样，学生才能喜欢提问，才能提出质量较高的问题。当然，学生提出问题能力的培养是一个渐进的过程，一个艰辛的过程。在平时物理教学中，我们教师要重视学生的问题意识，要多措并举地培养学生提出高质量问题的能力。

总之，在物理课堂教学中，对现状的认识，有助于我们今后对症下药；对成因的分析，有助于我们防患未然；对对策的思考，有助于我们愤然前行。事业是我们的，明天一定属于我们！

十五、互动的课堂，有效的教学

宿迁市教研室组织青年教师优质课观摩与评比活动。在这次活动中，来自全市的11名选手按照同课异构的要求，执教同一个课题——蒸发，经过展示和角逐，蔡集中学蔡绍军老师的课时环节设计巧妙，教学过程流畅，师生互动热烈，受到了评委和观摩教师的一致好评。

（一）教学流程回放

1. 第一环节：质疑激趣，引入新课

师：通过前面一节的学习，我们知道物质有哪几种状态？

生：固态、液态、气态。

师：当条件改变时物质状态可以变化吗？

学生议论纷纷并迅速举手回答："可以。"

生1：夏天吃冰棒时，冰棒化成水。

生2：雨过天晴，地面上的水被晒干，水变成了水蒸气。

生3：家用液化气，使用时，液化气由液态变成气态。

生4：樟脑丸，放在衣柜里一段时间，会变小，同时还能闻到樟脑丸的气味，固态直接变成气态。

师：以上同学举出的实例都说明了一个什么问题？

生：当条件改变时，物质可以由一种状态变成另一种状态。

师：我们称这一过程为物态变化，从本节课开始我们就共同探究物质由液态变成气

态的过程，即汽化过程。（自然进入新课）

点评：首先让学生回顾上节课的内容，明确物质的三态，为导入做好铺垫。然后提出问题"物质状态可以改变吗？"引发学生思考，通过列举生活中常见的物态变化的实例，激发学生的学习兴趣。

2. 第二环节：交流体验，建构概念

师：汽化有几种方式？

生：蒸发和沸腾。

师：什么叫蒸发？你能举出一些例子说明吗？

点评：此处教师要求学生先思考、再讨论交流。当时教室内出现一片静默，而后或是小声议论，部分猴急的学生开始举手。教师暗示同学不要急于回答，提醒他们再多想一些实例。教师这样做的目的很明显是给大部分学生一定的思考和讨论的时间。

过了五分钟，学生开始回答。

生 5：潮湿的衣服变干了，是蒸发的现象。

生 6：雨过天晴，路面变干了。

生 7：洗过头发，过一会头发就干了。

生 8：夏天，好长时间没下雨了，池塘里的水位下降了。

生 9：汽油放在开口的瓶子里，逐渐变少了。

……

接下来，在教师的引导下，同学之间进行相互质疑，使课堂气氛达到高潮。此时教师话锋一转，问全班同学："你能给蒸发下一个确切的定义吗？你判断某现象是否为蒸发现象的依据是什么呢？"最后师生共同小结，什么是蒸发现象及蒸发现象的识别。

点评：学生举出的事例多种多样。有的还存在叙述不清、说明不准等问题，有深有浅，有的甚至还存在错误。教师始终面带微笑，对学生回答存在的问题没有丝毫苛求学生之意，更多的是信任的目光。放开手，让学生勇敢地回答问题。至少说明他在动脑筋思考，他在参与，如果此时教师不即时给予鼓励，有些同学就慢慢失去探究的勇气和信心。因此，学生在回答问题时教师应始终是一个欣赏者，而不是"法官"。

3. 第三环节：合作探究，寻找规律

师：同学们举出许多有关蒸发的现象，并明确蒸发的含义。下面我请大家猜一猜发生蒸发现象的同时还发生了什么？

此时学生们一时无语，毕竟大部分学生没有想过这一问题。

师：好，下面我请同学们做个实验，先把桌子上的棉球蘸一些酒精，擦在手背上，仔细观察发生的现象。

点评：学生一听做实验，劲头上来了，个个动手实验，形成浓厚的探究氛围。

一会儿工夫，便纷纷举手发言。

生 10：就一会酒精变没了。

生 11：手背感到很凉快。

生 12：手背不仅有点凉，还有点麻的感觉。

赞同的学生微笑不语、点头称是，有的情不自禁地鼓起掌来，有的说不清的还能主动补充说明。教师露出满意的微笑，用鼓励的语气说："很好，同学们说说看，酒精没有了，上哪去了呢？"学生齐答："蒸发了，变成了酒精气体了"。这说明同学们对蒸发现象已很熟悉了。

接下来教师设问：在刚才的实验中，手背为什么感到凉呢？你们猜猜看可能是什么原因？

生 13：酒精渗入皮肤里了。

生 14：酒精温度比皮肤温度低。

生 15：酒精蒸发要吸热。

可谓真假难辨。

师：同学们这么多说法，哪一种猜想是对的呢？我们应怎么办？

学生齐答：用实验来证明。

师：对，实验是猜想的试金石，那设计怎样的实验呢？

学生们讨论交流，教师提供必要的帮助。设计出把酒精擦在温度计玻璃泡上，与另一支温度计进行比较，看它们的示数有无变化。

师：为什么会下降呢？说明了什么？

学生自然得出：酒精蒸发需要吸热，从而降低了玻璃泡的温度。学生边说，教师边板书。

师：请同学们结合生活，举出这方面的例子。

学生积极踊跃，课堂精彩纷呈。

点评：教师提出的一个个不经意的问题，引出学生们的激烈讨论，展开了学生探究的思维空间，把他们的观点和思考淋漓尽致地展现在我们的眼前。他们在自我讲述自己的观点或以自己的观点驳倒对方，或以自己的发现寻找求证。思维的碰撞迸发出知识的渴望，演绎出最美好的人生哲学。

4. 第四环节：初步应用，拓展提高

师：生活在沙漠中的仙人掌，叶子变成针状的刺，你知道这是为什么吗？

学生交流讨论，达成共识：减慢蒸发。

师：同学们，给你一盆水，要想减慢水的蒸发，你可以想出哪些办法呢？

学生思考后，教师引导看课本 P36 "生活·物理·社会"——"火洲"里的坎儿井。

由学生交流后，师生共同小结，形成结论：影响液体蒸发快慢的因素——液体的温度、液体的表面积和液面空气流速。

师：要想使刚洗过的衣服尽快变干，应怎么办？

学生踊跃发言，相互补充，课堂气氛和谐融洽。

点评：在这个环节中，教师设计的问题由浅入深，富有梯度，让学生更容易进入情境，学习新知。虽然有些新知结论并不完整，还有待完善和补充，但学生自主学习、自主探索的能力大大提高了。这样的氛围里他们的学习自由度大了，热情度也高了，更容易展现自己了。

（二）课例特色评析

1. 亮点与特色

本节课的设计体现了以问题为主线、培养学生能力为核心的宗旨；遵照教师为主导、学生为主体的教学原则，遵循特殊到一般，具体到抽象，由浅入深，由易到难的认知规律。具体地讲，本节课的教学设计有以下三个特点：

（1）开发教学资源，创设生活情境

课堂设计的四个教学环节，有三个环节从学生生活经验出发，用生活中的实例让学生感受身边的物理，激发学生的求知欲，为新课的开展创设良好的教学氛围，同时也培养学生从物理的角度观察生活、提出问题的能力，明确了物理知识来源于生活，又回归生活，并为之服务。学生在列举生活实例的同时思考问题，在观察的过程中抽象出本质，收到很好的课堂效果。师生互动中，学生的观察、思考、分析、归纳、概括及语言表达能力也得到有效的培养。

（2）凸显探究过程，重视意义建构

在学习"蒸发吸热"时，教师让学生首先观察和感知蒸发现象，进而提出猜想，设计实验，验证猜想，得出结论。教师精美设计，让我们深深明白在探究式课堂教学中应理性地理解学生在学习中的思维活动，应根据教材内容有的放矢，开放学生自由思维空间，让学生像鱼儿一样自由地在大海中畅游，像鸟儿一样自由地在蓝天中翱翔。

（3）关注学生个性，促进全面发展

学生的参与度是衡量一节课成功与否的重要因素。在本节课教学中，教师通过提出具有一定思维含量的有效问题，组织不同形式的学习活动，增强学生参与的广度和深度。他们不需要过多的因素干扰自己的思维空间，他们激烈地争论是检验他们认识事物正确与否的平台，拥有这样平台的学生才能发展完善，才能提高自己。在这样的思维活动中，教师给予的是更多的鼓励和赞赏，而不是轻易否定，否则后续的学习活动不会再有进行式。

2. 思考与启示

"课堂因互动而精彩，学生因自主而发展"已成为广大教师的共识，也是笔者永远的追求。课堂靠什么互动？靠问题。靠什么样的问题互动课堂才能精彩？靠有效问题。何谓有效问题，就是能让师生用较少时间，得到较大收获的问题。"有效问题"的"有效性"具体体现在"激活"上，一是激活学生思维，二是激活学生活动过程。判断问题是否"有效"，要看通过你的问题能否使学生在课堂上处于中心地位，能否使学生的个性、思维、能力等得到充分的发展。

十六、积极参与，主动探究

在沪粤版教材第十二章"浮力与升力"的第二节"探究浮力的大小"的教学过程中，对内容的处理，可以分两步进行：第一步要求学生掌握浮力大小跟液体的密度和排开液体体积之间的定性关系;第二步要求学生理解和掌握浮力的大小跟液体的密度和排开液体体积之间的定量关系(阿基米德原理)。由于在第一节"认识浮力"中,学生通过学习已经知道"浮力产生的条件及原因",并学会用弹簧测力计测量"浸在液体里的物体所受到的浮力的大小",这就为实施本节课教学奠定了实验基础。

(一)教学流程设计

1. 创设情境,提出问题,引出教学内容

用多媒体出示一幅画面:一艘满载货物的大轮船正在大海上航行。蔚蓝的天,湛蓝的海,巨大的船,有效刺激着学生的感官,从而让学生进入学习的情境之中。接着提出问题:这艘满载货物的轮船受到海水对它的浮力有多大呢?很显然,这一问题已经无法借助弹簧测力计用"称重法"测量了。问题的提出引起学生疑惑,激起了探索新知识的强烈愿望。为了解决轮船在海上航行时所受浮力大小的问题,须先研究跟浮力大小有关的因素。将学生对解决轮船所受浮力大小的直接兴趣,引导到研究浮力大小跟什么因素有关的间接兴趣上来。

2. 猜想与假设,导入教学

浮力大小究竟跟哪些因素有关,可以让同学们猜一猜,发表自己的见解,并说出自己的理由。同学们根据以往学过的知识、生活经验、所见所闻进行猜测。此时,课堂成为学生探究新知识的前沿阵地。有的学生认为浮力大小跟物体的体积有关,理由是轮船体积大,在海上能装载很多货物,说明它所受到的浮力大。有的学生认为浮力大小跟物体浸入液体的深度有关,理由是在游泳池里游泳,在浅水区感到浮力小,在深水区感到浮力大。有的同学认为浮力大小跟液体密度有关,理由是看了在死海上可以躺在海水上看书的画面,怀疑浮力大小可能跟液体密度有关。有的同学认为浮力大小跟物体的轻重有关,理由是轻的木头在水中会浮起来,而重的金属块则沉下去,说明木块所受浮力比金属块大……对于以上猜想过程,有对有错,此时教师要允许学生猜错,一定不要挫伤学生学习的积极性,同时这些错误的猜想也是宝贵的课堂资源,为学生在下一步探究活动中自己去"去伪存真"提供很好的素材,这比教师直接告之,效果要明显好得多。作为教师应事先估计到学生可提出的各种猜想,并进行充分的准备,学生没有提到的因素,教师应及时进行启发,同时要准备好各种实验器材,如同体积的木块和金属块、不同体积的铁块、水、酒精等。

3. 探究实验方法,设计实验,进行教学

既然浮力大小可能和物体密度、物体体积大小、浸入液体深度、液体的密度等因素有关,那么是和其中的一个因素有关呢,还是和其中多个因素有关,或是和它们都有关系?怎样来验证这些猜想是否正确呢?让学生经过紧张的思考后提出,可以用实验的方法来检验。请学生自己设计实验,包括选用器材。在传统教学中实验都是事先由老师设计好的,这也是探究式教学与传统式教学的区别之一。例如,有的学生提出:只要将木块和铁块都浸没在水中,分别用弹簧测力计测出它们受到的浮力,若浮力大小不一样,则说明物体所受浮力大小和物体密度大小有关;反之,则无关。有的学生提出:将一块大的金属块和一块小的金属块都浸没在水中,用弹簧测力计测出它们所受的浮力,若浮力大小都一样,就说明物体所受浮力大小和物体体积大小无关;反之,则有关。对于以上学生发表的看法,教师要点拨学生用"控制变量法"进行实验,即浮力大小可能和上述因素都有关,但是我们研究浮力大小和其中一个因素的关系时必须控制其他的因素,使其保持不变,以排除其他因素的影响和干扰。如在研究浮力大小和液体密度的关系时,必须将相同体积的同种金属块,分别浸没在水和酒精中的同样深度处,这样就保持了物体密度、物体体积、浸在液体中深度、排开液体的体积都不变,只有这样才能得出浮力大小跟液体密度的正确关系。强调和突出"控制变量法",利于培养学生科学的思想方法。接下来引导各组学生用"控制变量法"进行实验,教师巡视、点拨,真正让学生亲身经历探究的过程。实验后,让学生自己说出发现:当其他条件都一样,只有物体密度或浸入液体深度不一样时,测得浮力大小相等,说明浮力大小与它们无关;当其他条件都一样,只有液体密度和物体浸入液体体积不一样时,测得浮力大小不等,说明浮力大小和它们有关,即"浸在液体里的物体所受浮力的大小和液体的密度和排开的液体体积有关"。作为阶段性探究,教师及时小结,让全体学生对于"浮力大小的影响因素"达成共识,对部分学生在探究过程中存在的问题进行集体探讨、化解。

4. 探究物理规律,收集证据,深入教学

在上一环节完成关于浮力的定性探究实验,为了找出浮力大小的定量关系,必须深入探究,收集具体化的数据,通过分析归纳得出结论。这一环节可以按以下步骤进行:

(1) 设疑

我们已经探究出浮力大小和液体密度、排开液体体积有关,那么,它们之间有没有确定的数量关系呢?这一问题,促使学生由定性到定量、由浅入深地进行探究。

(2) 动手实验

引导学生用弹簧测力计吊着体积不同的金属块,浸没在盛满水的溢水杯里,用空杯盛接从溢水杯里被金属块排出的水。

(3) 观察现象

将金属块逐渐浸入水中,直至浸没,发现弹簧秤读数逐渐变小,水逐渐从溢水杯中流出。

(4) 分析比较

学生们发现,体积小的金属块浸没在水中时,弹簧测力计读数变化小(浮力小),排开的水也少;体积大的金属块浸没在水中时,弹簧测力计读数变化大(浮力大),排开的水也多。

(5) 点拨、引导思维

浮力大——排开的水多;浮力小——排开的水少。那么,浮力的大小和排开水的多少是否有着必然的联系呢?从而引导学生去测一测排开液体所受重力有多大,比较它和浮力大小究竟是什么关系。

(6) 进行实验、发现规律

学生们动手实验,通过对现象的观察、对数据的分析比较,自己总结出浮力的大小和排开液体所受重力的大小关系:浸在液体里的物体所受浮力大小竟和物体排开液体所受重力刚好相等，从而得出阿基米德原理。

5. 交流与评估，整合教学

通过上述定性实验，学生认识到浮力大小的影响因素；又通过定量实验认识了物理规律。教师此时要给学生时间来回顾本节课的内容，并对所学内容进行一些简单的应用。例如：“你与同组同学是如何完成两个探究过程的？你与同组同学在探究过程中有没有不同意见？如有，如何进行统一？"“自己的实验设计和操作有无失误与不妥？测量数据和结论是否可靠？"“你能导出阿基米德原理的数学表达式吗？"“现在如何来解决轮船所受的浮力？”这样的教学不仅可以有效地整合本节课的教学内容，做到首尾呼应，而且可以培养学生在探究的过程中吸取经验教训的意识，体验在探究过程中的乐趣，同时在关注探究结果和探究假设的差异的过程中，在关注探究过程未解决矛盾的过程中，将可能引发出新的探究问题和获得新的发现，有利于学生养成严谨的科学态度。

(二) 教学后记

本节课以探究式教学来设计，通过教学过程的实施，有以下几点体会：

① 从情境设置引出教学内容——猜想、假设导入教学——实验探究进行教学——收集证据深入教学——交流、评估整合教学，整个教学流程符合学生的认知规律，即从直觉思维到逻辑思维；从感性认识到理性认识，使学生由浅入深地掌握物理概念和规律。

② 借助情境设置、设疑、猜想、探究、交流等教学手段，不仅激发了学生的求知欲望，提高了学生的学习兴趣，而且激活了课堂气氛，学生的主动性、积极性也得以充分发挥，并能全神贯注地去完成学习任务。

③ 在实施探究式教学时，如何处理好教材、搞好各个探究环节的设计显得很关键。教师应以"扶"的方式帮助学生"上路"，以"引"的方式让学生"学走路"，以"放"的方式让学生"自己走路"，从而形成师生共建和谐的探究式课堂。

总之，新课程倡导的课堂模式应以学生的发展为本，让学生成为学习的主人，自主地进行学习活动，因此建构"探究式课堂"就成为深化课程改革理论和实践的一条重要途径。通过"探究式教学"，不仅使学生获得了知识，而且教会他们如何去获取知识。在探究式教学中，学生积极参与，主动探究，他们的思维能力、观察能力、实验能力、分析能力等都得到了很好的锻炼，从中也体验到探究的乐趣。

十七、给学生一个空间，还你一个惊喜

教材中"摩擦力"的概念比较抽象，但关于摩擦现象，学生却有着丰富的感性认识。笔者从学生对摩擦已有的生活体验入手，通过简单而有趣的游戏活动开始，结合生活中的事例分析引入摩擦力的概念，再利用实验操作让学生亲身体验摩擦力及影响因素。在这些流程中教师为学生搭建交流、合作的平台，给他们一个思维的空间，学生展开想象的翅膀，发表自己的疑问与见解，从而使他们自主建构新知、盘活思维、悟法开窍、灵活创新。

(一) 教学过程

1. 巧设游戏,激发兴趣

游戏情境1:教师把一端涂有洗手液的金属棒,分别让男、女同学各握一端(男生握在有洗衣液的一端),用力往相反方向拉,看谁能夺过去。

游戏情境2:相互交错叠压在一起的两本书,让两名同学把它们分开。

游戏结束后,学生谈自己的感受,与同学们分享。

点评:在学生错误的预判中调动学生学习的愿景,让他们的思维动起来,激发求知欲,积极参与思考讨论。

2. 走进生活,问题导入

教师提出生活中常见到的现象:① 人在光滑的冰面上好行走吗?② 你能很轻松地用两个手指从温热的水中把一块肥皂夹出来吗?③ 用力推一个大木箱,为什么有时候会推不动?再加大力气后,当木箱动起来时,人为什么有时候会向前跌倒?

学生结合各自的生活经验,自由发表意见。

点评:结合日常生活经验,提出摩擦的相关问题,目的就是创设问题情境,触发学生对摩擦力的关注。

3. 交流体验,生成问题

体验情境:利用课桌上的器材和周边的物品,感受摩擦力,生成问题。例如:① 什么是摩擦力;② 摩擦力产生的条件;③ 摩擦力的方向;④ 摩擦力的种类;⑤ 滑动摩擦力与哪些因素有关,与哪些因素无关;⑥ 不同摩擦力的特点是否一样;等等。

讨论情境:针对学生生成的问题,教师按一定的顺序用实物展台展示(或板书)出来,引导学生交流讨论,自己建构摩擦相关概念,定性了解静摩擦和滑动摩擦的异同点。

点评:此环节教师在每一小组准备不同的物品,充分体验物体在不同运动状态时的摩擦力情况,以及摩擦力的方向。目的就是让学生能够生成更多问题,也好为学生提供一个非常丰富的信息交流的平台。

4. 合作探究,寻求规律

设疑:① 我想研究摩擦力的特征,首先必须能测出摩擦力的大小,如何测量呢?② 探究滑动摩擦力的大小,我猜想可能与压力和接触面的性质有关,该怎样进行研究呢?③ 静摩擦力可能跟哪些因素有关呢?

学生交流讨论测量摩擦力大小及探究摩擦力影响因素的方案,并以小组为单位进行探究实验,从数据中归纳总结出规律。

点评:教师创设求助情境,谈自己研究摩擦力时的困惑,寻求学生的帮助,给学生以很大的惊奇感,增强他们学习的积极性、主动性。

5. 交流展示,提升体验

引领学生展示小组讨论成果,补充完善规律,并辅之多媒体出示实验细节和结论。让学生不断加大力气推自己的课桌体验,从静摩擦到滑动摩擦的变化,感受最大静摩擦力略大于滑动摩擦力。

小组学生代表汇报研究成果，组间补充完善。

点评：此处创设展示情境，目的是再次给学生提供交流平台，在学生已有的能力基础上，提升体验，特别是最大静摩擦力与滑动摩擦力大小的关系。

6. 检测反馈，拓展延伸

教师出示课堂训练题，学生当堂完成，教师收交批阅。出示"货车超限超载，国道不堪重负"新闻背景资料，让学生课后思考并解释货车严重超载加快路面损坏的原因。

点评：训练富有针对性，通过练习不仅明确本节课的重点知识与技能方法，而且还可以起到查漏补缺的作用，完善学生新知建构。同时让学生带着问题走出课堂，课堂教学得以延续。拓展的问题又来自生活实际，让学生明白物理学习的重要性。物理问题来源于生活，解决问题就是服务于生活，达到学以致用的目的。

（二）教学评析

本节课采用的是小组讨论、有效学习的方式，以学生为中心，以学生自主学习为本，创设多种学习情境，引领学生积极参与，让学生全过程去体验、去发现。经历过程，获取知识与技能，体验学习的快乐。

特色1：给学生搭建了充分发表自己见解和交流研讨的平台，改变学生以往单一获取知识的学习模式，让学生有展示自己的机会，活跃其思维。在探究摩擦力之前，引领学生去思索如何测量摩擦力，如何设计实验方案、操作步骤及探究要注意的有关事项，让学生的大脑真正动起来；在体验和小组实验时，学生之间分工合作，寻求规律，又让学生的手、眼、耳、口真正动起来。

特色2：教师从课堂权威中解放出来，不是一味地灌输知识，而是让学生用自己的感官去发现问题，通过小组合作学习来解决问题，这样教师就有机会走到学生中去，参与学生的讨论，感受学生与学生、教师与学生之间思维的碰撞，激发智慧的火花。教师只是一个参与者，甚至是求助者，这更能激发学生的学习愿景，强化学生学习的自信心和成功感。

特色3：给学生一个想象的空间，让学生充分发表自己思考到的问题，进行讨论交流，这样更加深化对知识的理解，同时也有更多获取知识的机会和获取更多信息的可能。学生在交流中，培养了自信心，锻炼了自己的语言表达能力和逻辑思维能力。作为教师也从中获取很多的启发，达到师生共同发展的目的。例如，在本节课的学习中，某同学先后提出了下面一系列有意义的问题：① 人在光滑的水平面上为什么不能行走？② 离开了摩擦力，人的生活会不会变得困难？（学生的疑问有：人能穿上衣服吗？人用筷子能不能夹起食物等）③ 用粉笔能在黑板上写字我知道是由于摩擦力的作用，而用圆珠笔在纸上写字，怎样用摩擦力的知识来解释？④ 没有了摩擦力，2012年伦敦奥运会还能进行哪些项目的体育比赛？⑤ 我们看到有些辅导材料上写着："一辆汽车行驶在一光滑的水平面上"，这句话正确吗？既然是光滑的水平面，我认为汽车只能在路面上滑行，轮子根本不会在路面上滚动。⑥ 自行车和人的总重为800 N，地面的动摩擦因素为0.25，自行车在水平地面上骑行时受的摩擦力是多大？资料上的解答是：$f=\mu N=0.25\times 800\ N=200\ N$。这种解法，我认为有问题，因为自行车在路面上是滚动的，为什么能用滑动摩擦力的计算公式呢?

本节课由于是问题生成课,在课堂上会出现很多与上课前预习结果不一致的情况。例如,在探究滑动摩擦力与接触面积是否有关的实验过程中,就有很多组学生由于没有控制好条件,选用正方体和长方体两个不同的木块进行实验,得到滑动摩擦力与面积有关的结论;在测量摩擦力时,没能做到匀速拉动,造成测量数据不准确的情况;还有用弹簧测力计拉动木块时没有和水平面平行等问题。作为教师,一定不要以结论性知识去纠正学生,也不要以自己的想法和做法来替代学生的想法,不能让学生养成无条件地被动接受和依赖教师的心理,而应该及时点拨,引导学生发现实验中出现的问题,帮助学生找到解决问题的办法。

总之,在进行教学设计时教师应充分相信学生有能力做好,给学生思考的时间、发挥的空间,他们表现出来的智慧,一定会给我们教师一个意外惊喜!

十八、培养能力是减负增效的重要途径

(一) 在掌握知识的基础上培养能力

心理学研究表明:能力的形成,一方面是通过依赖知识技能的掌握而实现的;另一方面又是知识技能的深化,并且成为掌握知识技能的条件。正如公开课所见,只有学生牢固地掌握伏安法测量电阻原理及串、并联电路特点等基础知识,其他内容才能顺利展开,没有掌握知识的"牢",就没有运用知识的"活"。平时在每一章或每一单元结束时,让学生自己整理知识,编制成知识网络,在网上诸多的链接点上繁衍出新的知识生长点。这个过程就是运用已有知识解决新问题的过程。公开课中,每变换一次给定器材,就是向学生提出一个新问题,学生就能从自己结好的知识网中迅速挑选出相应的知识进行解答。在教师引导下,学生进行思考、讨论、讲述和推导,运用所学知识解决了一个又一个新的问题,这样做无论是对概念、规律的深入理解,还是对各种能力的培养,都大有帮助。

(二) 能力的培养应与知识层次相适应

在教学中,我们应从课标的要求和学生的实际出发,根据不同层次要求进行知识的传授,培养不同能力。以现行教材为例,现象篇:着重培养学生的观察能力;规律篇:着重培养学生的实验能力和归纳能力;物质结构篇:着重培养学生的综合运用能力。能力的种类很多,各种能力又是重叠交叉的。能力的层次大体分为显能和潜能。公开课中,教师变换给定的条件,对学生进行"多变""多思"的训练,就是培养学生高层次的能力,就是培养有学习潜能的学生。由于智力开发具有内隐性,根据目标教学的理论,可用下述指标进行检查:① 质疑,提出问题,看学生本节课提出了几个有价值的疑难问题;② 解疑,解答问题,看学生本节课自行解答了几个疑难问题;③ 争辩,互相责难,看本节课学生之间、师生之间有几次争论交锋;④ 立异,发表创见,看本节课学生发表了哪些与教材不同的见解。

（三）以"做物理"来强化能力培养

心理实验表明，能力是经由掌握知识并广泛迁移的活动而逐步形成的。可见，能力不是由教师生硬灌输教出来的，而是指导学生在实践中练出来的。过去的物理教学搞注入式，虽然使学生得到某些知识，但却极大地妨碍了学生智力的发展和能力的提高。要改变这种状况，物理教学必须由"讲物理"朝"做物理"方向发展。物理是以实验为基础的学科，新教材对实验的安排很丰富：有随堂实验、分组实验和课外实验，还设置了许多旨在培养学生能力的栏目，如"观察与思考""实验与思考""读读议议"等。因此，我们应充分发挥教材的优势，体现学生的主体作用，创造条件，让学生参与实验，参与教学的全过程。遵循的原则是：凡是能通过实验传授的知识，一般不采用其他方法；凡是能通过学生自己探究而获取的知识不包办代替；凡是能通过自学、讨论和争辩解决的问题，一定让学生自己解决，让学生由多看到会看，培养观察能力，由多做到会做，提高动手能力……做到此，学生将变得训练有素，并逐步形成学习物理的科学行为和良好习惯。既能让学生从繁重的课业负担中解脱，又使学生终身受益。

（四）在形式多样的实践活动中培养能力

物理知识与生活、生产活动的实际联系密切，要达到课标的能力要求，仅靠课堂训练，时间是不够的。解决办法就是组织形式多样的课外活动，让学生学会多渠道地应用物理知识来解决实际问题，从而形成多种能力，如指导学生课外阅读，撰写小论文，既拓宽了学生视野，又培养了自学能力和表达能力；开展小制作、小发明活动，采取评比、表演和展览等激励手段，既增强了学生的参与和竞争意识，又培养了动手能力和创造能力；结合教学进程，设计一些融趣味、知识、智能于一体的活动，像知识竞赛、操作表演等，让学生在欢声笑语中增长知识，提高能力。

总之，培养能力对减轻学习负担，提高教学质量有"事半功倍"的功效，它是减负增效的重要途径。然而实施起来却并不容易，它涉及各个方面。因此，我们既要有敢于尝试的勇气，又要有严肃的科学态度；既要排除旧有习惯的干扰，又要吸收传统教学中合理的成分。致力减负，围绕增效，聚焦课堂，变革教学，努力提高教育质量，这是时代进步的需要，也是中国教育发展的需要。

十九、浅谈物理课堂教学中的"高层次"提问

目前的物理课堂教学中，提问的问题质量不高、深度不够是影响教学效果和导致学生思维发展滞后的一个重要原因。主要表现为：所提的问题以记忆型、事实型或理解型等"低层次"问题为主，推理性问题次之，而那些促进学生创新思维、开放思维的高层次问题却微乎其微，许多课堂提问成了一种"为提问而提问"的形式主义。

对此，我们迫切需要提高课堂提问的质量，使"低层次"提问逐步向"高层次"发展。那么，到底什么是"高层次"问题呢？目前教师所提的问题中哪些是"高层次"问题？"高层次"问题在物理课堂教学中有哪些功能？物理课堂中应怎样进行"高层次"提问呢？

（一）"高层次"问题的类型

早期的心理学家把提问分成两大系统，即"开放与封闭"和"记忆与思考"。开放型问题允许有广泛的回应范围，不仅包括认知的要求，还包括情感的表现、移情的作用、态度和价值。封闭型问题只有一个正确或最佳的答案，它要求学生有一个狭窄的范围内选择反应。记忆型的问题需要学生回忆已有的信息，它是教师经常提问的一种类型。相反，思考性问题需要学生运用已有的信息创造新的信息。一般情况下，"开放型与思考型"的问题相对于"封闭型和记忆型"的问题来说，就属于"高层次"问题。

1987年，"布鲁姆—特内教学提问模式"被介绍到我国，这一模式是由美国教育家特内根据布鲁姆的《教学目标分类学》创设的。这种分类模式按照学生的思维类型和水平的不同，把教学提问分成由低到高的六个水平，每一水平的提问都与学生不同类型或不同水平的思维活动相联系。

1. 知识（回忆）的提问

它能训练学生的记忆力和表达力，可确定学生是否记住所学内容。这是最低层次、最低水平的提问，如是否记住物理学概念、原理、规律等。教师常用到的关键词有：什么是、说出、写出等。例如：说出什么叫串联电路，什么叫并联电路，画出串、并联电路图等。

2. 理解水平

它要求学生能用自己的话来叙述所学知识，比较知识和事件的异同，能把知识从一种形式转变为另一种形式，能够帮助学生理解所学知识，弄清知识的含义。这是一种中等水平层次的提问。教师常用的关键词有：比较、说明、解释等。例如：比较串联电路与并联电路的异同点，比较动能与势能的异同点等。

3. 应用水平

它要求学生对问题进行分类、选择，以确定正确答案。它能使学生把所学知识应用于某些问题，其心理过程主要是迁移。这是一种高层的提问。教师常用的关键词有：应用、运用、选择、分类、举例、设计等。例如：请你运用所学的知识设计楼梯开关并画出其电路图。

4. 分析水平

它要求学生运用批判思维，分析提供的资料，进行推论，确定原因，可用来分析知识的结构、因素，弄清事物的关系和前因后果。这也是一种较高层次的提问。教师常用的关键词有：为什么、什么因素、证明、分析等。例如：为什么并联电路的总电阻较其中任一用电器的电阻都大？请你证明。

5. 综合水平

它要求学生将所学知识以一种新的或有创造性的方式组合起来，形成一种新的关系，能够解决应该解决的问题。这是一种高层次的提问。教师常用的关键词有：预测、如果……会、鉴别等。例如：一个物体在做匀速直线运动时，如果此时施加一个与运动方向相同的力，请你预测一下物体将做什么运动。

6. 评价水平

它要求学生对一些观念、解决办法等进行判断选择，提出见解，作出评价等，能够帮助学生依据一定的标准来评判事物和材料的价值。这也是一种高层次的提问。教师常用的关键词有：判断，评价，你对……有何看法等。例如：请你对判断一下一对平衡力与一对相互作用力之间有何区别。

从以上研究中我们不难发现，记忆型、理解型的问题以简单、机械的方式寻找答案，需要学生深度思考的成分不多，属于"低层次"问题；而发散型（开放型）、应用型、评价型和创造型的问题则需要学生运用联想、迁移、比较和综合等多种思维方法对问题进行深入探究，属于"高层次"问题。

（二）"高层次"提问的功能

1. 发散性功能

有些"高层次"提问可以锻炼学生的发散思维能力，拓宽学生的思维空间。教师在课堂中提出的"高层次"问题可以让学生获得多元解答，而不是单一的、定势思维的答案。例如，在学习摩擦力的方向判断时，在水平运动的皮带上放一物体，物体受到的摩擦力的方向如何？学生首先要了解物体可能出现的几种运动状态，才能得出摩擦力的方向。

2. 应用性功能

有些"高层次"提问可以使学生将书上学到的知识迁移到生活中，达到学以致用的效果。在这些过程中，学生需要运用比较、分类、综合、转换等多种方式。例如：学习动量后，可以提问动量和动能有什么区别与联系。

3. 评价性功能

有些"高层次"提问培养学生的综合判断能力，学生通过考察和分析"高层次"问题，会对教材内容作出相应的评判，达到学会筛选、学会判断、学会理性思考的目的。例如：在学习纯电阻用电器时，反问学生"白炽灯泡是纯电阻用电器吗？"

4. 创造性功能

有些"高层次"提问，不仅需要学生靠知识经验及逻辑思考来回答，还需要学生发挥求异思维，进行创造性的解答。这类高层次问题，是以教材为依据，但又不拘泥于教材内容而设计的问题。例如：在介绍能源时，提问"如果你是西北地区的某一省长时，你如何布局风能资源建设和水能资源建设？位置又如何选择？"

（三）物理课堂教学中"高层次"提问的技巧

《普通高中物理课程标准（实验）》明确指出，物理教学要培养学生的探究意识和创新能力。因此，在物理课堂教学中，教师要重视通过"高层次"提问来促进学生发散思维、评判思维和创新思维的发展。在物理课堂教学中进行"高层次"提问可应用以下技巧。

1. 新颖性提问，挖掘学生思维潜能

课堂提问的角度要新颖，只有这样才能挖掘学生思维潜能。"高层次"提问的角度力求新颖，讲究新意，避免提问平平淡淡，老调重弹。

2. 层次性提问，提升学生思维品质

课堂提问要有层次性，这样才能锻炼学生的逻辑思维能力。所谓层次性，是指问题具有较强的条理性和逻辑性，课堂"高层次"提问要求教师要紧扣教材，把握教学重点、难点，遵循知识间的内在规律，尊重学生的原初体验，根据不同的教材内容与教学目标，针对不同的学生，逐层发问，从而达到把握教材的深层内涵，激发学生探究热情，激活学生逻辑思维能力的目的。

3. 开放性提问，勉励学生多元解答

开放性问题可以激励学生主动参与课堂教学，也可以给学生更多体验成功的机会，增强学生自信心。物理教学中提出的"高层次"问题具有较强的开放性，能够让学生自由地展开想象，这类问题因为没有统一的标准答案，所以更有利于培养学生发散性思维能力和创造性思维能力。

4. 适时性提问，激励学生释疑解难

课堂提问的时机很重要，教师要学会在关键处提问，也就是当学生思维受阻或遇到困惑时，教师的提问要能给学生带来一种"拨开云雾见晴天"的感觉。

5. 应用性提问，培养学生实践能力

课堂提问要多联系社会实践，培养学生的实践能力。学习知识的终极目标是为了应用。因此，物理教师在传授知识的同时，还要教会学生"学会做事，学会生存"的本领，要重视对学生实践能力和问题解决能力的培养。

总之，课堂提问是一门艺术，是调动学生积极性，活跃课堂气氛，启发学生思维，开发学生智力的重要手段和方法。物理教师应提高课堂问题的质量，增加"高层次"问题的比重，真正做到激发学生的学习兴趣、促进学生创造性思维的发展、发挥学生的探索精神和独创意识，使学生的能动性、创造性得到充分发挥，最终达到智力的全面提升。

二十、构建优质高效课堂，提高课堂教学效益

学校在所有工作中应明确一个主要方向，即教学工作，同时还要突出一个主体，即减负增效，而课堂又是学校教学工作的主阵地，新课改的核心是以生为本，目标是体现"知识与能力""过程与方法""情感态度和价值观"三个维度，其最终目的是促进学生不断进步与发展。近几年，许多学校在课堂教学上都在大动脑筋，他们通过外出学习或深挖内功来打造优质课堂，全面提升学生学习能力，从而达到最佳教学效益。那么如何构建优质高效课堂，提高课堂教学效益呢？现从如下几个问题谈谈一些看法。

（一）加强教师培训，实现教育观念的转变

江苏省自2009年6月12日严格规范各中小学办学行为，对规范中小学办学行为作出"五严"规定：即严格禁止下达高（中）考升学指标；严格控制学生在校集中教学活动时间；严格执行国家课程计划；严格规范考试和招生管理；严格制止义务教育办学中的违法行为。在这种情况下，不是要求学校教学质量下降，反而让我们反思：怎样才能在规范办学的情况下搞好课堂教学，提高教学质量？为此，只有对教师要求越来越高，

即对教师不仅业务要求要高，同时还对教师的教育理论、教育观念提出更高的要求，所以各校教师要经常性地参加学习、培训。首先，教师培训是进入新课程的重要前提。由于教师是新课程的主要参与者和具体实施者，师资培训，是中学新课程顺利进行的重要保证，也是新课程的重要组成部分，对新课程实施的质量和水平发挥着至关重要的作用。一定意义上说，高质量的新课程教师培训，是顺利进入与推进新课程的重要前提和有效保障。我市每年暑假期间组织近万名中小学教师参加各类培训，有力推进我市教师专业和理论水平的提高，为我市教育教学质量提高起到促进作用。其次，新课程教师培训是教师专业发展的有效途径。专业发展是每名中学教师矢志不渝的追求，是伴随教师成长的连续不断的过程。我相信，在教师原有良好的基础上，在新课程培训的推进过程中，经过培训者的精心组织、有效实施，经过受训教师的不懈努力，每名中学教师都将在自身专业发展的历程中，迈出新的步伐，登上新的台阶。目前来看，个别教师重视不够，抓得不紧，如上管部门安排参加培训有些教师不去参加，参加了的教师在会场上不认真听或中途离场，这些都从主观上影响了教师自己的专业发展进程。再次，教师培训是终生教育思想和学习型社会建设的需求。教师作为基础教育最高阶段的施教者，作为知识密集人群的重要社会群体，是终身学习的率先实践者，更应充分把握培训的难得机遇，提高自身实施教育的能力和水平。

（二）推进课堂模式，实现教与学的观念转变

自实施新课改以来，许多学校都在努力构建新的教学模式，通过打造优质课堂，来提高课堂效率。为此教师要牢固确立"磨课"理念：教师要能围绕优质高效的课堂教学要求，全面统筹应该教什么和不应该教什么，要能把握深度、广度、密度和梯度，敢于取舍，追求课堂教学简洁与有效，提高课堂教学实效，努力打造品位课堂、品质课堂、品牌课堂。

新的课堂教学模式实施体现六个要素：① 目标定位——把教什么转变为让学生得到什么；② 问题设计——要具有针对性、新颖性、渐进性；③ 自主求解——学生查阅资料、小组讨论交流，探讨解决问题的途径；④ 对症练习——体现基础性、典型性；⑤ 归纳回顾——形成知识体系，突出方法归纳；⑥ 巩固深化——达到掌握精细知识，不留盲点。

新授课要增强达标意识，以学生为主体，积极倡导自主、合作、探究的学习方式，积极实践和构建"先学后教""自主探究式""洋思模式""1+1式""循环大课堂""杜郎口的三三六"等教学模式；复习课要理清思路、突出重点、讲练结合、分类指导，建立教师引导、学生合作探究的"引导—合作—优化—拓展"的复习模式；练习课要成系列、重规范、短平快，积极建立"自主练习—自我矫正—主动拓展"的教学模式；试卷评讲课要有"辐射性"、"指导性"和"诊断性"，积极探索"教师点评、学生主讲主练""师生共评共讲、学生自我拓展""学生互评互讲，互改互纠""学生自评自纠"等教学模式，切实提高试卷评讲课的效率。

（三）注重课程设计，实现教与学的和谐

新课程强调，教学过程是"师生交往，共同发展的互动过程"，要求教师在教学过

程中处理好传授知识与培养能力的关系，促使学生主动地、富有个性地学习，要求师生间开展教学互动，并对所有教师作出如下要求：

1. 课前预习

要培养学生的良好预习习惯，预习也就是学生自主学习、探究过程。教师要加强预习指导与检查。预习任务的有效完成有待于教师耐心的引导和指导。这主要是在预习习惯培养的初期要下的功夫。当然，如何进行有效的预习，教师对学生层面还有一系列的培训及学法指导。对于如何提出自己在预习中不懂的问题，并把它准确地表达出来，也需要教师从不同层面、在教学的不同环节要加以引导和培养的。对于学生的预习检测，任课老师要进行检查和批改，并且要给予不同的鼓励性的评价或督促性的评语。如何检查预习作业，这是每个教师所面临的问题。必须要查，并且在新课开始前检查。唯有这样，教师才能有效地进行教学再设计。检查以中等生和学困生为主。要以学论教，调整教学策略。根据学生预习和预习检测中出现的问题和提出的疑问，教师进行再备课，这是教学的重点和高效所在。在教师复备的教案中，必须有学生预习中的问题记载。针对这些问题，你的教学策略是什么或有什么调整要体现出来。哪些要讲，哪些略讲，哪些不要讲？哪里重点讲？重点在哪里进行导，如何进行导？这一系列的教学策略都是基于学生的自主学习的学情来决定的。这是有针对性地教学，是有效课堂和高效课堂的保证。这无疑也促进了教师的专业发展。学生的预习将催生教师的多次备课。为了有效地促进教师把"以学论教"真正地做到位，在管理层检查教师备课教案时，该部分内容是要重点检查的。

2. 目标设置

根据课程标准、教学内容和学生实际状况，在年级集体备课活动时确立每堂课的学习目标，目标制定要求具体、明确、有层次、可操作。

3. 情境创设

围绕学习目标创设具体、生动、形象的教学情境，采用多种教学手段和形式（如多媒体技术、实物、图示等）呈现教学情境，要求课堂多媒体使用率达到80%以上（目前我市三星及以上中学、省级示范中小学基本上均能达到80%以上，但农村中小学多媒体使用率相当低），激发学生思考、探究的兴趣和热情。

4. 诱思探究

启发、组织学生开展合作、探究、自主性学习活动。每一个班级按照学生位置，把学生分为若干学习小组，每个学习小组有组长，组内成员有明确的分工。每堂课根据教学需要至少组织学生开展两次小型讨论活动。教师讲授总时间不能超过一半，其余时间放给学生思考、自主、合作和探究。

5. 兴趣激发

在课堂上，教师对学生通过自学和探究、自主建构的知识进行交流，形成共识，并得到相应的结论。同时还要对学生自主学习中的主动性、观察力、归纳的能力、提出问题的能力、应用物理语言进行表达的能力、创新能力等方面给予肯定和鼓励，激发学生自主学习的热情，提升学生独立学习的自信。

6. 检测归纳

对学生讨论、探究的问题，教师要做适当归纳小结，也可让学生自己来归纳。每堂课至少预留 5 分钟时间让学生进行课堂即时检测，及时反馈，了解学生的课堂掌握情况。每堂课必须留 5 分钟左右的时间让学生回顾、总结、反思、提问和质疑。

（四）精心设计导学案，实现教与学的合一

在新课改并结合规范办学的情况下，为了大面积提高课堂教学质量，必须转变学生的学习方式，努力培养学生的自主探究、动手实践、合作交流与阅读自学等能力，为此，各个学校可以根据自身的实际情况，编制符合自身校情的"导学案"。

"导学案"是指导学生自主完成学习任务的方案，体现教师服务于学习主体的主导作用，要把"学什么""怎么学""学会了吗"等问题明确地摆在学生面前。"学什么"就是要明确学习内容和学习目标；"怎么学"就是告诉学生采用什么学习方式，使用什么学习方法等；"学会了吗"就是对导学案学习效果的检测，也是课堂交流、讨论、展示、反馈的主要内容和渠道。严格把握"导学案"编写质量至关重要，学校在编写"导学案"时应遵循以下原则：

① 科学性原则："导学案"中的试题要严格遵守我省《教学要求》和《高（中）考考试说明》的难度等级，不能出现超纲试题，也不要刻意降低要求。另外，所选用试题的难度要适合学生的实际情况，不偏不怪，注重通解通法，淡化特殊技巧。确保"导学案"内容的科学性，力争零失误，无差错。

② 主体性原则：导学案是为学习主体服务，体现教师的主导作用。

③ 导学性原则：能够引导学生自主完成导学案的学习任务，彰显"导"的意义。

④ 层次化原则：适应不同学生主动发展的层次性需求，让学生实现差异发展、共同发展。

⑤ 课时化原则：一课时一个导学案，每一节课都要有明确的目标导向。

⑥ 问题化原则：学习目标、内容、方法、应用等尽量以问题形式明确地展现给学生。

那么如何设计导学案？它的框架结构是什么？我们从以下几个方面进行研究：

① 学习目标：依据学情、新课程标准、教学要求、考试说明来制定。制定的学习目标，一是要落在学生的最近发展区，二是要考虑学生发展的层次性需求。

② 自学内容：依据学习目标来制定。包括问题、习题、方法、应用、例题的概括总结、实验、社会观察与思考等内容。

对自学内容的要求：一是能够引导学生自学；二是通过自学内容的学习，能够基本达成学习目标。

③ 问题讨论：要能提出自己解决不了的问题，提出新问题、新思路、新方法等，准备小组互动和大组讨论。

④ 概括总结：在大组讨论后通过概括总结完成知识建构，形成自己新的观点、经验和知识体系。

⑤ 当堂检测：依据学习目标和内容编制检测题。通过迁移练习，当堂检测学习效

果。"当堂检测"是获取反馈信息，为制定下一节课学习目标提供依据的重要环节，不能忽视。

学校要认真研究"导学案"编写使用工作，应根据学科特点，形成学科各种课型的"导学案编制模板"。任课教师按照学科分配的编制导学案任务，提前一周完成导学案的编制，并提交备课组集体讨论、定稿。

在"导学案"使用过程中要遵循16字方针，即"提前发放，及时收交，精细批改，精心评讲"。尤其要做好"精细批改"工作，要确保全批全改，精致批注，有错必纠，提倡面批面改，二次批阅。为此要做到如下几点：

第一，"导学案"至少应提前一天发给学生，学生在自主学习的基础上，通过小组合作完成导学案的学习任务，包括提出自己或小组解决不了的问题；第二，要严格控制好每一个"导学案"中试题的数量，要确保一个课时恰好能够完成一个"导学案"，课堂上围绕导学案进行小组互查、大组讨论、概括总结，重点解决"导学案"中存在的问题；第三，每份"导学案"教师都要做到精批细改，及时了解学生使用"导学案"的情况，在教学实践中不断完善"导学案"，以促进教学质量的进一步提高；第四，各学科要统筹协调，相互合作，树立整体一盘棋思想，坚决杜绝人为挤占学生课余时间的现象，不要增加学生过重的学业负担。

各校在编制导学案的过程中，上级主管部门要能定期给以一定的评价，形成有效的评价机制，有效促进教师能编写出高质量的导学案。

（五）构建和谐课堂，营造愉悦的课堂氛围

1. 培养和谐的社会需要实施和谐的教育

和谐的课堂教学氛围能促进学生智力的发展、知识的掌握和能力的提高。在和谐的课堂教学氛围中，师生的大脑处于兴奋状态，情绪是高涨的，思维是活跃的。师生在和谐的课堂中，能获得更好的发展，也只有在和谐的课堂中，才能有更多的人得到发展。

2. 转变角色，构建和谐课堂

传统教师倾向于强调权威与给予；传统课堂上，所有的教学过程都是教师依照标准教案导演的"情景剧"。新课程要求教师打破传统，在课堂上做学生的"服务者"，知识的"呈现者"、对话的"启发者"、学习的"指导者"、学业的"评价者"。要求课堂上，给学生一张真诚的笑脸，一个信任的眼神，一句鼓励的话语，一次平等的交流……从心灵深处感染学生，激发学生求知的欲望、学习的兴趣，使教与学互相交融。要通过"爱"搭建起师生和谐关系的桥梁，消除师生之间的隔阂，在教学活动中相互交流、相互启发、相互补充，分享彼此的思考、经验和知识，交流彼此的情感、体验与观念，实现教学相长和共同发展，实现教师与学生角色的双重转变——教师要根据学生自主的学习情况，随时调整教学过程，设计和组织后续的教学活动；教师应以学生发展为根本，从教学设计、教学过程等方面提升理念，深入研究促进学生发展的有效策略。

3. 注重激励，构建和谐课堂

一个轻松愉悦的课堂离不开学生的积极投入，而学生的积极投入又离不开老师的鼓励。在新课改形式下，课堂教学要求教师积极鼓励学生善思多问，鼓励学生发表不同的

见解，允许学生"别出心裁""标新立异"，鼓励学生从不同的角度发现问题、思考问题。对学生发言中有新意、有独特见解的要及时给予评价。教师在课堂上要关注每一位学生，绝不放弃任何一位学生。要合理地制定教学内容和选择适当的教学方法，让每一位学生每节课均有收获。

4. 鼓励竞争，构建和谐课堂

在课堂教学中，积极引入竞争机制，充分调动学生学习的积极性。每个班级成立若干学习小组，实行组内合作互助、组外相互竞争。在课堂上根据学生实际情况创设问题抢答、答题竞赛，可允许先做好学生当"小老师"，教师运用适当的激励语言，"看谁说得最清楚""谁的方法最简便""哪个小组合作既快又好"，最大限度地给学生创造表现自我的机会，展示学生的个性。实践证明，把竞争带进课堂，会使课堂更加和谐。

总之，构建优质高效课堂，是每位教师不断追求的目标，每位教师只要有一颗热爱教育的心，这个目标一定会很容易实现！

第五章
研究成效和思考

一、基于核心素养初中物理"激活—探究"课堂教学模式研究成效

(一) 探索了初中物理"激活—探究"课堂教学模式

1. 构建"六环节"教学模式

课前自主探究（师：助推，生：预热）—课堂情境创设（师：设计，生：质疑）—合作探究（师：组织，生：自主）—应用迁移（师：点化，生：体验）—总结反思（师：参与，生：感悟）—课后拓展延伸（师：评价，生：反馈）。

具体操作过程和要领如下：
(1) 课前自主探究要有助推作用；
(2) 课堂情境创设要有预设性；
(3) 课堂合作探究要慎重组织；
(4) 课堂应用迁移要有针对性；
(5) 课堂总结反思要有多样性；
(6) 课后拓展延伸要学以致用。

2. 形成科学的激活机制

在激活理论的指导下，从初中学生的心理需要出发，结合教材，设计教学活动，形成了"强化定向，注重内化，关注发展"的激活机制，模式构建特别关注学生发展，整个教学过程特别关注学生发展的内在驱动力，教师创设情境、设置问题，让学生提出问题、质疑问题，探究知识形成过程，提高了学生学科核心素养，培养了学生动手实践能力。

3. 遵循课程的教育理念

激活、探究教学理念暗合基础教育课程改革的思想。构建一种以教师为主导、学生为主体的"双主"教学模式，导致了学生学习方式的转变，促进学习方式从过去的被动接受转变为"自主、合作、探究"。这是在教师引导这一特定环境下形成的，从理念上讲，把学生学习方式的转变和教师教学方式的转变对应起来。

4. 丰富新教育的教学法

这种教学模式有意识地把教师的教学行为和学生的学习行为都纳入教学模式构建之中。以往运用的教学模式都是体现教师是怎么教的，整个教学结构和程序是以教为主来

展开。在核心素养初中物理"激活—探究"教学模式中，能从两个纬度展开。这两个纬度具体指：一是以学生学习过程为逻辑发展线索，也就是学生的"探究"过程；二是以学生的行为、活动过程为中心来构建教师的行为和活动过程，也就是教师的"激活"过程。这样的一种教学模式，践行了布鲁纳的发现教学法和杜威的活动教学法，对这两种教学法进行了本土化的有益探索和有力尝试。

经过三年多时间的研究，得到了许多专家的指点和帮助，也使课题研究有了明确方向，找准了研究的切入点，理论、实践收获颇丰。在理论层面发表了十余篇课题研究论文，其中模式解读方面的论文《激活课堂 有效探究—初中物理"激活—探究"课堂教学模式解读》发表在《物理教学探讨：中学教研专辑》上；模式建构策略方面论文《初中物理探究实验中发展学生学科核心素养》、《物理学科核心素养视阈下"激活—探究"教学》、《基于核心素养下初中物理探究教学模式的研究》、《让物理课堂"活"起来》和《基于学生核心素养发展的初中物理教学实践》分别发表于《中学物理》、《物理教学探讨》和《新课程》；完成校本教材两本（《核心素养初中物理"激活—探究"》《核心素养初中物理"激活—探究"案例集》），后者多为实践层面按照模式流程编写了教学案，课题成员结合具体教学实践整理撰写了模式操作案例，利用好教学阵地——课堂进行实践、检验，并积极参与省区市教研活动展示课堂教学。

（二）改变了教师的教学行为，促进了教师的专业成长

要培养学生的核心素养，教师应该具备怎样的核心素养呢？教师要能够以学生和学习为核心，具体表现在思考、表达、评价和组织上，教师首先要具备理性思考能力，主要围绕学生、学科、学习等方面去思考。首先，我们要清晰学情，基于对学生的深入了解，去定科学的教育目标。其次，在课堂教学中教与学要相融，师生双方相互交流、相互沟通、相互启发、相互补充，分享彼此的思考、经验和知识，交流彼此的情感、体验与发现，从而达成共适、共享、共进，实现教学相长和共同发展。在课堂教学上能关注学生的个性发展，关注学习方式的转变，注重智慧教育。伴随着课题研究，不少教师成长起来了，许多教师在研究中，积极阅读教育专著，注意对各种相关资料的收集，对教育科研工作充满浓厚的兴趣，实现了自身素质的提高。课题研究教师参加省、市、区级优质课大赛，优秀教育教学论文评比，参加"同课异构""两杯比赛"大赛等都获得了优异的成绩。

（三）转变了学生的学习方式，促进了学生的全面发展

在核心素养引领下，区域大部分初中物理教师的课堂上，教师能激活策略应用，学生的学习自信心增强了，学习积极性提高了，学习的内驱力加强了。表现在学生课堂上提出的"问题"能力明显增强，学生能够在有疑处质疑，无疑处生疑，逐步想问、会问、善问；学生的"探究"能力明显增强，教师在教学实验过程中，由于注重让学生自己探究问题，他们独立解决问题的能力有了提高；学生的"创新"能力明显增强，这一教学模式，创设了建构知识的时空，让学生自己建构其个性的知识体系，同时也训练了他们自学技能，形成了自学能力，为自主创新能力奠定了基础。这种课堂教学模式面向全体学生，使不同类型的学生都能得到有效发展，自主、合作、探究的意识增强了，自

主学习的能力得到了普遍提高。学生在中考实验考查、中考成绩、市区质量调研检测中，优分、均分名列全市前茅。

（四）提高了区域学校的物理教学水平，促进了教学质量提升

建构有效课堂教学模式也能促进师生关系的改善，实现教育价值的回归，全区许多学校物理课堂采用该模式上课以后，物理学科管理变得理性化、人性化，对学生评价也更加全面、更加丰富，由追求知识的完整性、全面性到更加关注学生的性格、人格的健全，由注重知识能力的培养到更加关注学生的心理需求和精神成长，由传统共性和整齐划一的教育到更加关注学生的不同需求，从而使师生关系、生生关系更加和谐、融洽。核心素养的初中物理"激活—探究"课堂教学模式把"教师有效地教"和"学生高效地学"两者有机结合，充分调动了教师和学生的积极性，有利于教师和学生的共同发展，有利于学校整体教学质量的提升和学校办学水平的提高。在课题研究所倡导的"激活—探究"理念的影响下，许多学校其他学科积极参与其中，得到了较好的应用推广。学校正以高效的管理模式，雄厚的师资实力，卓越的教学成果，赢得普遍赞誉，受到上级的表彰奖励。

二、思考

虽然我们的课题研究取得了一定的成效，但也遇到了许多难点与困惑，主要表现在以下方面：

① 问卷调查的范围较小，只对城区学校的八、九年级学生展开了调查，且学优生、学困生的评定上主观因素比较大，可能对调查结果有些许影响。能够进一步对教学现状进行调查、梳理、分析，扩大样本选取范围，较为全面了解初中物理教学的现状，通过调查做实证研究，以有说服力的证据说明目前的物理教学不容乐观，解决之道就是实施核心素养下初中物理"激活—探究"教学模式。

② 研究工作开展顺利，但还比较粗放，有些问题需要进一步深入地挖掘和探讨。例如，通过对初中物理课堂教学现状调查与分析，根据探究式课堂教学模式的价值取向和学生的学习心理，进一步明晰物理教学有效性的达成策略；用心理学知识对激活的成因分析、探究的操作策略等。

③ 课题组教师是进行了相关理论的学习，但没有将相关理论进行梳理、细化，没有形成课题研究方面高质量的文献综述，对课题核心概念的理解还处于肤浅的表面层次。要加强文献研究，进一步厘清激活、探究内涵特征，分析当前课堂教学模式的利弊，提出"激活—探究"教学模式的理论依据，凸显学术价值。

④ 课题组教师理论素质和课题研究水平不高，进行课题研究的方法亟须得到专家的指导。课题研究虽有了一定成果与想法，但缺乏系统的呈现，相关论文发表或获奖较少。

⑤ 由于教师的核心素养、教学理念和实际的操作存在差距，对于物理教学模式的有效建构与课堂教学方面的成效，需要进一步用行动研究和案例研究的方法进行归因、整合、优化。要能够针对不同内容，不同课型，不同教师，进行核心素养下初中物理"激活—探究"教学的同课异构或课例研究活动，形成质量较高的教学案例。

第六章 基于学生核心素养下的初中物理"激活—探究"教学模式的实践案例

"激活—探究"教学模式案例目前已在区域学校正常使用,教学效果很显著。苏科版初中物理八年级上、下册和九年级上、下册所有章节均按模式编写完成,由于篇幅所限,只能呈现部分案例,其他案例则收集在校本教材《基于核心素养初中物理"激活—探究"教学模式案例集》中。

一、八年级上册引言

(一) 教与学目标

(1) 通过观察、实验,学生能够初步感受物理现象的奇妙,从而激起对自然科学的好奇心与求知欲。

(2) 经历观察物理现象的过程,学生学会描述物理现象的主要特征,从而使初步观察能力得到。

(3) 在观察中培养发现问题、提出问题的能力。

(4) 学会科学探究的一般过程。

(二) 教与学重点及难点

重点:培养观察能力、提出问题的能力,激发学习物理的兴趣。

难点:学会观察物理现象。

(三) 教具准备

蜡烛、火柴、橡皮泥、玻璃罩(可乐瓶)、烧瓶、酒精灯、回形针、磁铁、水等。

(四) 教与学互动设计

1. 课前自主探究

教师以问题形式呈现给学生,从而激活学生的学习动力:

(1) 探究音叉、鼓在敲击时发声的区别,若改变敲击的力度和频率呢?

(2) 晴朗的天空是什么颜色?为什么?

2. 课堂情境创设

教师展示如图 6-1、图 6-2 所示的实验装置,吸引学生的注意力,再提出下列问题:

(1) 猜想哪支蜡烛先熄灭?

（2）猜想小金鱼会怎样？

3. 课堂合作探究

（1）探究一：奇妙的物理现象

【演示】按图 6-1 所示组装实验装置，先将蜡烛用橡皮泥竖直固定在盆的底部（蜡烛间距尽量小一点），在盆底放一些水，点燃蜡烛后用有盖无底的小一点玻璃罩（可乐瓶）罩住蜡烛，使瓶底全部插入水中（保证不漏气），并点燃蜡烛，几分钟后观察哪支蜡烛先熄灭。长蜡烛_____，短蜡烛_____。

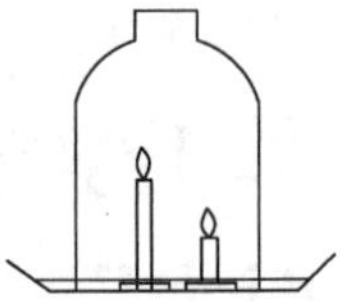

图 6-1　两支蜡烛

再用有盖无底的大一点玻璃罩（可乐瓶）罩住蜡烛，再做一次实验，观察哪支蜡烛先熄灭。长蜡烛_____，短蜡烛_____。

【问题思考】

师：蜡烛为什么熄灭？

生：_____。

师：两次实验结果不同，是什么原因造成的呢？

生：_____。

【师生分析总结】

① 蜡烛燃烧需要_____气，_____能灭火。

② 哪只蜡烛先熄灭与_____有关。

（2）探究二：温度的测量

【演示】按图 6-2 所示组装实验装置，酒精灯把瓶口处的水加热到沸腾时，观察瓶底的金鱼会有何反应。

生：_____。

【问题思考】

师：金鱼不死的原因是什么？

生：_____。

图 6-2　小金鱼

【师生分析总结】瓶口处温度_____，瓶底金鱼处温度_____。

（3）探究三：会炫舞的回形针

【演示】按图 6-3 所示把回形针放在物理书上，将磁铁放在书下，贴着书本移动磁铁，观察到回形针将_____。逐一用垫写板、木板、陶瓷盘代替物理书试试，观察到回形针_____。再将磁铁离开隔离板一小段距离试试，再观察回形针_____。

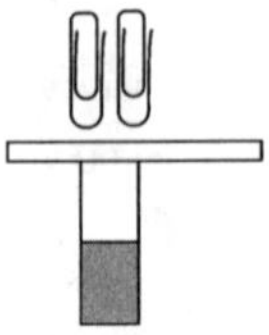

图 6-3　回形针

【问题思考】

师：回形针为什么会随着磁铁运动而运动？

生：_____。

师：磁铁离得远一些，对回形针的控制力有没有变化？

生：_____。

【师生分析总结】

① 磁铁能透过物体吸引_____。

② 磁铁和铁类物质离得越远，吸引力就越_____。

4. 课堂应用迁移

(1) 类型一：控制变量法

例 1 在如图 6-1 所示的实验中，探究的是"蜡烛熄灭先后顺序与_____有关"，要探究"蜡烛熄灭先后顺序与两支蜡烛的长度差是否有关"时要控制_____不变。

(2) 类型二：科学探究的一般步骤

例 2 我们发现物理学家进行科学探究一般要经历以下七个环节：

①_____；②_____；

③_____；④_____；

⑤_____；⑥_____；

⑦_____。

(3) 类型三：发现并提出问题的能力

例 3 如图 6-3 所示的实验中，提出一个你自己能探究且有意义的问题 (　　)

A. 磁体为什么能吸引回形针　　　　B. 磁体能吸引铜块吗

C. 磁体是用什么材料做的　　　　　D. 磁体什么时候不吸引回形针

5. 课堂总结反思

(1) 总结

通过对本节学习，学生了解到了科学探究的几个环节。本节学习用到了"控制变量"的研究方法。

(2) 反思

在自然界和日常生活中有许多奇妙的物理现象，我们可以将它们分为：声现象、光现象、力现象、电现象、热现象、磁现象等。为了解开这些物理现象之谜，我们要多留心观察、勇于提出问题，并通过积极主动的探究活动弄清楚是什么、为什么、怎么做。

6. 课后拓展延伸

(1) 在如图 6-4 所描绘的物理现象中，实验或生活中肯定不能直接观察到的是

(　　)

　A　　　　　　　B　　　　　　　C　　　　　　　D

图 6-4　物理现象

A. 在清水杯中加食盐能使鸡蛋浮起来　　B. 加热盛水烧瓶的颈部金鱼安然无恙

C. 玻璃罩里燃烧的长蜡烛先熄灭　　　　D. 从树上落下的苹果在同一位置

(2) 某中学体育课上进行掷铅球活动后，同学们对"铅球"的制作材料进行讨论，有的同学认为"铅球"是铁制的，并从实验室借来磁铁吸一下。"吸一下"这一过程属于科学探究中的　　　　　　　　　　　　　　　　　　　　　　　　　　（　　）

A. 提问　　　　　B. 猜想　　　　　C. 实验　　　　　D. 得出结论

(3) 关于"猜想"，下列给出的说法错误的是　　　　　　　　　　　　　　　（　　）

A. 猜想是对未知事物的一种猜测　　　B. 猜想一定要是正确的，否则就是谬误

C. 猜想有时会与客观事实相差很大　　D. 猜想是否正确，必须通过实验验证

(4) 进行科学探究的程序一般是　　　　　　　　　　　　　　　　　　　　（　　）

A. 猜想—结论　　　　　　　　　　　B. 实验—结论

C. 猜想—实验—结论　　　　　　　　D. 结论—实验—猜想

(5) 做完"装满水的杯子里还能放多少回形针"的实验，小强对实验的结果感到非常吃惊，同时对决定放入回形针多少的因素进行了猜想。下列猜想肯定不合理的是
　　　　　　　　　　　　　　　　　　　　　　　　　　　　　　　　　　（　　）

A. 杯子的组成材料　　　　　　　　　B. 杯口的大小

C. 杯里所盛的液体　　　　　　　　　D. 杯子的价格

二、声音是什么

（一）教与学目标

(1) 初步认识声音产生的条件与传播条件，知道固体、液体、气体能传声；经历探究声音是如何产生的实验，了解转换法思想在物理实验设计中的运用。

(2) 经历玻璃钟罩抽气实验，了解真空不能传声；知道科学推理是研究物理的常用方法。

(3) 知道声音是一种波，并能通过实例说明声音具有能量。

(4) 知道声音在不同的介质中传播快慢是不同的，能训练记忆声音在 15 ℃空气中的传播速度为 340 m/s。

（二）教与学重点及难点

(1) 声音是由物体振动产生的，振动停止，声音就停止。

(2) 声音的传播需要介质，真空是不能传声的。

(3) 知道声音是一种波，在不同介质中传播的快慢不同，并且具有能量。

（三）教具准备

玻璃钟罩、抽气机、音叉、小球、铁架台、橡皮筋、笔帽、水杯、水、衣服架、棉线、收音机、蜡烛、火柴、水槽、PPT 等。

（四）教与学互动设计

1. 课前自主探究

(1) 物理学中的声源是指_____，发声的物体有哪些共同的特征？请举三个不同的声源。_____。

(2) 利用一张纸，你有哪些不同的方法使其发出声音？与大家共同交流一下。

通常情况下，声音在空气中的传播速度约为_____ m/s，你知道科学家是用什么样的方法测量空气的声速吗？上网查一查，与大家交流一下：_____。

2. 课堂情境创设

（播放一段生活中声音交响乐，学生闭上眼睛聆听）我相信同学们从刚刚的生活交响乐中获取了大量的信息，每个人脑海中展现出多彩而又不同的生活画面。研究表明听觉获取的信息约占人类获取信息总量的 20%，由此可见声音对我们人类是相当的重要。那么你们有没有想过声音是什么？声音是如何产生的？我们又是如何听到的？今天我们来学习第一节内容：声音是什么。

3. 课堂合作探究

(1) 探究一：声音的产生

如图 6-5 所示，在铁架台上悬挂小球，将音叉贴着小球放置并使小球处于竖直静止状态，敲击音叉观察小球的变化，仔细聆听音叉发出的声音。发现小球被反复_____，同时听到音叉发出_____。敲响音叉后，及时用手握住音叉又有什么发现？

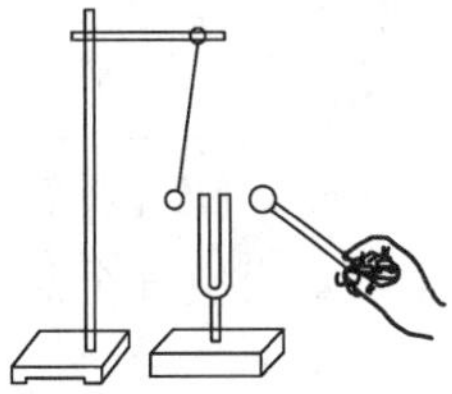

【问题思考】

师：小球反复被弹开说明了什么？

图 6-5　声音的产生

生：_____。

师：同一物体发声时与不发声时有什么不同？

生：_____。

师：小球在本实验中起到什么作用？

生：_____。

（物理学中转换法思想运用）

【活动】试一试，利用一根橡皮筋、一个笔帽、一杯水，怎样使它们发出声音？看谁的方法多。比较物体发声时与不发声时有什么不同。

【问题思考】

师：不同物体发声时，有什么共同特点？

生：_____。

师：请指出上述活动中哪些是固体发声，哪些是液体发声，哪些是气体发声？

生：_____。

【师生分析总结】

① 声音是由物体_____产生的，振动停止，声音就_____。

② _____物体叫作声源，声源可以是_____、_____和_____。

(2) 探究二：声音的传播

【活动】将衣服架悬挂在棉线中间，让同桌用铅笔轻轻敲击衣架时，你能听到声音吗？声音是通过什么传到你耳朵中的？说明什么问题？生活中有哪些现象支持你的结论？_____。

【演示】将正在播放音乐的手机装入塑料袋，扎紧袋口后用细线悬挂在水中，还能听到手机发出的音乐声吗？_____。

【问题思考】

师：该实验说明了什么问题？

生：_____。

师：生活中有哪些现象支持你的结论？

生：_____。

【演示】如图6-6所示，将正在发声的电铃悬挂在玻璃钟罩内，再用抽气机抽出玻璃钟罩内的空气，仔细聆听声音的变化。

【问题思考】

师：玻璃钟罩内传声的物质有哪些？分别属于固体、液体还是气体？

生：_____。

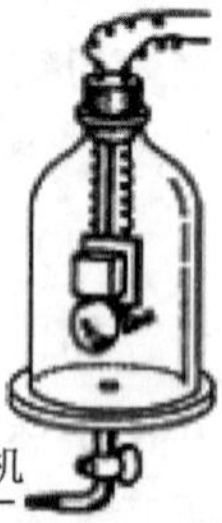

师：随着玻璃钟罩内的空气渐渐减少，听到的声音如何变化？如果钟罩内空气全部被抽走，你还能听到声音吗？为什么？

图6-6 玻璃钟罩

生：_____。

【师生分析总结】

实验表明：声音可以在_____、_____、_____中传播，但是不能在_____中传播，即声音的传播需要_____。

(3) 探究三：声音是一种波，并且具有能量

同学们已经知道声音的传播需要介质，那么声音在介质中是以一种什么样的形式向远处传播的呢？

【演示】通过多媒体课件，先动画演示水波的传播过程，再演示实验：弹簧波演示器，最后动画演示音叉发出的声音如何在空气中传播。演示实验：扬声器将烛焰晃动。学生仔细观看，然后阅读"生活·物理·社会"及P25相关内容。

【问题思考】

师：水波、弹簧波的波动是否具有能量？

生：_____。

师：弹簧波是一种什么样的波？

生：_____。

师：声音的传播形式和什么波的形式相同？有什么特点？

生：_____。

师：回声是怎么形成的？

生：_____。

师：声波是否也具有能量？生活中还有哪些事例支持你的结论？

生：_____。

【师生分析总结】

① 声音在所有的传声介质中都是以_____的形式向远处传播的,声波是一种_____相间的波。

② 声音在传播的过程中遇到障碍物会_____回来,形成回声,人耳能够分清前后两次声音的时间间隔至少为 0.1 s。

③ 事实表明声音具有_____,这种能量叫作声能。

(4) 探究四:声速

请同学们阅读课本 P10 中的"读一读",了解"速度测量"的相关知识及有关声音在不同介质中的传播速度。

【问题思考】

师:打雷时,闪电和雷声是同时发生的,我们总是先看到闪电后听到雷声,这说明了什么?

生:说明声音的传播是需要_____的。

师:什么是声速?

生:_____。

师:通常情况下,声音在固体、液体、气体中传播时,通常在哪种状态的介质中传播最快?在哪种状态的介质中传播最慢?

生:_____。

【师生分析总结】

① 物理学中把声音的传播快慢叫作_____。

② 声音在空气中的传播速度为_____ m/s,表示声音在空气中 1 s 内传播_____ m。

4. 课堂应用迁移

(1) 类型一:声音的传播

例 1 除夕夜,热闹的春节晚会进行到午夜时,大家都会等待新年的第一声钟响,在人们敲响大钟后,有同学发现,虽然停止了对大钟的撞击,但是大钟仍"余音不止",其原因是 ( )

A. 一定是大钟的回声 B. 有余音,说明大钟仍在振动

C. 人的听觉延长了时间 D. 大钟虽已停止振动,但空气仍在振动

(2) 类型二:声音的传播

例 2 下列关于声音传播的说法正确的是 ( )

A. 声音借助介质以波动形式传播

B. 声音在真空中以很小的速度传播

C. 声音在介质中传播的速度随温度降低而增大

D. 声音在介质中的传播速度随着介质的不同而相同

(3) 类型三:声速

例 3 学校运动会上的百米赛跑,计时员为了计时准确些,总是 ( )

A. 听枪声按秒表，因为耳朵的灵敏度比眼睛高
B. 看发令时散发的白烟按秒表，因为眼睛的灵敏度比耳朵高
C. 听枪声和看白烟都可以，因为枪声和白烟是同时发生的
D. 看发令时散发的白烟按秒表，因为光速比声速大得多

5. 课堂总结反思

（1）总结

① 本节知识点（让学生完成，注意知识框架建构）。

② 本节学习用到哪些研究方法？（如转换法、科学推理法等）

（2）反思

回声知识的拓展：

① 利用回声的知识去测量距离。如果某人对着山崖大喊一声，2 s 后听到回声，求人与山崖之间的距离。

② 能利用回声知识测量地球与月球之间的距离吗？为什么？

6. 课后拓展延伸

（1）吹笛子时能发出优美的乐曲，其中声音来自（　　）

A. 手指的振动　　　　　　　　B. 嘴唇的振动
C. 笛子的振动　　　　　　　　D. 笛子内空气柱的振动

（2）声音既可以在固体中传播，也可以在液体或气体中传播，那么声音在它们当中传播速度由大到小的正确排序是（　　）

A. 固体、液体、气体　　　　　B. 气体、液体、固体
C. 气体、固体、液体　　　　　D. 一样快

（3）声音是一种波，下列实例能说明声音具有能量的是（　　）

A. 下雨天，我们总是先看到闪电，后听到雷声
B. 百米赛跑的终点计时员总是在看到白烟的同时按下计时器
C. 巨大的雷声响过，我们发现活动的窗户玻璃也跟着震动起来
D. 登上月球的宇航员们即使相距很近，也必须通过无线电来通话

（4）在一根正在输水的长水管的一端用力敲一下，在远处的另一端会听到_____次声音，最先听到的声音是从_____中传来，最后听到的声音是从_____。

（5）玻璃罩内的电铃正在发声，用抽气机将空气抽出，铃声变弱最后消失，这说明声音要依靠_____来传播，声音无法在_____中传播。

三、凸透镜成像的规律

（一）教与学目标

（1）知道凸透镜能成像。

（2）知道区别实像和虚像的方法。

（3）能够通过实验探究得到凸透镜成像的规律。

(4) 了解生活中的凸透镜应用。

(5) 能利用凸透镜成像规律解释生活中相关现象。

(二) 教与学重点及难点

重点：探究凸透镜成像规律。

难点：探究凸透镜成像规律；利用凸透镜成像规律解释相关现象。

(三) 教具准备

课件、多媒体 PPT、白炽灯泡、蜡烛、焦距为 5 cm 的凸透镜、光屏、光具座（每小组一套）。

(四) 教与学互动设计

1. 课前自主探究

教师通过问题形式呈现给学生，以激活学生的学习动力：生活中凸透镜的应用有哪些？成的是什么样的像？讨论这些像的缩放、正倒、虚实。

看书自学讨论：探究凸透镜成像规律时，蜡烛放在哪些区域内？对应光屏放在哪些区域？试着画出凸透镜的主光轴，并在主光轴上标出这些区域。

小组内交流：这些区域是以哪两个点为分界点的？

2. 课堂情境创设

教师在盛有水的圆柱形玻璃杯后面放一支笔，让学生透过玻璃杯观察这支笔与原物体的不同。再前后移动笔，让学生观察看到的笔像的变化情况。师问："像的大小、正倒发生变化的原因是因为什么改变引起的呢？"在学生回答出"因为笔与透镜之间距离变化引起的"之后，引出本节课内容——探究物体离透镜不同位置时分别能成什么样的像。

3. 课堂合作探究

(1) 探究一：探究凸透镜成像规律

【活动】分组完成：烛焰在以下不同区域内分别成什么样的像？像所在区域在哪里？

① 观察到凸透镜的焦距是_____ cm，观察光具座上的一倍焦距和二倍焦距的位置。实验前把烛焰、透镜和光屏三者的中心调在_____上（图 6-7）。

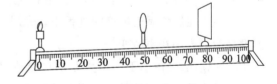

图 6-7 探究凸透镜成像规律

② 把烛焰放在二倍焦距外时，须把光屏放在_____才能接收到一个清晰的_____、_____、_____的像。

③ 把烛焰放在一倍焦距和二倍焦距之间时，须把光屏放在_____才能接收到一个清晰的_____、_____、_____的像。

④ 把烛焰放在一倍焦距上时，光屏上只有一个_____形的_____，没有烛焰的像。

⑤ 把烛焰放在一倍焦距内时，光屏上_____接收到烛焰的像。

【问题思考】

师：烛焰放在一倍焦距内时，光屏上得不到像，是不是没成像？如果成像了，则成的是什么像？

生：_____。

师：探究时，烛焰所放各区域的分界点是哪两个点？

生：_____。

师：一倍焦距处是_____像和_____像的分界点？二倍焦距处是_____像和_____像分界点？

生：_____。

【师生分析总结】

① _____像不能呈现在光屏上。

② _____倍焦距分虚实，_____倍焦距分大小。

③ 根据所探究的规律填写下面的表格。

物距 u	像的性质			像距 v	光屏能否接收到
	正立还是倒立	放大还是缩小	实像还是虚像		
$u > 2f$					
$u = 2f$					
$f < u < 2f$					
$u < f$					

（2）探究二：探究凸透镜所成像大小变化的规律

【活动】小组配合实验并讨论。

① 把烛焰放在大于一倍焦距的区域内（成实像时），烛焰在远离焦点的移动过程中，光屏须不断_____焦点，才能在光屏上成清晰的像，且像的大小在不断变_____；在烛焰靠近焦点的过程中，光屏须不断_____焦点，才能在光屏上成清晰的像且像的大小在不断变_____。

② 把烛焰放在小于一倍焦距的区域内（成虚像时），烛焰在远离焦点的移动过程中，透过透镜观察到的像的大小在不断变_____；当烛焰靠近焦点的过程中，透过透镜观察到的像的大小在不断变_____。

【问题思考】

师：同样是烛焰远离焦点，在一倍焦距外像的大小的变化情况和在一倍焦距内像的大小的变化情况相同吗？

生：_____。

师：同样是烛焰靠近焦点，在一倍焦距外像的大小的变化情况和在一倍焦距内像的大小的变化情况相同吗？

生：_____。

【师生分析总结】

教师通过凸透镜成像的课件动画带领学生分析：不论成实像还是成虚像，当物体远离焦点时，像会靠近焦点且变小；当物体靠近焦点时像会_____焦点且变_____。即物远像近像变_____；物近像_____像变_____。

(3) 探究三：生活中的凸透镜成像

【活动】同学们已经知道了凸透镜成像的基本规律，凸透镜在生活中的应用比较广泛，给我们生活带来很多好的变化。请同学们在课本中找一找凸透镜在生活中的一些应用，并说出成的是什么样的像。

【问题思考】

师：放大镜成什么样的像？

生：_____。

师：照相机成什么样的像？

生：_____。

师：投影仪成什么样的像？

生：_____。

4. 课堂应用迁移

(1) 类型一：凸透镜成像规律及其应用

例1 小阳同学在做凸透镜成像实验时，观察到在距凸透镜 20 cm 处的光屏上呈现一个放大的像，则此凸透镜的焦距可能为 （　　）

A. 5 cm　　　　B. 10 cm　　　　C. 15 cm　　　　D. 25 cm

(2) 类型二：凸透镜所成像大小变化的规律及其应用

例2 小乐用放大镜看指纹时，觉得指纹的像太小，为使指纹的像大一些，下列做法正确的是 （　　）

A. 眼睛和手指不动，让放大镜离手指稍近些

B. 眼睛和手指不动，让放大镜离手指稍远些

C. 放大镜和手指不动，让眼睛离放大镜稍近些

D. 放大镜和手指不动，让眼睛离放大镜稍远些

(3) 类型三：生活中的凸透镜成像

例3 如图 6-8 所示是一种被称为"七仙女"的神奇玻璃酒杯，空杯时什么也看不见，斟上酒，杯底立即显现出栩栩如生的仙女图。下列对仙女图形成原因的探讨正确的是 （　　）

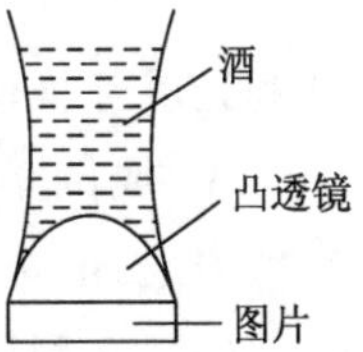

A. 可能是酒具有化学显影作用

B. 可能是图片在杯底凸透镜焦点处成放大的像

C. 可能是酒的液面反射，在酒中出现放大的像

D. 可能是斟酒后杯底凸透镜焦距变大，使图片在一倍焦距以内成放大的虚像

图 6-8 "七仙女"神奇玻璃酒杯

5. 课堂总结反思

(1) 总结

① 探究凸透镜成像规律时要注意的细节。

② 凸透镜成像规律的内容。

③ 生活中常见的凸透镜应用。

(2) 反思

探究实验的改进：

① 烛焰晃动使像的位置不好确定，使实验时数据差别很大，是否可以改用发光二极管电子屏？

② 学生实验时光线较亮可能影响了像位置的判断。

6. 课后拓展延伸

(1) 在观察凸透镜成像的现象时，保持凸透镜的位置不变，先后把烛焰放在图 6-9 所示的 a、b、c、d、e 各点处，并且分别调整光屏的位置，那么：

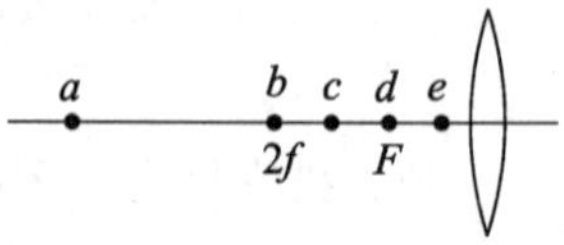

① 把烛焰放在_____点时，屏上所成的像最大。

② 把烛焰放在_____点时，屏上所成的像最小。

图 6-9 烛焰和光屏的位置

③ 把烛焰放在_____点时，无论怎样调整屏的位置都不能接收到像，眼睛也看不到像。

④ 把烛焰放在_____点时，可以用眼睛观察到正立放大的像。

(2) 某照相机镜头焦距为 10 cm，小刚用它来给自己的物理小制作参展作品照相，当照相机正对作品从 50 cm 处向 22 cm 处移动的过程中 （　　）

A. 像变大，像距变大　　　　B. 像变大，像距变小

C. 像先变小后变大，像距变大　D. 像先变小后变大，像距变小

(3) 透过盛水透明玻璃杯，刘刚发现书本上的字变成了各种形状。进一步与同学交流、讨论，发现字的形状与多种因素有关，你认为以下给出的因素中肯定不可能的是

（　　）

A. 透明玻璃杯的种类　　　　B. 书本与玻璃杯的距离

C. 透明玻璃杯的价格　　　　D. 眼睛距离玻璃杯远近

(4) 某同学做凸透镜成像的实验，在光屏上得到烛焰缩小的像，然后他把燃烧的蜡烛和光屏互换位置，这时光屏上 （　　）

A. 成倒立、缩小的像　　　　B. 成倒立、放大的像

C. 成正立、放大的像　　　　D. 不能成像

(5) 在利用光具座进行凸透镜成像的实验探究中：

① 将蜡烛、凸透镜、光屏依次放在光具座上，点燃蜡烛后，无论怎样移动光屏都不能在光屏上得到像，请你指出其中一条可能的原因：_____

_____。

② 调整后，把烛焰放在如图 6-10 所示的位置，则在凸透镜另一侧前后移动光屏，

会在光屏上得到一个倒立、_____的实像（填写像的性质）；_____（填光学仪器）就是利用这一成像规律工作的，如果将蜡烛在图中的基础上远离透镜，仍要在光屏上得到清晰的像，则光屏应向_____（选填"靠近"或"远离"）透镜的方向移动。

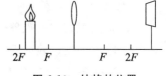

图 6-10　烛焰的位置

四、走进分子世界

（一）教与学目标

（1）了解人类在认识物质结构过程中采用的科学方法；知道分子是保持物质化学性质的最小单元，对分子大小有一定的感性认识，会用图形、文字、语言描述分子模型。

（2）知道显微镜在拓展人们的视觉范围、探测微观粒子方面的重要作用。

（3）通过实验探究及生活中的现象，初步了解分子在做永不停息的运动，并能定性解释一些物理现象。

（4）了解科学家是如何探索微观世界奥妙的，初步体会探究微观物质结构的模型方法。

（5）了解纳米科学技术的初步内容，知道纳米材料的一些奇特性质及潜在的重要应用前景。

（二）教与学重点及难点

（1）探索物理问题的方法之一假说。

（2）分子及分子的大小、分子的运动。

（3）分子间引力和斥力的变化。

（三）教具准备

素描炭笔、白纸、放大镜、水、高锰酸钾、酒精、玻璃管、醋、铅块、钩码、烧杯、吸管、实物投影仪、透明胶带、橡皮筋、装有空气的瓶子、装有二氧化氮气体的瓶子、玻璃板、香水、图片资料、视频材料。

（四）教与学互动设计

1. 课前自主探究

教师通过问题形式呈现给学生，以激活学生的学习动力：

① 我们周围形形色色的物体是由不同的物质组成的，这些看起来连续的物体究竟是怎样构成的？

② 人们不能用肉眼直接观察到物质的内部结构，是如何去研究物质的构成？

2. 课堂情境创设

用放大镜观察笔迹。

现象：笔迹是由许多不连续的炭粒组成的。

猜想：看起来连续的物体是由更小的微粒组成的。

提出问题：这些微粒是怎样构成我们看到的连续体的？

教师给出科学家研究问题的方法：
① 根据观察到的现象进行猜想，提出物质结构的模型。
② 收集证据，验证提出的结构模型。

3. 课堂合作探究

(1) 探究一：分子模型

【演示 1】将高锰酸钾颗粒放入水中。

实验现象：紫色在水中蔓延，一段时间后烧杯中的水都变成_____色了。

【演示 2】先用量筒 A 量取 50 mL 的水，用另一只量筒 B 量取同体积的酒精，然后把 B 中的酒精慢慢地倒入 A 中，并不断晃动量筒 A 中的液体，观察同体积的水和酒精充分混合后的情况。

实验现象：水与酒精混合后的体积_____混合前的总体积。

【问题思考】

师：以上我们根据观察到的现象对物质微观结构提出了猜想，科学家在研究物质结构时，按照这样的研究方法提炼出了关于物质微观结构的三种模型，你认为哪种模型能够比较合理地解释上述活动中看到的现象呢？请选择，并尝试解释上述活动中发生的现象。

模型一：物质是由微小的粒子组成的，各个微粒紧靠在一起，形成了我们所看到的连续体。

模型二：物质是由微小的粒子组成的，微粒之间有空隙。

模型三：固体是由微小的粒子组成的，液体是连成一片的，固体微粒可以挤进液体中。

【分析与论证】

① 用放大镜会看到炭笔在纸上画的线是由一个个_____组成的。

② 水和酒精混合后总体积比混合前的总体积略有下降，而水和酒精分子数目没有减少，说明水和酒精分子进入了彼此的空隙中，使总体积变小。

这些现象说明各个微粒之间有空隙，并不是紧靠在一起的，所以模型一不成立，而酒精与水的混合实验说明液体不是连成一片的，不仅是固体，液体之间也有空隙，所以模型三也不成立，应选模型二。

问题1：分子是科学家建立的一种_____，组成物质的分子不是紧密地靠在一起的，它们之间有_____。

问题2：分子很小，我们用肉眼_____直接看到，用光学显微镜_____看到，观察分子需用电子显微镜，一般分子直径的数量级为 10^{-10} m。

分子是指：_____。

师：这样我们就从宏观现象入手，通过一次次的猜想和论证建立了物质的微观模型——物质是由微小的粒子组成的，微粒之间有空隙。这些微粒究竟可以分到怎样的程度？物质划分到一定程度就无法再保持物质的化学性质，能保持物质化学性质的最小微粒称为分子。例如，一杯水分下去是小水滴，小水滴分下去是小水珠，一直分到水分子，如果再分下去，就不具备水的性质了。

分子很小，分子直径的数量级：10^{-10} m，水分子直径约为 4×10^{-10} m。想象一下，如果让2 500万个人手拉手站成一行将绕地球赤道一圈，而让2 500万个水分子一个挨一个排成一行长度就只有1 cm。1标准气压下1 cm³的任何气体约有2.7×10^{19}个分子，如果1 s从容器中跑出1亿个，约9 000年才能跑完。

（2）探究二：分子运动

【演示】把装满空气的瓶子倒着放在装满密度较大的红棕色二氧化氮气体的瓶子上，两瓶中间用玻璃板隔开，如图6-11甲所示。抽出玻璃板，观察如图6-11乙所示的现象。

【分析与论证】原来装有二氧化氮气体的瓶中颜色变浅，装有空气的瓶子气体颜色由无色逐渐变成红棕色，最终两个瓶子里的颜色变得均匀了。这是由于密度较大的二氧化氮气体向上运动到装有空气的瓶子里，空气也运动到装有二氧化氮气体的瓶子中，说明组成物质的分子在_____。

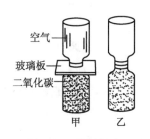

图6-11 分子运动

【活动】比较高锰酸钾颗粒（或红墨水）在冷水和热水中运动的快慢。

现象：_____。

结论：温度越_____，分子运动越_____。

师：从日常生活中你们还能找到哪些证据来证明分子在不断运动呢？

学生举例：

① 放在衣柜里的樟脑丸过一段时间变小了，并且闻到了樟脑丸的气味。这是因为樟脑丸里的分子由于运动跑到了空气中。

② 放学回家闻到从厨房里飘出的饭菜香味。

③ _____。

扩散现象：不同物质组成的物体在相互接触时，彼此_____的现象。

扩散现象说明：

① 分子在不停地做_____；② 分子间存在_____。

（3）探究三：分子间的相互作用力

师：要求学生阅读第26页的对话框。提问——小男孩提出了什么问题，小女孩又是怎样回答的？（看书半分钟，回答时不能看书）

生：小男孩说既然分子间有空隙，而且分子又是运动的，那么为什么我们看到的许多物体却不是一盘散沙？

师：你是怎么想这个问题的呢？

生：很可能是因为分子之间有吸引力的作用。

【演示】把两个表面光滑的铅块相互紧压在一起。

现象：两个铅块粘在一起。

说明：分子间确实存在着相互吸引力。

师：在生活中还有哪些现象可以说明分子间存在着吸引力？

学生讨论后回答：

① 一根钢条要将其拉伸是十分困难的，这说明钢的分子间存在引力。

② 两滴小水珠遇到一起就会自动结合成一滴较大的水珠。

师：既然分子间存在引力，那么物体就应该很容易压缩，但事实是为什么一般的物体都很难压缩呢？如铁块。

生：那是因为分子间不仅存在引力的同时，还存在着斥力。例如：液体很难被压缩……

师：通过这个活动可以得出的结论——分子和分子之间存在着相互的引力和斥力。

【活动】读一读"生活·物理·社会"。

师：仔细阅读短文"用分子模型解释固体、液体、气体的性质"，完成下表的填写。

	固体	液体	气体
分子间距			
分子间作用力			
分子运动			
一定的形状			
一定的体积			

（4）探究四：纳米技术与材料

学生阅读课本中的"生活·物理·社会"。

① 纳米技术：指在纳米尺度（1 nm＝_____ m）内的科学技术。

② 纳米材料：指材料的几何尺寸达到_____，并且具有特殊性能的材料。

4. 课堂应用迁移

（1）类型一：分子模型

例1 关于物质的组成，下列说法错误的是 （　　）

A. 原子由原子核和中子组成　　　B. 物质是由大量分子组成的

C. 原子核由质子和中子组成　　　D. 质子和中子还有更小的精细结构

例2 人体呼吸时，PM2.5颗粒物进入肺，以下观点正确的是 （　　）

A. PM2.5入肺说明分子不停地做无规则运动

B. PM2.5是由分子组成的

C. 温度越高，PM2.5具有的动能越大

D. PM2.5入肺是一种扩散现象

例3 19世纪与20世纪之交，物理学中的放射现象和电子的先后发现，不仅将人们的视线引入到原子的内部，而且更进一步地驱使人类积极探索原子核的内部组成。某学习小组的同学在关于原子和原子核的讨论中，有以下四种说法：

① 原子是由位于中心的原子核和核外电子组成的；

② 带负电荷的电子在原子核外空间绕核高速运转；

③ 原子的全部正电荷和全部质量都集中在原子核里；
④ 原子核是由质子和中子组成的，质子的个数一定不等于中子的个数。
下列组合都正确的是 （　　）
A. ①②　　　　B. ②④　　　　C. ①③　　　　D. ③④

（2）类型二：分子运动

例 4 下列现象能说明分子在做无规则热运动的是 （　　）
A. 雪花纷扬　　　　　　　B. 丹桂飘香
C. 柳枝摇曳　　　　　　　D. 秋叶飘零

例 5 下列事例不能说明物质分子运动的是 （　　）
A. 红墨水滴入清水中，清水很快变成红色
B. 扫地时，大量尘埃在空中飞舞
C. 往开水里放些糖，水会变甜
D. 长期堆煤的墙角，不但墙表面是黑的，墙的内部也变黑了

例 6 春暖花开、香飘四野，在无风的日子里，我们也能闻到芳香，这是由于花朵中的芳香油分子发生了_____现象的缘故。夏天的早晨，室外的花草、树叶上常常有晶莹的小露珠，这是_____（填物态变化）现象；寒冷的冬天，清晨常常看到草丛上覆盖一层白茫茫的霜，这是因为水蒸气_____（填物态变化）而造成的。

例 7 下列说法不能用分子运动论来解释的是 （　　）
A. 从烟囱里冒出的黑烟在空中飘荡
B. 酒精瓶被打碎后，屋里很快就闻到酒精味
C. 破镜不能重圆
D. 液体具有流动性

（3）类型三：分子间作用力

例 8 "50 mL 水＋50 mL 酒精＜100 mL"说明了分子之间_____。"物质由分子组成但不会散开"证明分子之间有_____。

例 9 一根铁棒很难压缩是因为分子间存在_____，又很难被拉长是因为分子间存在着_____。

例 10 如图 6-12 所示，a 是一个铁丝圈，中间较松弛地系着一根棉线；b 中是浸过肥皂水的铁丝网；c 表示用手指轻碰一下棉线的左边；d 表示棉线左边的肥皂膜破了，棉线被拉向右边。这个实验说明了 （　　）
A. 物质由大量的分子组成　　　B. 分子间有间隙 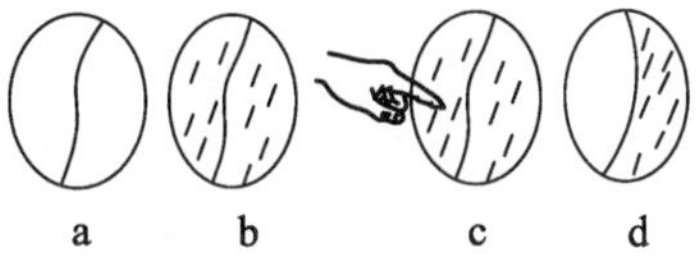
C. 分子间存在引力　　　　　　D. 物质分子在不停地做无规则运动

图 6-12　例 10 图

5. 课堂总结反思

（1）总结（让学生完成，注意知识框架建构）
① 物质是由大量_____组成的，分子间有_____。
② 分子在永不停息地做_____。

③ 分子间存在相互作用的_____和_____。

本节学习用到哪些研究方法？（如建模法、推理法等）

（2）反思

原子是由质子、中子、电子组成的，其中质量最小的是_____；对于同种物质在固态、液态和气态中，分子间作用力最小的是_____。古诗"花气袭人知骤暖"的意思是，从花的芳香气味变浓可以知道周边的气温突然升高。从物理学的角度分析，这是因为温度越高，_____。

6. 课后拓展延伸

（1）证明液体、气体分子做无规则运动的最著名的实验，是英国植物学家布朗发现的布朗运动。1827年，布朗把花粉放入水中，然后取出一滴这种悬浮液放在显微镜下观察，发现花粉小颗粒在水中像着魔似的不停地运动，而且每个小颗粒的运动方向和速度大小都改变得很快，不会停下来。这些小颗粒实际上是由上万个分子组成的分子团，由于受液体分子的无规则撞击而不平衡，从而表现出无规则运动。布朗运动是（　　）的运动。

A. 分子　　　　　B. 原子　　　　　C. 小颗粒　　　　　D. 电子

（2）把一块表面很干净的玻璃板水平地挂在弹簧测力计下，如图6-13(a)所示，手持弹簧测力计上端，将玻璃板放到恰好与水槽内水面相接触，如图6-13(b)所示，并慢慢向上提起弹簧测力计。试说出这两次弹簧测力计示数有何不同，其原因是什么。

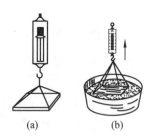

图6-13　将玻璃板与水槽内水面接触

（3）下面为王锐同学在实验室做的一组探究实验，请根据实验情境回答问题。

① 如图6-14(a)所示，将两个表面光滑的铅块相互紧压后粘在一起，说明_____。

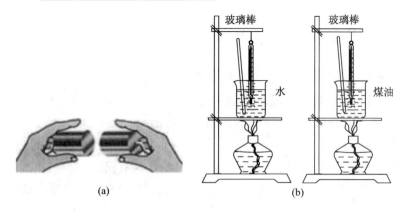

图6-14　一组探究实验

② 如图6-14(b)所示是"探究不同物质吸热的情况"的实验。将质量相等的水和煤油分别装在两个相同的烧杯中，然后用两个相同的酒精灯加热并不断搅拌，每隔

2 min 记录一次温度，实验记录如表 6-1 所示。

表 6-1 实验记录

加热时间/min		0	2	4	6	8
温度/℃	煤油	20	22	24	26	28
	水	20	21	22	23	24

a. 本次实验采用的科学方法是_____。

A. 控制变量法　　　　　　　　B. 理想实验

C. 比值定义法　　　　　　　　D. 类比法

b. 分析表格数据可知：升高相同的温度，吸收热量少的物质是_____。

五、浮力

（一）教与学目标

（1）会用弹簧测力计测物体的浮力。

（2）了解浮力产生的原因。

（3）知道浮力的大小和哪些因素有关。

（二）教与学重点及难点

重点：探究浮力的大小和什么因素有关。

难点：能熟练运用阿基米德原理解决浮力问题。

（三）教具准备

烧杯、水、乒乓球、弹簧测力计、石块、细绳、溢水杯等。

（四）教与学互动设计

1. 课前自主探究

（1）浸在液体或气体里的物体，受到液体或气体_____，这个力叫作浮力。

（2）在生活中，我们用手提着一个物体，慢慢地把它浸入水中，是觉得轻了还是重了？

（3）浮力产生的原因。

（4）河中的桥墩受水的浮力吗？

（5）你觉得浮力的大小跟哪些因素有关呢？

说出你的猜想：浮力的大小跟_____有关。

2. 课堂情境创设

播放一组图画（课本第 91 页），思考图中提出的问题：（a）气球为什么能腾空而起？（b）舰艇为什么能浮在海面上？（c）乒乓球为什么能从水里浮上来？（d）人为什么能浮在"死海"的水面上？其实这四个物体有一个共性，它们都受到浮力的作用。

3. 课堂合作探究

（1）探究一：浮力

【演示1】将乒乓球放入水中，用手将乒乓球逐渐压入水中。

【问题思考】

师：你的手有什么感觉？

生：_____。

师：这个力方向如何？

生：_____。

【师生分析总结】

① 浸在液体或气体里的物体，受到液体或气体_____力，这个力叫作浮力。

② 浮力方向：_____。

③ 画出下图中 A 和 B 中小球所受的浮力：

A

B

【演示2】下沉的物体是否受到浮力？

如图 6-15 所示用手提着系石块的细线，感觉一下拉力的大小，然后把石块慢慢放入水中，觉得____（填"重"或"轻"）了。

【问题思考】

师：下沉的物体是否受到浮力？

生：_____。

师：如果受到浮力，如何测量物体浸没在水中所受的浮力？说出实验器材和步骤。

图 6-15 感受浮力

生：器材有_____。

步骤：① 用弹簧测力计测石块在空气中的_____力；

② 再将石块浸没入水中，观察_____示数；

③ 把两次测得的数据填入下表，比较前后两次测力计的示数。

石块的重力 G/N	放入水中弹簧测力计的示数 F/N	G−F

【师生分析总结】

① 下沉的物体是否受到浮力的作用？____（填"是"或"否"）。

② 浮力的大小等于重力与物体在液体中弹簧测力计示数之_____。

③ 表达式：$F_{浮} = $ _____。

（2）探究二：阿基米德原理

【演示实验】

① 如图 6-16A 所示，将圆柱体挂在弹簧测力计上，测出圆柱体所受的重力。

② 如图 6-16B 所示，将圆柱体逐渐浸入水中，同时观察弹簧测力计的示数，直到其完全浸没，记录你看到的现象和圆柱体全部浸没时弹簧测力计的示数。

③ 如图 6-16C 所示，将圆柱体浸没在水中的不同深度处，观察弹簧测力计的示数，记录你看到的现象和数据。

④ 如图 6-16D 所示，将圆柱体浸没在浓盐水中，观察弹簧测力计的示数，记录你看到的现象和数据。

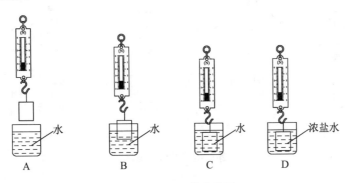

图 6-16　探究阿基米德原理

【问题思考】

① 比较图 6-16 中的 B 和 C 得到的结论：物体所受浮力的大小与它排开液体的体积____（填"有"或"无"）关。

② 从图 6-16C 的实验数据可得到的结论：物体所受浮力的大小与物体浸没在液体中的深度____（填"有"或"无"）关。

③ 比较图 6-16 中的 C 和 D 得到的结论：物体所受浮力的大小与液体的_____有关。

【师生分析总结】

① 浸在液体中的物体受到浮力的大小与_____和_____有关。

② 浸在液体中的物体所受浮力的大小等于_____。这一规律最早由_____发现，故称_____。

③ 表达式：$F_{浮} = G_{排液} =$ _____。

④ 阿基米德原理说明：浮力大小只与_____和_____有关，与物体浸没在液体中的深度、物体的密度、物体形状无关。

⑤ 进一步研究发现阿基米德原理同样适用于_____。

4. 课堂应用迁移

（1）类型一：浮力

例 1　如图 6-17 所示，根据实验现象可知：物体所受的浮力

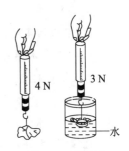

图 6-17　测浮力

为_____N，该物体的密度是_____kg/m³（$\rho_水=1\times10^3$ kg/m³，$g=10$ N/kg）。

（2）类型二：阿基米德原理

例2 如图6-18所示是探究"浮力的大小与哪些因素有关"实验的若干操作，根据此图回答下列问题：

① 若选用的操作是③④，可探究浮力的大小与_____的关系。

② 若探究浮力大小与物体排开液体体积的关系，应选用的操作是____（填序号）。

③ 由操作可知，物体浸没在水中时所受的浮力大小为_____N。

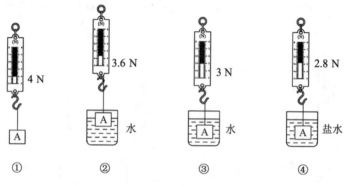

图6-18 浮力的大小

5. 课堂总结反思

（1）总结

本节学习两点：一浮力；二阿基米德原理。但难点在于能熟练运用阿基米德原理解决浮力问题。

（2）反思

你能总结几种计算浮力大小的方法？

① 称重法：_____。

② 排液法：_____。

③ 公式法：_____。

④ 平衡法（漂浮或悬浮）：_____。

⑤ 压力差法：_____。

（可以先总结前三种，第四种等本章学完再总结，第五种根据学生吸收状态为课外补充内容）

6. 课后拓展延伸

（1）把一木块浸没在水中，排开的水所受重力为12 N，木块受到的浮力（　　）

A. 大于12 N　　　B. 小于12 N　　　C. 等于12 N　　　D. 等于10 N

（2）关于物体受到的浮力，下列说法正确的是（　　）

A. 浮在水面的物体受到的浮力比沉在水底的物体受到的浮力大

B. 物体排开水的体积越大，受到的浮力越大

C. 没入水中的物体在水中位置越深，受到的浮力越大

D. 物体的密度越大，受到的浮力越小

（3）甲、乙、丙、丁是四个体积、形状相同而材料不同的球，把它们投入水中静止后的情况如图 6-19 所示。它们中所受浮力最小的是　　　　　　　　　　（　　）

A. 甲　　　　　　　　　　B. 乙
C. 丙　　　　　　　　　　D. 丁

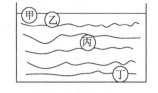

图 6-19　四个球在水中静止后的情况

（4）在"阿基米德解开王冠之谜"的故事中，若王冠的质量为 600 g，浸没在水中时，王冠排开水的质量为 0.5 kg，则它排开的水重为_____ N，这顶王冠在水中所受的浮力为_____ N。（$g = 10$ N/kg）

（5）有一金属球，在空气中称得重 3.8 N，将它浸没盛满水的溢水杯中时，有 50 mL 水从溢水杯流入量筒，求：

① 金属球的体积；
② 金属球所受浮力；
③ 金属球在水中时弹簧测力计示数；
④ 金属球的密度，它可能是由什么金属制成的？

六、机械效率

（一）教与学目标

（1）通过探究动滑轮，知道有用功、总功、额外功及它们之间的关系。

（2）理解机械效率的概念；知道机械效率的计算公式，会计算某种简单机械的机械效率。

（3）知道机械效率的物理意义，知道实际的机械效率不可能是 100%。

（4）能设计实验，测定某种简单机械的机械效率；知道提高机械效率的实际意义和方法，有合理改进机械、提高效率的意识。

（二）教与学重点及难点

重点：理解什么是有用功、总功、额外功和机械效率，知道它们之间的关系；机械效率的概念和有关计算。

难点：理解机械效率的概念和物理意义，知道如何计算某种简单机械的机械效率，知道提高机械效率的方法。

（三）教具准备

动滑轮、钩码若干、细绳、铁架台一套、单滑轮组、双滑轮组等。

（四）教与学互动设计

1. 课前自主探究

教师通过问题形式呈现给学生，以激活学生的学习动力：

（1）什么是有用功、总功、额外功？举例说明。

（2）物理学中，如何定义机械效率？公式呢？

2. 课堂情境创设

视屏展示：小明用动滑轮把木料拉上四楼。

【问题思考】

师：手拉绳做的功与动滑轮对木料做的功相等吗？

生：_____。

3. 课堂合作探究

（1）探究一：区分有用功、总功、额外功

【演示】

用手通过一只弹簧测力计拉一个动滑轮，沿竖直方向匀速缓缓拉起重为 G 的钩码。

① 分别测出手对绳的拉力 F，手移动的距离 s，钩码所受的重力 G 和钩码上升的高度 h。

② 改变钩码的数量，重复上述测量。

③ 将实验数据填入下表：

实验次数	手对绳的拉力 F/N	手移动的距离 s/m	钩码重 G/N	钩码上升的高度 h/m	Fs/J	Gh/J
1						
2						
3						

【问题思考】

师：分析比较表中数据，手拉绳所做的功和动滑轮拉钩码所做的功相等吗？若不等，则哪一个大？你能找出其中的原因吗？

生：_____。

师：在使用动滑轮提升重物的过程中，动滑轮对重物做的功和拉力对滑轮做的功，在物理学中分别定义为什么功？

生：_____。

【师生分析总结】

① 有用功：_____，记作 $W_{有用}$。

② 总功：_____，记作 $W_{总}$。

③ 额外功：_____，记作 $W_{额}$。

④ 实验表明：$W_{有用}$ _____ $W_{总}$。

原因：任何机械本身都要受到重力的作用，且机械在运作过程中，总存在摩擦力，所以使用机械做功时，就必须克服机械自身部件的重力和摩擦力等做一定的功。

所以：总功应等于_____，即_____。

（2）探究二：机械效率

【活动】

① 在物理学中＿＿＿＿＿＿＿＿＿＿叫机械效率。

② 机械效率的表达式＿＿＿＿＿＿＿＿＿＿＿＿＿＿＿＿＿＿。

③ 由于额外功的存在，$W_{有用}$＜$W_{总}$，因此 η＜100％。

④ 回到上表格一起算三组 η 值。

【问题思考】

师：通过计算比较，得出相同的滑轮组提升重物时机械效率与哪些因素有关？你认为如何才能提高机械效率？

生：＿＿＿＿＿＿＿＿＿＿＿＿＿＿＿＿＿＿＿＿＿＿＿＿＿＿＿＿＿＿＿＿。

【师生分析总结】

同一个滑轮或滑轮组，提起重物越重，机械效率越＿＿＿＿＿＿。

（3）探究三：测定机械效率

【问题思考】

师：能否测一测滑轮组的机械效率？需要测哪些物理量？需要哪些测量工具？

生：＿＿＿＿＿＿＿＿＿＿＿＿＿＿＿＿＿＿＿＿＿＿＿＿＿＿＿＿＿＿＿＿。

【活动】利用桌上器材选择其中一种滑轮组设计并进行实验。自行设计表格完成数据记录和计算。

【问题思考】

师：通过以上实验和计算，你能否说出影响机械效率的因素有哪些？

生：＿＿＿＿＿＿＿＿＿＿＿＿＿＿＿＿＿＿＿＿＿＿＿＿＿＿＿＿＿＿＿＿。

【师生分析总结】

① 有用功一定时，额外功越大，机械效率越＿＿＿＿＿＿；额外功一定时，有用功越大，机械效率越＿＿＿＿＿＿。

② 同一滑轮或滑轮组，提起的重物越重，机械效率越＿＿＿＿＿＿；提起相同重物，动滑轮越重，或使用动滑轮越多，机械效率越＿＿＿＿＿＿。

③ 提高滑轮组的机械效率的方法有＿＿＿＿＿＿、＿＿＿＿＿＿、＿＿＿＿＿＿。

4. 课堂应用迁移

（1）类型一：区别总功、有用功、额外功

例1 分别用杠杆、斜面和滑轮组将同一物体举到相同高度，对物体所做的有用功

（   ）

A. 杠杆最多　　　　　　　　B. 斜面最多

C. 滑轮组最多　　　　　　　D. 一样多

（2）类型二：机械效率的意义及简单计算

例2 工人利用如图 6-20 所示的滑轮组，将重 800 N 的物体竖直向上匀速提升 1 m，工人对绳的拉力为 500 N，则滑轮组对重物所做的有用功 $W_{有用}$ 和该滑轮组此时的机械效率 η 分别是（   ）

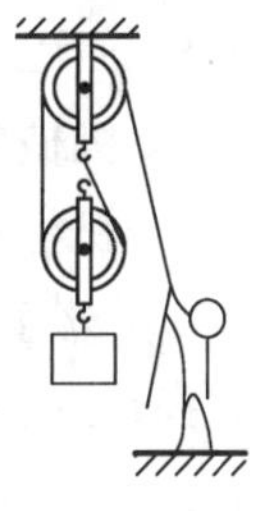

图 6-20　滑轮组

A. $W_{有用}=500\text{ J}$，$\eta=62.5\%$
B. $W_{有用}=500\text{ J}$，$\eta=80\%$
C. $W_{有用}=800\text{ J}$，$\eta=62.5\%$
D. $W_{有用}=800\text{ J}$，$\eta=80\%$

（3）类型三：测定机械效率

例 3 某人用如图 6-21 所示的滑轮组提升 2 000 N 的重物，所用的拉力是 800 N，绳子自由端拉下 4 m。（不计绳重及摩擦）

① 这个人做的总功是多少？
② 有用功是多少？
③ 额外功是多少？
④ 这个滑轮组的机械效率是多少？
⑤ 动滑轮的重为多少牛顿？

图 6-21 滑轮组

5. 课堂总结反思

（1）总结（本节知识点由学生自己完成）

本节学习用到哪些研究方法？演示实验、讨论、总结、实验探究等。

（2）反思

① 机械越省力，机械效率越高吗？
② 实验时，手拉弹簧测力计匀速运动时和静止时，得出的机械效率一样吗？

6. 课后拓展延伸

（1）如图 6-22 所示，工人用滑轮或滑轮组提升重物，每只滑轮质量均相同。若把同一货物匀速提升相同的高度（不计绳子与滑轮间的摩擦），下列说法正确的是（　　）

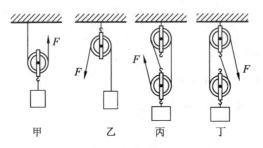

图 6-22 滑轮或滑轮组

A. 使用丙滑轮组与使用丁滑轮组一样省力
B. 使用丁滑轮组最省力
C. 机械效率最高的是丙滑轮组
D. 机械效率最高的是乙滑轮

（2）若直接用 F_1 的力匀速提升重物，所做的功是 W_1，而使用某机械匀速提升该重物到同一高度所用的拉力为 F_2，做的功是 W_2。则（　　）

A. F_1 一定大于 F_2
B. F_1 一定小于 F_2
C. W_1 一定大于 W_2
D. W_1 一定小于 W_2

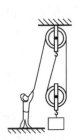

图 6-23 滑轮组

(3) 如图 6-23 所示，工人利用滑轮组以 250 N 的拉力将 400 N 的水泥匀速提高 2 m，则此过程中，工人拉力做的功是_____ J，该滑轮组的机械效率是_____，工人对地面的压力与其重力相比要____（填"大"或"小"）。

(4) 用一动滑轮将 200 N 的重物匀速提升时，拉力 F 为 120 N，若用此动滑轮匀速提升 240 N 的重物，此时动滑轮的机械效率是_____。（不考虑绳重及摩擦）

(5) 用如图 6-24 所示的实验装置测量杠杆的机械效率。实验时，竖直向上匀速拉动弹簧测力计，使挂在较长杠杆下面的钩码缓缓上升。

① 实验中，将杠杆拉至图中实线位置，测力计的示数 F 为_____ N，钩码总重 G 为 1.0 N，钩码上升高度 h 为 0.1 m，测力计移动距离 s 为 0.3 m 时，杠杆的机械效率为_____%。请写出使用该杠杆做额外功的一个原因：_____。

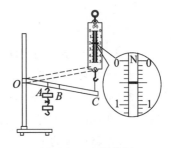

图 6-24 实验装置

② 为了进一步探究"杠杆的机械效率与哪些因素有关"，一位同学用该实验装置，先后将钩码挂在 A、B 两点，测量并计算得到如表 6-2 所示的两组数据：

表 6-2 两组数据

实验序号	钩码悬挂点	钩码总重 G/N	钩码移动距离 h/m	拉力 F/N	测力计移动距离 s/m	机械效率 η/%
1	A 点	1.5	0.10	0.7	0.30	71.4
2	B 点	2.0	0.15	1.2	0.30	83.3

根据表中数据，能否得出"杠杆的机械效率与所挂钩码的重力有关，钩码越重，其效率越高"的结论？

答：_____（填"能"或"不能"），请简要说出两条理由：① _____；② _____。

③ 若仅将钩码从 A 点改挂到 B 点，其他因素不变，则杠杆的机械效率将（填"变大"、"变小"或"不变"），理由是_____。

七、初识家用电器和电路

（一）教与学目标

(1) 知道电源是能持续供电的装置，了解直流电源和交流电源。

(2) 初步认识家用电器，通过实例，知道用电器是将电能转化为其他形式能的装置。

(3) 通过实验认识电路，知道通路、短路和断路，了解短路的危害。

(4) 熟悉常用的电路元件及其符号，会画简单的电路图。

（二）教与学重点及难点

教学重点：理解电源和各用电器在使用时的能量转化情况，电路的连接，电路图的画法。

教学难点：会判断电源短路的状态。

（三）教具准备

电池盒（含两节电池）1个、小灯座（含灯泡）1个、开关一只、导线若干、电流表和电压表各一只、滑动变阻器1个、电铃1个、电动机模型1个、电阻。

（四）教与学互动设计

1. 课前自主探究

教师通过问题形式呈现给学生，以激活学生的学习动力：

① 在你的家中有哪些家用电器？有哪些供电设备？有哪些种类的开关？

② 电路连接的三种状态。

通路：_____。

断路：_____。

短路：_____。

③ 几种常用的电路元件及其符号：

电池_____，开关_____，电灯_____，电铃_____，电阻_____，电动机_____，滑动变阻器_____，电流表_____，电压表_____，交叉相连接_____，T形连接_____。

2. 课堂情境创设

（教师通过播放一组夜晚灯光的画面，引起学生注意力）随着科学技术的发展，各种新型电器应运而生，使我们的生活发生了日新月异的变化。请大家思考各自家庭中有哪些家用电器，它们的用途是什么，电能来源于哪里。

3. 课堂合作探究

（1）探究一：初识电源与用电器

【活动1】

① 认识电源。

阅读课本第58页"信息快递"，完成下面的空格：

电源是_____的装置。从能量转化的观点来看，电源是把其他形式的能转化为_____能的装置。常见的电源有_____电源和_____电源。干电池和蓄电池都属于_____电源，有正、负两极，正极用"_____"表示，负极用"_____"表示。供电时，电流总是由电源的_____极流出通过用电器流向_____极。

② 认识用电器。

观察教室的日光灯，当打开日光灯工作时你的感受是什么？由此可知日光灯工作时能量的转化情况是怎样的？电风扇呢？电熨斗呢？

小结：用电器是使用_____进行工作的装置。它与电源连接后，可以将_____转化为其他形式的能。

【问题思考】
① 家用电器使我们的生活发生了哪些变化？
② 你的家中有哪些用电器？完成下面的表格，并尝试对家用电器进行分类。

名称	用途	电源类型		电能转化成的主要能量形式			
		交流电	电池	内能	机械能	光能	声能
电灯							
收音机							
电饭煲							
手电筒							

【活动2】
① 观察手电筒：
a. 按下手电筒的开关按钮，观察电灯的发光情况。
b. 打开手电筒的后盖（或前端）进行观察，电池是怎样安放的？后盖与电池是怎样连接的？观察开关按钮的结构，了解它的作用。
c. 旋开手电筒的前部进行观察，电灯是怎样安装的？
② 观察贺卡（只有蜂鸣器响的那种）。
课件展示手电筒的装配后再提出：观察贺卡内部结构，你会有哪些发现？它与手电筒电路有异同之处吗？
知识点：电池的串联方法、纽扣电池的正负极、不同形式的开关。
③ 怎样使一个灯亮起来。
我们能不能自己利用桌上的器材使这个小灯泡亮起来呢？动手试试看（动手之前请仔细阅读课本第60页的"信息快递"）。
注意事项：
① 开关在连接时必须断开。
② 导线连接电路元件时，将导线的两端连接在接线柱上，并顺时针旋紧。
③ 不允许用导线把电池的两端直接连接起来。
【问题思考】小灯泡发光后再断开开关。仔细观察你连接的电路并思考：
① 什么是电路？电路主要有哪几个部分组成？各个部分的作用分别是什么？
② 电路可能会出现哪三种状态？
【师生分析总结】
① 电路是_____。
② 电路主要由_____、_____、_____和_____几个部分组成。
③ 电路的状态主要有_____、_____、_____。
（2）探究二：电路的三种状态
根据手电筒灯亮了、贺卡在响、同学连好的灯在亮的现象提出通路。

① 通路：处处相通的电路；
② 断路：断开的电路。

【问题思考】

师：你认为断路形成的原因有哪些？

生：_____。

【演示】用导线将同学连在黑板上的电路短路。

短路：导线不经过用电器直接连接在电源两端的电路。

师：你认为在这三种状态下电路中是否有电流？为什么？

生：_____。

师：你会判断图中电路的状态吗？

生：_____。

(3) 探究三：电路图

在研究实际电路时，并不需要像课本那样画出各电路元件的实物，用一些统一规定的符号来表示电路中的各个元件。

【活动】阅读课本第 61 页"电路图"部分内容，对照实物认识与之相对应电路符号。

【问题思考】

师：什么叫电路图？

生：_____。

请画出电池、开关、电灯和电铃的符号？

在左边方框内画出如图 6-25 所示的电路图。

 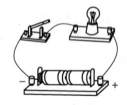

图 6-25　实物电路图

师：画电路图时，应该注意什么？

生：_____。

【师生分析总结】画电路图的基本要求：

① 导线横平竖直，图呈长方形；

② 各元件符号分布均匀；

③ 符号不能画在拐角和交叉处；

④ 电路图中的符号和实物图中的电路元件要一一对应。

4. 课堂应用迁移

(1) 类型一：电路基本组成

例 1 几位同学设计了如图 6-26 所示的四个电路，请指出它们存在的问题：
A 电路_____；B 电路_____；
C 电路_____；D 电路_____。

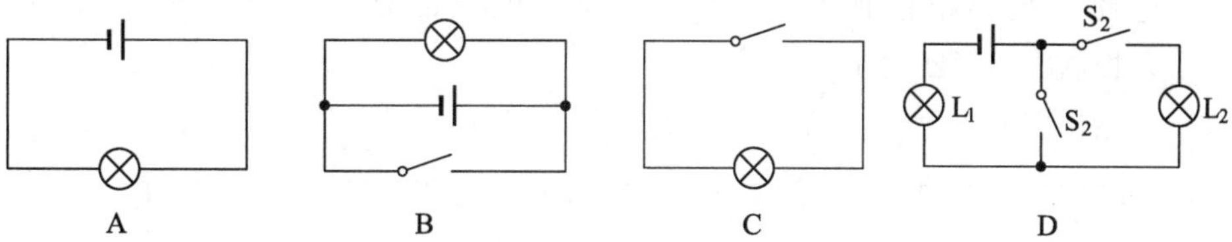

图 6-26 四个电路

（2）类型二：电路的三种状态

例 2 在如图 6-27 所示的电路中，灯泡处于通路状态的是_____，处于断路状态的是_____，处于短路状态的是_____。

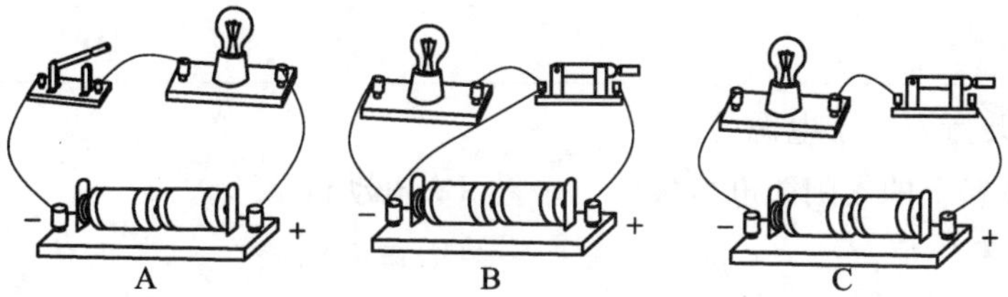

图 6-27 电路的三种状态

（3）类型三：局部短路

例 3 在如图 6-28 所示电路中，有一盏灯和一个电铃，当开关 S 闭合后　　　　　　　　　　　　　　　（　　）

A. 铃响，灯灭　　　　　　　B. 铃响，灯也亮
C. 铃不响，灯亮　　　　　　D. 铃不响，灯灭

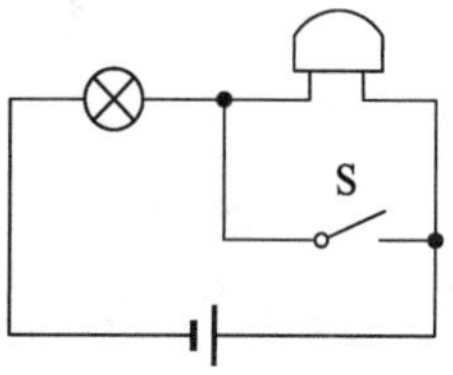

（4）类型四：电路图

例 4 在虚线框内画出如图 6-29 所示的电路图。

图 6-28 电路图

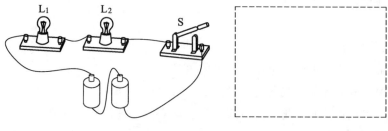

图 6-29 实物电路图

5. 课堂总结反思

（1）总结

本节学习电路的基本组成及其作用，并在操作中认识通路、断路和短路三种状态。

(2) 反思

加强电路中短路和局部短路分析的拓展。

6. 课后拓展延伸

(1) 电路中提供电能的是_____，消耗电能的是_____，输送电能的是_____，控制电路通断的是_____。

(2) 请指出图 6-30 所示电路中存在的问题。

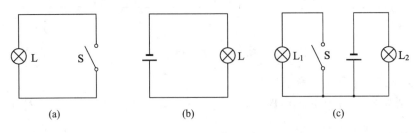

图 6-30　电路图

(a) _____；(b) _____；(c) _____。

(3) 下列装置不属于电源的是　　　　　　　　　　　　　　　　　　　(　　)

A. 宇宙飞船上的太阳能电池板　　　　B. 电动机

C. 学生电源　　　　　　　　　　　　D. 蓄电池

(4) 如图 6-31 所示，甲是玩具电风扇的电路图，请在乙中连接它的实物电路。

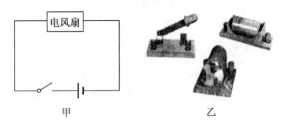

图 6-31　根据电路图连接实物电路

八、欧姆定律

(一) 教与学目标

(1) 了解导体中的电流与电压、电阻的关系。

(2) 学习并学会如何寻找各物理量间的定量关系。

(3) 进一步认识控制变量法的应用，学会从实验中进行科学归纳的能力。

(二) 教与学重点及难点

通过探究电流与电压、电阻关系的活动，总结得出欧姆定律。

(三) 教具准备

电源 (1个)、导线若干、开关 (1个)、电流表和电压表 (各1个)、滑动变阻器 (1个)、电阻 3 个 (5 Ω、10 Ω、15 Ω)。

(四) 教与学互动设计

1. 课前自主探究

① 导体中的电流与导体两端的电压成_____，与导体的电阻成_____。文字表达式：_____，字母表达式：_____。

② 通过一个电阻器的电流是 0.4 A，电阻器的电阻是 90 Ω，求它们两端的电压。

生：_____。

③ 我们利用下列器材研究电流跟电压、电阻之间的关系。按图 6-32(a)所示，在图 6-32(b)中用笔线连接电路。

在研究电流跟电压的关系时，应保持_____不变，移动变阻器的滑片，改变电阻 R 两端的_____，测出相应的_____。在研究电流跟电阻的关系时，应保持_____不变，改变_____，测出相应的_____。

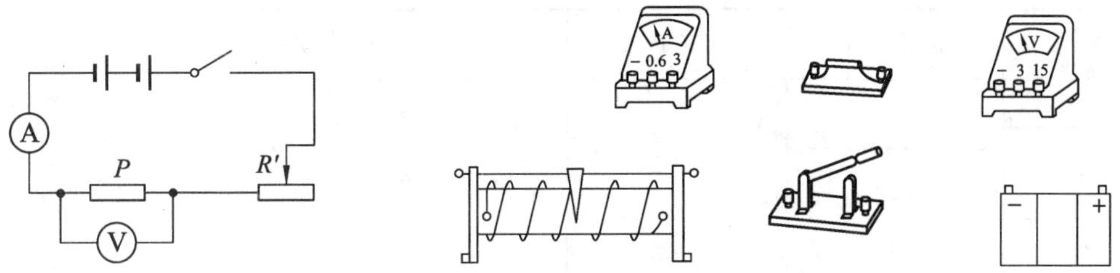

(a) 电路图　　　　　　　　　　(b) 实物电路

图 6-32　连接电路

2. 课堂情境创设

① 同学们，爱迪生发明电灯，给我们的生活带来了光明。各种各样的灯将我们的生活装扮的五彩缤纷、绚丽多彩。大家想一下，这些灯在发光时它们的亮度都一样吗？

生：_____。

② 同一盏灯它的亮度有没有发生变化的情况呢？你在什么情况下，遇到过这样的现象？

生：_____。

【演示】实验：改变电池节数，观察灯泡的亮度变化和电流表的示数。

【师生分析总结】为了正确使用用电器，我们应控制它的电流不宜过大，那么，电流的大小与什么因素有关呢？今天我们就共同探究这个课题。

3. 课堂合作探究

(1) 探究一：通过导体的电流与电压关系

【问题思考】

① 提出问题：导体中电流的大小可能与哪些因素有关，有什么关系？

猜想与假设：(学生结合已有电学知识和生活经验作出猜想，并说明猜想的依据)

生：_____。

② 设计实验：

a. 要研究某一个量与另外两个量之间的关系，我们通常用_____方法。

b. 该如何研究 I 与 U、R 的关系？

生：_____。

c. 首先研究在电阻不变时，电流与电压的关系，请同学们设计你将实验的电路图。

d. 为了保证实验的顺利进行，实验时需注意哪些问题？

连接电路时，开关应处于_____状态；

滑动变阻器的滑片应置于_____处；

注意认清和选择电表的_____。

【分组实验】学生实验并将实验数据填在下面的表格中，讨论后总结电流与电压的关系。

次数	电压 U/V	电流 I/A	实验结论
1			
2			
3			

$R =$ _____ Ω。

【师生分析总结】

滑动变阻器的作用：_____。

结论：_____。

(2) 探究二：通过导体的电流与电阻关系

【问题思考】

① 此项探究实验中，应保持导体的两端_____不变，改变导体_____，测出通过导体的电流，分析得出结论。

② 怎样改变导体的电阻？

生：_____。

③ 怎样保持不同导体的两端电压不变？

生：_____。

④ 换上大的电阻时，滑动变阻器的滑片向哪儿调节？看看有什么规律？为什么？

生：_____。

⑤ 滑动变阻器的作用：_____。

【分组实验】学生实验并将实验数据填在下面的表格中，讨论后总结电流与电阻的关系。

实验次数	电阻 R/Ω	电流 I/A	实验结论
1			
2			
3			

$U = $ _____ V。

【师生分析总结】

① 结论：_____。

② 综合分析上述两个课题的实验结果，你可以归纳得出什么结论呢？

_____。

③ 电路中的交通规则——欧姆定律导体中的电流与导体两端的电压成_____，与导体的电阻成_____。

表达式：_____。

（公式中的三个量必须是同一时间、同一段电路上的电流、电压和电阻）

4. 课堂应用迁移

（1）类型一：电路中电流与电压的关系

例1 表 6-3 所示是"研究电流跟电压、电阻关系"的实验数据记录（已知电阻 $R = 15\ \Omega$）

表 6-3 电压与电流的实验数据

电压 U/V	1.5	3.0	4.5
电流 I/A	0.1	0.2	0.3

分析表中数据，可得出结论_____。

（2）类型二：电路中电流与电阻的关系

例2 小明利用如图 6-33 中甲所示的电路探究电流跟电阻的关系。已知电源电压为 6 V 且保持不变，实验用到的电阻阻值分别为 5 Ω、10 Ω、15 Ω、20 Ω、25 Ω。

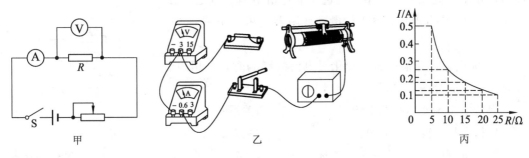

图 6-33 例 2 图

① 请根据图 6-33 中甲将乙所示的实物电路连接完整（导线不允许交叉）。

② 实验中多次改变 R 的阻值，调节滑动变阻器的滑片，使电压表示数保持不变，

记下电流表的示数，得到如图 6-33 中丙所示的电流 I 随电阻 R 变化的图像。

a. 由图像可以得出结论：电压一定时，_____。

b. 上述实验中，小明用 5 Ω 的电阻做完实验后，接下来的操作是_____，然后将 10 Ω 的电阻接入电路，闭合开关，移动滑片，使电压表示数为_____ V 时，读出电流表的示数。

③ 为完成整个实验，应该选取最大阻值不小于_____ Ω 的滑动变阻器。

（3）类型三：用欧姆定律完成简单的计算

例 3 一段导体两端的电压是 2 V 时，导体中的电流是 0.2 A，如果电压增大到 9 V 时，导体中的电流变为多大？

5. 课堂总结反思

（1）总结

滑动变阻器在电路中的作用，欧姆定律及其公式。

（2）反思

对于应用控制变量法来研究物理问题，学生比较清楚该怎么设计，这点比较好。但在电学中，遇到问题该如何处理，特别是滑动变阻器的问题，学生还是不能灵活地运用。

6. 课后拓展延伸

（1）一个小灯泡阻值为 10 Ω，正常工作时的电流强度为 0.4 A，现要将其接入 12 V 的电路中，要求仍能正常发光，则应（串联或并联）一个_____ Ω 的电阻。

（2）在某一温度下，两个电路元件 A 和 B 中的电流与其两端电压的关系如图 6-34 所示。则由图 6-34 可知，元件 A 的电阻为_____ Ω；元件 B 的电阻为_____ Ω。将 A 和 B 并联后接在电压为 2.5 V 的电源两端，则通过 A 和 B 的总电流是_____ A。

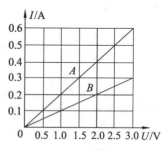

图 6-34　电流与电压的关系

（3）某实验小组的同学在探究欧姆定律时，采用了如图 6-35 所示的电路图。实验中他们选用的定值电阻分别是 5 Ω、8 Ω、10 Ω，电源电压是 3 V，滑动变阻器的阻值范围是 0～15 Ω。

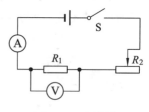

图 6-35　电路图

① 他们在探究某一因素变化对电流的影响时，采用控制变量法，实验分两步进行：

保持电阻不变，探究电流与_____的关系；

保持电压不变，探究电流与_____的关系。

② 实验中，电流表的量程应选_____，电压表的量程应选_____ V；某次实验中，若电流表的示数是 0.3 A，电压表的示数是 1.5 V，请根据你前面选择的量程，在下图中分别画出两表指针的位置。

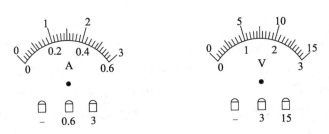

③ 在研究电阻对电流的影响时，把定值电阻由 5 Ω 换成 10 Ω，闭合开关后，下一步的操作是：向_____（填"左"或"右"）调节滑动变阻器的滑片，保持_____不变。

九、电功率

(一) 教与学目标

(1) 理解电功率概念，理解电功率和电压、电流之间的关系，并能进行简单的计算。

(2) 能区分用电器的额定功率和实际功率。

(3) 理解测定小灯泡电功率的方法，能根据测量电功率的实验需要，正确选择器材、设计电路和确定实验步骤。

(二) 教与学重点及难点

重点：理解电功率概念，并能进行简单的计算。

难点：根据测量电功率的实验需要，能正确选择器材、设计电路和确定实验步骤。

(三) 教具准备

小灯泡、开关、电源、导线、电压表、电流表、滑动变阻器。

(四) 教与学互动设计

第 1 课时 电功率

【学习内容】

(1) 电功率。

(2) 电功率的简单计算。

【学习重点及难点】

(1) 电功率的物理意义、定义和单位。

(2) 电功率的简单计算。

1. 课前自主探究

(1) 功率是表示物体做功_____的物理量，在国际单位制中它的单位是_____。

(2) 日常生活中所说的 1 度电的"度"是下列哪个物理量的单位？　　　　　(　　)

A. 电功　　　　　　　　　　B. 电功率

C. 电流　　　　　　　　　　D. 电压

(3) 一盏灯 25 h 耗电 1 kW·h，这盏电灯的功率是多少？

2. 课堂情境创设

在电能表后分别接不同的灯泡，一只灯泡上标有"220 V　15 W"，另一只灯泡上标着"220 V　100 W"，接通电源，发现后者比较亮的灯泡电能表的转盘转动得快，而前者比较暗的转动得慢。同是灯泡，为什么有的消耗电能快，有的消耗电能慢呢？为了描述用电器消耗电能时的这种差别，我们引入一个新的物理量——电功率。

3. 课堂合作探究

（1）探究一：电功率

【演示】分别拿一只 24 W 和一只 500 W 的灯泡，接在电路中，比较电能表铝盘转动的快慢。学生观察并比较两次电能表铝盘转动快慢情况。

实验现象：_____。

【问题思考】

① 电能表第二次比第一次转动得快的原因是什么呢？

② 把一盏电灯接在家庭电路上通电 1 h，消耗的电能是 $3.6×10^5$ J，把一个电炉接在家庭电路中通电 1 min 消耗的电能是 $6×10^4$ J，哪一个用电器消耗的电能快？如何比较？

③ 走进生活，说出你所熟悉的用电器的电功率是多大？小组之间交流、讨论，说出自己的答案。

【师生分析总结】

① 电能表铝盘走得快慢不同，表示用电器_____的快慢不同。

② 在物理学中，用_____表示消耗电能的快慢。

③ _____之比为电功率。

表达式：$P=\dfrac{W}{t}$；其中：W 表示_____，t 表示_____，P 表示_____。

④ 单位及其换算：瓦（W）；千瓦（kW）；1 kW=_____W，1 W=_____mW。

⑤ 各种不同的用电器，电功率一般_____。

（2）探究二：电功率的简单计算

【问题思考】

某电视机的电功率是 250 W，每天使用 3 h，一个月用电多少千瓦·时？（按 30 天计算）如果时间单位用秒，1 个月电能消耗多少焦耳？

【师生分析总结】

① 小组之间交流、展示自己的答案。

② kW 和 kW·h 是两个不同的物理量的单位，千瓦是_____的单位，千瓦·时是_____的单位，千万不要混淆，一定要注意区分。

③ 公式 $P=\dfrac{W}{t}$ 进行计算时单位的对应性如表 6-4 所示。

表 6-4　物理量及其单位

物理量	大单位	小单位
W	kW·h	J
P	kW	W
t	h	s

变式训练：利用公式 $P=\dfrac{W}{t}$ 变形求时间：3 度电可以供"220 V　300 W"的电熨斗正常工作多长时间？

4. 课堂应用迁移

完成下表：

区别		电功	电功率
区别	物理意义		
	定义		
	计算公式		
	单位		
联系			

5. 课堂总结反思

（1）总结

在前面教学中虽为电功率的计算作了一些铺垫，但遇到本节的计算，学生由于自身的思维发展水平，对复杂问题的分析能力仍有不足。

（2）反思

突破的方法是引导学生对本节的实验现象进行细致的推理，对物理量及其单位的学习要扎实，要准确记忆、理解，使学生对本节基础知识有很好的再现能力。

6. 课后拓展延伸

（1）以下各单位不是电功率单位的是　　　　　　　　　　　　　　　　（　　）

A. 千瓦·时　　　　B. 焦/秒　　　　C. 瓦特　　　　D. 伏特·安培

（2）一个灯泡的电阻为 484 Ω，接到照明电路中，通过这个灯泡的电流是_____ A，通电 1 h，这个灯泡消耗了_____ J 的电能。

（3）当一只电阻两端的电压增大到原来的 2 倍时，在相同的时间内这只电阻消耗的电能就变为原来的_____倍。

（4）如图 6-36 所示，电源电压为 9 V 保持不变，当电压表的示数为 4 V，电流表的示数为 0.2 A。

① 求电阻 R_1 的阻值。

② 调节滑动变阻器，使电压表的读数变为 1 V，这时通过

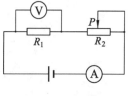

图 6-36　电路图

滑动变阻器的电流是多少？滑动变阻器接入电路中的电阻值为多大？此时电阻 R_1 消耗的功率为多大？

第 2 课时　额定功率及其计算

【学习内容】

（1）额定电压、额定功率；

（2）电功率的简单计算。

【学习重点及难点】

能结合实例，说出用电器铭牌上的额定电压、额定功率所表示的含义，并能区别额定电压和实际电压，额定功率与实际功率。

1. 课前自主探究

（1）额定电压是指用电器在_____时的电压，额定功率是指用电器在_____时的电功率。

（2）一只灯泡标有"36 V　40 W"的字样，这说明灯泡的_____是 36 V，灯泡的_____是 40 W。

（3）一只标有"PZ220-100"字样的灯泡，正常工作 100 小时，用几度电？1 千瓦·时的电可供标有"PZ220-40"字样的灯泡正常工作几小时？

2. 课堂情境创设

按照如图 6-37 所示的电路连接好，来回地调节滑动变阻器的滑片，让学生观察小灯泡亮暗的变化。

进一步延伸拓宽，你知道引起小灯泡亮暗变化的因素有哪些吗？小灯泡在什么情况下工作，寿命才长一些？学生质疑，从学生的疑惑导入新课。

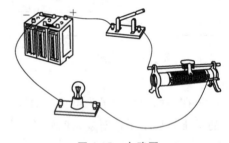

图 6-37　电路图

3. 课堂合作探究

（1）探究一：额定功率，额定电压

【演示1】取一个标有"2.5 V　0.75 W"的小灯泡，让学生根据图 6-38 甲所示的电路图，连接实物乙，连接好实物图后，移动滑片，使小灯泡两端的电压为 2.5 V，记下电流表的示数，并观察记录小灯泡的发光情况。

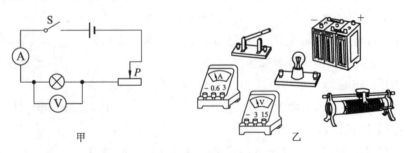

图 6-38　电路图

再分别移动滑轮,使电压表的示数为 2 V 和 3 V 时,记录下电流表的示数和小灯泡的亮暗情况。

【问题思考】

① 从实验所记录的数据中,根据自己的理解,能否分析这些数据哪些是额定电压、实际电压、额定功率、实际功率?

② 根据你的理解,说出什么是额定功率、额定电压。

【师生分析总结】

① 额定电压:用电器正常工作时的电压叫作_____。

② 用电器在额定电压下工作时的功率为_____。

③ 用电器实际所加的电压为实际电压,实际电压下的功率为_____。

【演示 2】取"220 V　40 W"和"220 V　15 W"的两盏灯泡,将它们并联接入电压为 220 V 的电路中。观察两只灯泡的亮暗。(接入前先让学生猜想:可能是哪一盏灯较亮)

【演示 3】取"220 V　40 W"和"220 V　15 W"两盏灯泡,将它们串联接入电压为 220 V 的电路中。(接入前先让学生猜想:可能是哪一盏灯亮)

【师生分析总结】

① 两盏灯都正常工作时,40 W 灯比 15 W 灯亮,此时两盏灯的实际电压都等于额定电压,两盏灯的实际功率_____额定功率。

② 两灯串联接在 220 V 的电路中时,15 W 灯比 40 W 灯亮,因为此时 15 W 灯泡的_____大于 40 W 灯泡的实际功率。

③ 在下表中比较 $U_实$ 与 $U_额$ 的关系和 $P_实$ 与 $P_额$ 的关系:

$U_实$ 与 $U_额$ 的关系	$P_实$ 与 $P_额$ 的关系
$U_实 = U_额$	$P_实$ _____ $P_额$
$U_实 < U_额$	$P_实$ _____ $P_额$
$U_实 > U_额$	$P_实$ _____ $P_额$

【讨论】电功率的两个推导公式:

① _____;② _____。

注:这两个公式只适用于纯电阻电路,即将电能全部转化为热能的用电器,如电炉子、电饭锅等均属于纯电阻电路。

(2) 探究二:有关额定功率的计算

【问题思考】小滨对家中的豆浆机非常感兴趣,于是,他收集了如下信息:图 6-39 甲是豆浆机的工作原理图,其中电动机是用来带动刀头将原料进行粉碎打浆的,额定功率 $P_1 = 200$ W;R 是加热电阻,额定功率 $P_2 = 1\ 100$ W,图 6-39 乙所示是此豆浆机做一次豆浆时的工作信息,请你根据信息解答以下问题:

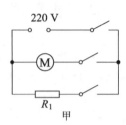
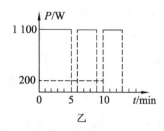

图 6-39 豆浆机的工作原理图和工作信息

① 豆浆机正常工作,打浆时的工作电流;
② 豆浆机加热时电阻的阻值;
③ 豆浆机正常工作做一次豆浆,总共消耗的电能。

【思路导引】
① 豆浆机在工作过程中分为几个阶段?具体为哪几个阶段?
② 从豆浆机工作过程信息表中,分析出每一阶段对应的功率和时间。

4. 课堂应用迁移

(1) 类型一:电功率推导公式的应用

例1 $R_1>R_2$,两条电阻线串联,接入同一电路,R_1、R_2 消耗功率分别为 P_1、P_2,则 (　　)

A. $I_1=I_2$　$P_1=P_2$ B. $I_1=I_2$　$P_1>P_2$
C. $U_1=U_2$　$P_1>P_2$ D. $U_1>U_2$　$P_1=P_2$

(2) 类型二:电功率的计算

例2 一个"220 V　800 W"的电炉,正常工作时电阻丝的电阻有多大?假如电路中的电压降低到 200 V,电阻丝的电阻不变,这时电炉实际的电功率有多大?

5. 课堂总结反思

(1) 总结

这节课的难点是学生对额定电压、额定功率与实际电压、实际功率混淆不清,解题中需把电功率公式和欧姆定律公式反复运用,更加的困难。

(2) 反思

解决这一困难,一是要把有标记的灯泡接入不同电压的演示实验做好,二是解题中要分步计算,把每一步的已知什么求什么讲清楚,练习应以直接用公式的简单计算为主。

6. 课后拓展延伸

(1) 电功率是电流在_____时间内所做的功,它是表示电流做功_____的物理量,在国际单位制中,电功率的单位是_____,0.5 kW=_____ W。

(2) 标有"220 V　750 W"的微波炉接在电压为 220 V 的电路上,正常工作时,通过它的电流是_____ A,它的电阻是_____ Ω,这个微波炉 2 分钟共消耗的电能是_____ J。

(3) 一台电焊机正常工作半小时共消耗了 1.5 kW·h 的电能,那么这台电焊机的电功率为_____ W。

(4) 两只相同的电阻将它们串联后接到电源上,消耗的总功率与它们并联后接到同一电源上消耗的总功率的比值是_____。

(5) 灯泡接在 220 V 的电路中时,消耗的电功率是 40 W,求:

① 通过灯丝的电流是多大;

② 工作 10 min,消耗电能为多少。

第 3 课时　测量小灯泡的电功率

【学习内容】

(1) 测量小灯泡的电功率;

(2) 会设计电路。

【学习重点及难点】

通过实验,知道小灯泡的电功率随它两端电压的变化规律。

1. 课前自主探究

(1) 回忆怎样测量小灯泡的电阻,请写出实验原理,画出实验电路图,了解滑动变阻器在这个实验中的作用。

(2) 如图 6-40 所示,小灯泡 L 标有"6 V　3.6 W",滑动变阻器 R 最大值为 10 Ω,当滑片 P 移到 a 端,小灯泡正常发光。试求:

① 电源电压和小灯泡电阻;

② 当滑片 P 移到 b 端时,闭合 S,你还能求出哪些物理量?

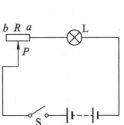

图 6-40　电路图

2. 课堂情境创设

小明在实验室发现小灯泡的铭牌已经模糊不清了,偶尔看清 "2.5 V" 字样,但他很想知道这个小灯泡正常工作时的电功率,怎么办呢?同桌张斌灵机一动,很快帮小明解决了这个问题,聪明的你知道张斌想出什么办法得出了小灯泡的电功率吗?这节课我们就来解决这个问题,从而导入新课。

3. 课堂合作探究

(1) 探究一:测量小灯泡的电功率

【设计实验】

从情境导入中让学生讨论、探究如何测量出这个 "2.5 V" 小灯泡的额定功率和在不同电压下的电功率、需要哪些测量工具、电路图如何设计。

学生总结:用电压表和电流表分别测量出小灯泡两端的电压和通过的电流,然后通过公式 $P=UI$ 计算出小灯泡的电功率。电路图如图 6-41 所示。

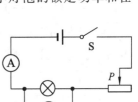

图 6-41　电路图

【进行实验】

① 让学生根据经验分析,在连接实物图时应该注意哪些问题,并适当整理。

学生总结：
- 连接实物图时，开关应该断开，滑动变阻器应该滑到最大值；
- 电流表和电压表的量程选择要正确，两表的连接方式、接线柱接法要正确，滑动变阻器的选择、接法要正确；
- 电源电压高于小灯泡额定电压。

② 小组之间交流分析需要测量的数据和记录的数据，滑片移动的次数，设计出实验表格，并将数据记录在下表中。

实验次数	电压 U/V	电流 I/A	电功率 P/W	小灯泡的亮暗
1				
2				
3				

【分析与论证】
通过实验数据，你能够得出的实验结论有哪些？
【归纳总结】
① 分析表格中的数据后发现小灯泡两端的实际电压越_____，灯泡的电功率越_____，灯泡的发光越_____。
② 小灯泡的亮度由_____决定，与_____无关。
③ 小灯泡的实际功率有多个，_____只有一个。

【交流与评估】
实验完成后，让每一个小组进行评估自己组的实验过程，教师做最后的归纳总结：
① 连接电路时，开关应该处于_____状态。
② 连接实物图时，滑动变阻器应该_____接入电路中，且滑到_____。
③ 滑动变阻器有两个作用：一个是_____，另一个是_____。
④ 电流表、电压表的"＋""—"接线柱接法是否正确。
⑤ 通过_____进行量程的选择。

（2）探究二：电能表、秒表法测电功率
【问题思考】
① 根据以上两种方案的实验测量，能否完成电熨斗电功率的测量？学生讨论、交流，阐明原因。
② 如果给大家提供电能表（图6-42）和秒表，是否可以测量出来？学生根据老师提供的线索交流、讨论。

【归纳总结】
① 不能，因为电熨斗是在家庭电路中工作，实验室提供的电压表或电流表不能够在家庭电路中使用。
② 首先根据电能表转盘转过的转数 n 计算消耗的电能，若电

图6-42 电能表

能表表盘标有 Nr/kW·h，则转盘在时间 t 内转过 n 转消耗的电能为_____ kW·h；再根据公式 $P=$ _____ 计算出用电器的电功率为 $P=$ _____。

4. 课堂应用迁移

例 1 小明想知道小灯泡的亮暗程度与什么因素有关。找来额定电流小于 0.6 A，额定电压是 2.5 V 的灯 L_1，接在电源电压恒为 6 V 的电路中，按照图 6-43 甲所示电路探究。

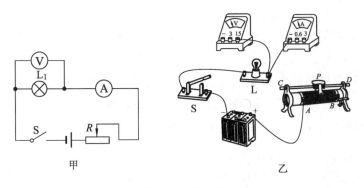

图 6-43　例 1 图

（1）请你用笔画线代替导线，根据图 6-43 甲所示的电路图，将图 6-43 乙所示实物图连接完整。

（2）闭合开关，滑片 P 向____（选填"A"或"B"）端移动，使灯 L_1 发光，先观察_____示数，测出灯 L_1 的相关物理量并记录在下表中，计算小灯泡 L_1 的额定功率为_____ W。

次数	电压 U/V	电流 I/A	实际功率 P/W
1	1.6	0.20	
2	2.5	0.24	
3	2.8	0.26	

（3）小明注意到灯 L_1 的亮度变化：第二次比第一次亮，第三次比第二次更亮。结合表中数据得出实验结论：_____。

【思路导引】

① 根据灯泡的额定电压确定电压表的量程且与灯泡并联，根据灯泡的额定电流确定电流表的量程且串联在电路中，滑动变阻器按"一上一下"的原则串联在电路中。

② 分析表中电压表和电流表示数的变化，根据 $P=UI$ 分析实际功率的变化，进一步得出实际功率和灯泡亮度之间的关系。

5. 课堂总结反思

（1）总结

本节实验是电学中最重要的一个学生实验，它涉及的器材最多、操作步骤最复杂，教材中是完全放手让学生去操作完成的。

(2) 反思

本节课的一个重点就是培养学生的评估与交流能力。评估是对实验过程的反思，可以培养学生评估探究过程和探究结果的意识，从评估中汲取经验教训，有利于学生养成严谨的科学态度，有利于发散学生的批判性思维。通过评估，学生发现新问题的意识和能力得到了培养，并尝试改进探究方案。

6. 课后拓展延伸

(1) 现有甲、乙、丙三盏灯，分别标有"220 V 40 W""110 V 40 W""36 V 40 W"的字样，它们均在额定电压下工作，比较它们的亮度，哪一盏灯最亮？（　　）

A. 甲　　　　　B. 乙　　　　　C. 丙　　　　　D. 一样亮

(2) 要测量小灯泡的电功率，提供的器材包括：小灯泡（2.5 V，0.5 A），电源（电压为 3 V），电流表，电压表，滑动变阻器，开关，导线若干。

① 请用笔画线将图 6-44 甲中的电路连接完整。

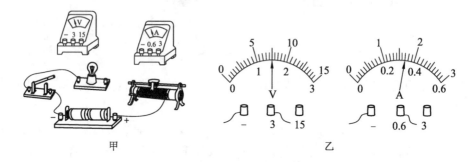

图 6-44　电路图

② 要测量小灯泡的额定功率，闭合开关后，正确的操作为：调节_____，使电压表的示数为_____，读出此时电流表的示数，最后利用公式_____求出额定功率。

③ 某次实验时电压表和电流表的示数如图 6-44 乙所示，则此时小灯泡的实际功率为_____W。

④ 实验要求改变小灯泡两端的电压进行多次测量，这样做是为了_____。

十、磁体和磁场

（一）教与学目标

(1) 通过活动，了解磁极之间的相互作用，感知磁场的存在。

(2) 通过观察磁化现象，知道某些不具有磁性的物体也能成为磁体。

(3) 通过活动，知道磁感线可用来形象地描述磁场，知道磁感线的方向是怎样规定的。

(4) 知道地球周围有磁场，知道地磁场的 N、S 极所处的位置。

（二）教与学重点及难点

重点：磁极间的相互作用规律和探究磁体周围的磁场。

难点：会用磁感线描述磁场。

（三）教具准备

条形磁体、蹄形磁体、小磁针、铁屑、玻璃、铁片、钢锯片、五角和一元硬币、铜片、多媒体系统。

（四）教与学互动设计

1. 课前自主探究

对磁的认知，同学们根据自己的生活经验，再认真阅读课本，仔细思考，完善对磁体和磁场的认知。

（1）每个磁体都有_____个磁极，分别叫_____和_____，用字母_____和_____表示。

（2）磁体的周围存在着_____，磁体间的相互作用是通过_____而发生的。

（3）指南针是我国的_____之一，其最早记载于北宋学者_____的《梦溪笔谈》，他也是世界上最早发现磁针所指方向_____这一事实的人。

（4）磁场的基本性质是它对放入其中的磁体_____，小磁针南极在磁场中所受的磁力方向跟该点的磁场方向_____。

2. 课堂情境创设

【演示】

教师用物理课本夹着一块条形磁体靠近五角和一元硬币。

【问题思考】

师：同学们看到什么现象？

生：_____。

师：物理课本吸起一元硬币，大家猜猜是什么原因？

生：_____。

师：为什么不能吸起五角硬币？

生：_____。

师：磁铁为什么能隔着书本吸起一元硬币呢？

生：_____。

师：这节课我们来研究一些简单的磁现象。

3. 课堂合作探究

（1）探究一：认识磁体

【活动1】将课前准备的铁片、钢锯片、镍币、铜片、玻璃片等器材放在桌上摆好，用条形磁铁分别接近它们，观察发生的现象。

【问题思考】

师：磁铁能吸引哪些物质？

生：_____。

【活动2】把一些大头针平铺在一张白纸上，分别将条形磁体和蹄形磁体平放在大头针上，然后用手轻轻将磁体提起，并轻轻抖动。

【问题思考】

师：观察到什么现象？由此可得出什么结论？

生：_____。

师：从上面实验可以看出，磁体有两个磁极，怎样表示这两个磁极呢？请同学们观察下面的实验。

【活动3】先用线将条形磁体悬挂起来，使它自由转动，观察它的静止方位；再支起小磁针，让它在水平方向上自由转动，观察它的静止方位。

【问题思考】

师：条形磁体、小磁针静止时，两个磁极分别指向什么方向？

生：_____。

师：可以自由转动的磁体，静止后恒指南北，世界各地都是如此。为了区别这两个磁极，我们就把指南的磁极叫_____，或称_____；另一个指北的磁极叫_____，或称_____。

师：世界上最早的指南工具是什么？它是根据什么原理制成的？

生：_____。

师：磁体两端的磁性最强，如果把两磁极相互靠近，会发生什么现象呢？下面请同学们通过实验来研究。

【活动4】把一块条形磁体用线吊起来，用另一块条形磁体的 N 极先慢慢地接近吊起的 N 极，再慢慢接近吊起的 S 极，观察磁极间的相互作用。

【问题思考】

师：同学们看到什么现象？说明什么？

生：_____。

【活动5】将磁体吸引的大头针靠近其他大头针，观察现象。

【问题思考】

师：同学们看到什么现象？这又说明了什么？

生：_____。

【师生分析总结】

① 磁性：磁体能吸引_____、_____、_____等物质的性质。

② 磁极：磁体上磁性最强的两端，指南的磁极叫作_____，指北的磁极叫作_____。

③ 磁极间的相互作用：_____。

④ 磁化：_____的过程。

⑤ 磁体表现出三个方面的性质：_____、_____、_____。

⑥ 判别条形磁铁极性的两种方法：_____、_____。

（2）探究二：认识磁场

师：力看不见、摸不着，但可以根据力的作用效果来认识它；电流看不见、摸不着，但可以根据电流的基本效应来认识和研究它；分子运动看不见、摸不着，但可以通过扩散现象来认识和研究它。这些研究运用了什么方法？

生：_____。

师：同样，看不见、摸不着的磁场，我们可以用_____来探查它的存在，来认识和研究它。

【活动1】用小磁针探究磁体周围的磁场。

【演示】按照苏科版初中物理九年级下册课本 P33 图 16-3 和图 16-4 所示，将一小磁针靠近条形磁体，观察现象。

【问题思考】

师：将一枚小磁针分别放在条形磁体周围不同的地方，观察到什么现象？

生：_____。

师：在同一地方，小磁针静止时的指向始终相同吗？

生：_____。

师：不同的地方小磁针静止时的指向相同吗？

生：_____。

【师生分析总结】

① 磁体的周围存在_____。磁场具有_____性，磁场中各点的磁场方向一般不同。

② 将小磁针放在磁场中的某点静止时，_____极所指的方向为该点磁场的方向。

【活动2】用铁屑探究磁体周围的磁场。

【演示】将玻璃板分别平放在不同磁体上，再将铁屑均匀地撒在玻璃板上，轻敲玻璃，观察铁屑的分布情况，同时在玻璃板上放些小磁针，观察小磁针的指向，如图 6-45 所示。

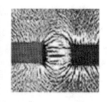
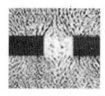

图 6-45　用铁屑探究磁体周围的磁场

【问题思考】

① 观察到在磁场中被磁化成一个个小磁针的铁屑，在磁体周围的分布很有规律，说明磁体周围的磁场具有一定的规律性。观察到铁屑在不同磁体周围分布情况不同，说明不同磁体周围的磁场分布一般是_____（选填"相同"或"不同"）的。

② 通过铁屑的分布情况与小磁针的指向可知：小磁针的指向与所在位置铁屑分布的切线方向是_____（选填"一致"或"不一致"）的。

③ 我们可以仿照磁场中铁屑分布情况和小磁针的指向画出一些带箭头的曲线，以形象地描述磁场，这样的曲线物理学上叫作_____。它_____（选填"是"或"不是"）真实存在的，是一种理想模型。

④ 如图 6-46 所示是常见的条形磁体、蹄形磁体、同名磁极间、异名磁极间磁场的磁感线分布图。请你认真观察，归纳出磁体周围磁感线方向的规律：_____。

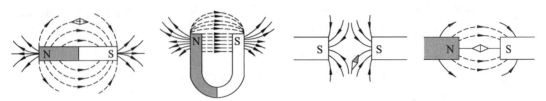

图 6-46　常见磁体间磁感线分布图

【活动 3】地磁场。

请同学们阅读课本 P35 "读一读"和"生活·物理·社会"两部分内容后，思考并回答下列问题。

【问题思考】如图 6-47 所示是地磁场分布情况，请根据地磁场分布情况思考下列问题：

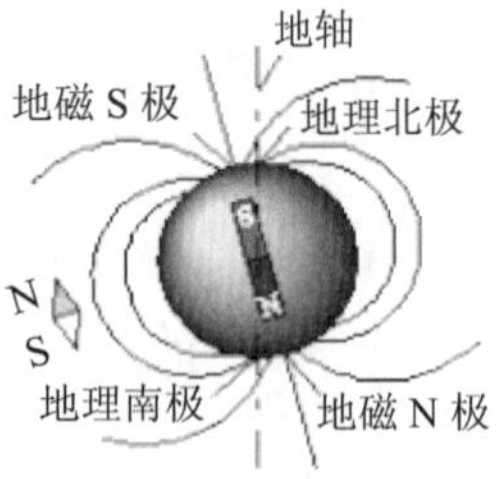

① 指南针静止时南极始终指向地理_____极的附近，北极始终指向地理_____极的附近，就是因为指南针受到_____的作用。

② 地磁场的磁极与地理两极之间有一个夹角，这种磁偏现象是我国宋代学者_____首先发现的。

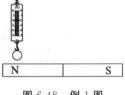

图 6-47　地磁场分布情况

③ 地球周围的磁感线都是从地磁的_____极出来，回到地磁的_____极，即从地理_____极附近出来，回到地理_____极附近。

4. 课堂应用迁移

(1) 类型一：认识磁体

例 1　如图 6-48 所示，弹簧测力计下端吊一铁球，当它们在水平放置的条形磁铁的上方沿水平直线从左端移到右端的过程中，弹簧测力计的示数　　　　　　　　　　(　　)

A. 变大　　　　　　　　　　B. 变小

C. 先变大后变小　　　　　　D. 先变小后变大

图 6-48　例 1 图

(2) 类型二：磁场和磁感线

例 2　下列说法正确的是　　　　　　　　　　　　　(　　)

A. 磁感线是磁场中真实存在的一些曲线，还可以通过实验来模拟

B. 磁体周围的磁感线从磁体的 S 极出来，回到磁体的 N 极，构成闭合曲线

C. 磁感线上某一点的切线方向与放在该点的小磁针静止时南极所指的方向相反

D. 磁感线分布越密的地方，其磁场越弱

例 3　已知磁体周围磁感线的形状或某处所放的小磁针静止的位置如图 6-49 所示。

① 在甲中标出 A、B、C 三处的磁感线方向；

② 在乙中标出 A、B、C 三处的小磁针静止时北极所指的方向，以及磁体的 N、

S极；

③ 在丙中标出小磁针的转动方向。

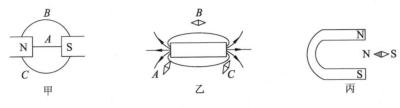

图 6-49　例 3 图

(3) 类型三：地磁场

例 4　图 6-50 为地磁场示意图：

① 请在图中标明磁感线方向（画出对称的两条即可）。

② 若在 A 点有一个小磁针，则请画出该小磁针并标出小磁针的 N 极。

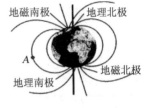

图 6-50　地磁场示意图

5. 课堂总结反思

(1) 总结

本节主要学习磁体的吸铁性、指向性、磁极间的相互作用规律，还有磁场和磁场的性质，磁感线。

(2) 反思

学生对磁体有一定的知识基础，可以让他们自主完成，但需要教师适时总结。磁场看不见、摸不着，很抽象，因此，选用实验的方法，尽可能使内容形象化。讲授的关键是：第一，紧扣磁场的基本性质——磁场对放入其中的磁体产生力的作用，且具有方向性；第二，做好演示实验，有层次地培养学生分析问题和抽象思维能力；第三，类比空气流动成风、磁场对磁体有力的作用，说明看不见、摸不着的东西也是可以认识的，使学生认识磁场的存在，渗透科学的思维方法。

6. 课后拓展延伸

(1) 下列关于磁场的叙述不正确的是　　　　　　　　　　　　　　　　(　　)

A. 在磁铁周围放入小磁针，磁铁产生磁场，取走小磁针，磁铁周围的磁场就消失了

B. 某一点磁场方向，就是放在该点的小磁针静止时北极所指的方向

C. 磁感线是有方向的，在磁体周围的磁感线都是从磁体的北极出来，回到南极

D. 指南针静止时南极指向地磁北极

(2) 如图 6-51 甲所示为一森林俯视图，某探险小组进入森林后在 Q 处迷失方向，为走出森林，他们借助指南针来辨别方向，指南针的指向如图 6-51 乙所示，那么他们正确的前进方向应沿着指南针所在位置的　　　　　　　　　　　　　　　　(　　)

A. E 方向　　　　B. F 方向　　　　C. G 方向　　　　D. H 方向

(3) 有两根外形完全相同的棒 a 和 b，如果按图 6-52 甲所示那样用手拿 a，则 b 不

会掉下；若按图 6-52 乙所示那样用手拿 b，则不能吸住 a，这说明 （　　）

A. a 有磁性，b 没有磁性
B. a、b 都有磁性
C. a、b 都没有磁性
D. a 没有磁性，b 有磁性

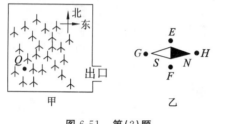
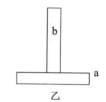

图 6-51　第(2)题　　　　　　　　图 6-52　第(3)题

（4）在图 6-53 上标明小磁针的 N、S 极。

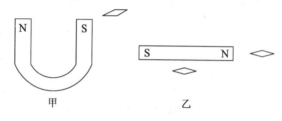

图 6-53　第(4)题

十一、磁场对电流的作用，电动机

（一）教与学目标

（1）知道磁场对通电导体有作用力。

（2）知道通电导体在磁场中受力的方向与电流方向和磁感应线方向有关，改变电流方向或改变磁感线方向，导体的受力方向随着改变。

（3）知道直流电动机原理。

（二）教与学重点及难点

重点：磁场对通电导体有作用力与电流方向和磁场方向有关。

难点：直流电动机原理。

（三）教具准备

手持电风扇、电源、开关、导线、磁体、导体、小直流电动机模型。

（四）教与学互动设计

1. 课前自主探究

教师通过问题形式呈现给学生，以激活学生的学习动力：

（1）通电导体在磁场中要受到＿＿＿＿＿＿的作用。力的方向与＿＿＿＿＿方向、＿＿＿＿＿方向有关。若只改变导体中的电流方向，则受力的方向会＿＿＿＿（填"改变"或"不变"，下同），若只改变导体中的磁场方向，则受力的方向会＿＿＿＿＿，若同时改变导体中的电流方向和磁场方向，则受力的方向会＿＿＿＿＿。

（2）若要使通电线圈在磁场中连续转动，就必须使线圈刚过平衡位置时，自动改变_____方向，完成这一任务的装置叫_____。

2. 课堂情境创设

教师拿出来一个在普通商店里很容易买到的手持式电动风扇，在学生面前将其塑料外壳拆卸掉，露出内部核心部件——直流电动机。风扇之所以会旋转是因为内部有电动机，电动机通电后为什么能不停地旋转就是本节课要学习的内容。

3. 课堂合作探究

（1）探究一：观察玩具中的小电动机

【活动1】

每个小组桌子上都有个电动玩具，请同学们将其拆开取出里面的电动机，先拆开观察内部组成后组装回去。再利用桌面上有的电源开关导线按照图6-54所示组装电路让电动机转起来。

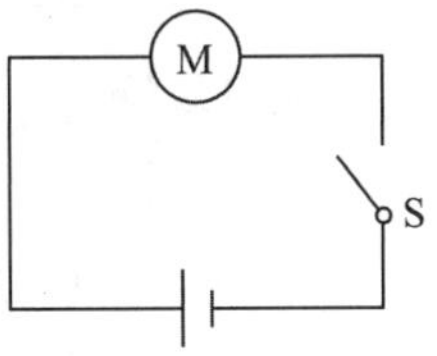

【问题思考】

师：小电动机是由哪些部件组成的？

生：_____。

师：怎样连接电路使小电动机转动起来？

生：_____。

师：小电动机工作的原理是什么？

生：_____。

图 6-54　电路图

【师生分析总结】

① 小电动机是由_____、_____、_____、_____四部分组成。

② 将_____、_____、_____用导线连接成通路，小电动机就会转动起来。

③ 小电动机转动的原理是_____（探究二的内容）。

（2）探究二：通电导体在磁场里受到力的作用

【活动2】　观察磁场对通电直导线的作用。

如图6-55所示组装实验器材。

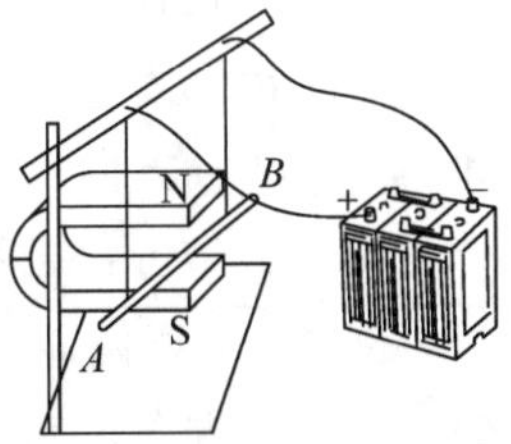

【问题思考】

师：给直导线通电，直导线会怎样？

生：_____。

师：磁场方向不变，改变直导线中的电流方向，直导线会怎样？

生：_____。

师：电流方向不变，改变磁场方向，直导线又会怎样？

生：_____。

图 6-55　组装实验器材

【师生分析总结】

磁场对通电导体有_____的作用，力的方向与_____和_____方向有关。

(3) 探究三：磁场对通电线圈的作用

【活动3】 观察磁场对通电线圈的作用。

应用上面的实验结论，我们来分析一个问题：如果把直导线弯成线圈，放入磁场中并通电，它的受力情况是怎样的呢？

用漆包线绕成线圈，将线圈两端的漆全部刮去后放入磁场，如图6-56所示。

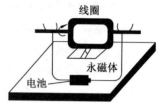

图6-56 磁场对通电线圈的作用

【问题思考】

① 闭合开关，观察到的现象是：

通电线圈_____（填"能"或"不能"）在磁场中转动；

通电线圈_____（填"能"或"不能"）在磁场中持续转动下去。

② 怎样才能使通电线圈在磁场中持续转动？

生：_____。

【师生分析总结】

① 通电线圈的平面与磁感线垂直时，线圈受到磁场的作用力_____，这个位置称为_____。

② 当线圈刚转过平衡位置时，如果立即改变_____，那么通电线圈就能在磁场力的作用下继续转动下去。完成这一任务的装置就是_____，它的作用是_____。

4. 课堂应用迁移

(1) 类型一：玩具中的小电动机

例1 普通的小直流电动机是由_____、_____、_____、_____四部分组成。

(2) 类型二：通电导体在磁场里受到力的作用

例2 直流电动机是根据_____原理制成的，它是把_____能转化为_____能的装置。磁场对通电导体有力的作用，力的方向与_____和_____方向有关。

(3) 类型三：磁场对通电线圈的作用

例3 若要使通电线圈在磁场中连续转动，就必须使线圈刚过平衡位置时，自动改变_____方向，完成这一任务的装置叫_____。

5. 课堂总结反思

(1) 总结

磁场中通电导体受力的方向与_____和_____有关。

(2) 反思

① 生活中电瓶车和洗衣机电动机有时候通电了也不工作，可能是正好在平衡位置上，稍微动一下过了平衡位置就能正常工作了。

② 换向器是人类为了解决电动机的持续转动的重要发明创造，现代的换向器是怎样的？还需要接触吗？利用到什么原理？学生可以自行上网查阅资料。

6. 课后拓展延伸

（1）关于通电导体在磁场中的受力方向，下列说法正确的是　　　（　　）

A. 只与电流方向有关

B. 只与磁场方向有关

C. 与电流方向和磁场方向均有关

D. 只有同时改变磁场方向和电流方向，通电导体受力方向才会改变

（2）一根通电直导体在磁场中受力后向左运动，若将导体中的电流方向和磁场方向均改变为与原来的方向相反，导体则　　　　　　　　　　　　　　（　　）

A. 向右运动　　　B. 向左运动　　　C. 静止不动　　　D. 无法确定

（3）直流电动机中，换向器的作用是　　　　　　　　　　　　　　（　　）

A. 自动改变线圈中的电流方向　　　B. 自动改变线圈转动方向

C. 自动改变磁场方向　　　　　　　D. 自动改变线圈受力方向

（4）一个能够自由转动的矩形线圈悬挂在磁场中，通电后线圈不动，这可能是

（　　）

A. 线圈中的电流方向接反了　　　B. 线圈中的电流时断时通

C. 线圈此时正好在平衡位置　　　D. 以上说法均不对

（5）探究通电导体在磁场中的受力方向与什么有关时，一位同学做了如图 6-57 所示的实验，图中 AB 表示闭合电路中的直导线，导线上的箭头表示电流方向，F 表示导线的受力方向，S、N 表示磁体的南、北极。

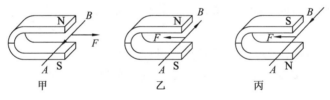

图 6-57　实验图

① 通过实验甲和乙的比较，说明了通电导体在磁场中的受力方向与_____方向有关。

② 通过实验甲和丙的比较，说明了通电导体在磁场中的受力方向与_____方向有关。

十二、电磁波及其传播

（一）教与学目标

（1）知道电磁波，了解振动的振幅、周期与频率，波长与波速的物理意义，知道波长、频率与波速的关系。

(2) 知道电磁波在真空中传播的速度，知道光是电磁波。
(3) 了解电磁波的应用及其对人类生活和社会生活发展的影响，了解电磁屏蔽。

（二）教与学重点及难点
(1) 波的基本形态和特征。
(2) "了解电磁波"并知道电磁波的存在及其特性。

（三）教具准备
收音机、干电池、导线、真空罩、手机、抽气机、茶叶盒、纸盒、塑料盒等。

（四）教与学互动设计

1. 课前自主探究

(1) 如图 6-58 所示为一列波在橡皮绳中的传播，当绳向上升起时，形成的像山峰似的凸起叫_____，当绳下降时形成的凹谷叫_____，两相邻波峰或波谷之间的距离叫_____。

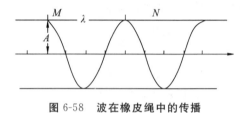

图 6-58　波在橡皮绳中的传播

(2) 图 6-58 中，λ 为_____，M、N 两点间的距离为_____个波长，A 为_____。

2. 课堂情境创设

教师用有线扩音器讲话，声音通过麦克风—导线—再经扬声器放大，更加的响亮。

师：如果拔掉导线，能不能听到如此洪亮的声音。

生：不能。

教师更换无线扩音器，并说明无线扩音器的麦克风和扬声器之间并没有导线连接。

师：用无线扩音器能不能听到和刚才有线扩音器同样洪亮的声音？

生：能。

说明无线扩音器同样能够把声音从麦克风传送到扬声器。

师：无线扬声器是通过什么把声音从麦克风传递到扬声器的？

生：电磁波。

通过用有线扩音器和无线扩音器的对比，学生能产生思考，并能感受到电磁波的存在，为本节课的开展奠定基础。

3. 课堂合作探究

(1) 探究一：波的几个特征

【活动】学生看课本苏科版九年级下册第 65 页。

【问题思考】波的几个特征。

振幅 A：波源偏离_____位置的最大距离，即振动的幅度。

周期 T：波源振动_____次所需要的_____。

频率 f：波源每秒振动的_____。频率与周期的关系_____。

波长 λ：波在_____周期内传播的_____。

波速 v：波传播的_____。

波速与波长、周期（频率）的关系_____。

【师生分析总结】

振幅 A：振动的幅度，单位为 m。

周期 T：振动一次所需要的时间，单位为 s。

频率 f：其数值等于每秒内振动的次数，单位为 Hz。

波长：波在一个周期内传播的距离，单位为 m。

波速：波的传播速度，单位为 m/s（$v=\lambda f$）。

(2) 探究二：了解电磁波

① 投影：介绍历史上麦克斯韦及赫兹在电磁波方面的贡献。

② 演示实验：课本 P67"活动 17—13 验证电磁波的存在"。

打开收音机开关，将旋钮调到没有电台的位置，并将音量开大。取一节干电池和一根导线，将导线的一端与电池的一极相连，再用导线的另一端与电池的另一极时断时续地接触。

【问题思考】

观察到的现象：_____。

得出的结论：_____。

【师生分析总结】

在我们周围的空间充满了电磁波。他们中有些看不见、摸不着，但却千真万确地存在着。

电磁波是在空间传播的周期性变化的电磁场。

(3) 探究三：电磁波的传播特性

【演示】课本第 67 页图 17—14 实验和课本第 68 页 17—15 实验。

【问题与思考】

① 电磁波能在真空中传播吗？

将手机放在真空罩中，拨打该手机，手机_____（填"能"或"不能"）接收到信号。

② 探究一些材料对电磁波的影响。

将手机分别放在密闭的纸盒、塑料盒、玻璃盒、铁盒中，拨打该手机，在_____盒子中时手机不能接收到信号？

【师生分析总结】

① 电磁波在真空中的速度 $v=$ _____ m/s。

② 密闭的_____盒子对电磁波有屏蔽作用。

(4) 探究四：电磁波的波谱

【活动】看课本第 69 页

【问题思考】

通过电磁波谱来认识一下它的家族成员有哪些？学生进行回答。

【师生分析总结】

如图 6-59 所示是电磁波波谱，它是按波长（或频率）连续排列的电磁波序列。

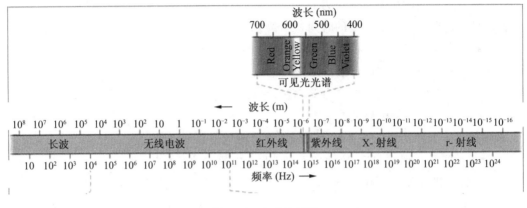

图 6-59　电磁波波谱

4. 课堂应用迁移

（1）类型一：电磁波的特征

例 1　某一列波的频率为 50 Hz，则它的周期为_____；如果传播的速度为 10 m/s，则它的波长为_____。

（2）类型二：电磁波的产生和传播

例 2　下列现象不能产生电磁波的是（　　）

A. 电冰箱的电路接通或断开　　　　B. 正在工作的电铃

C. 正在工作的电声喇叭　　　　　　D. 用木棒不断敲击鼓面

例 3　电磁波在真空中的传播速度为_____ km/s；在其他介质中，电磁波传播的速度_____（选填"大于"、"等于"或"小于"）这个速度。

例 4　小明同学在探究电磁波的特性的实验过程中，他进行了如下实验：

（1）先将手机放在真空罩中，用抽气机抽去罩中的空气，打电话呼叫罩内的手机，手机_____（填"能"或"不能"）收到呼叫信号。这证明_____。

（2）又将手机放在金属容器（如饼干筒）中，打电话呼叫容器中的手机，这时手机_____（填"能"或"不能"）收到呼叫信号，然后再将手机放在塑料容器或纸容器中，再打电话呼叫容器中的手机，这时，手机_____（填"能"或"不能"）收到呼叫信号。这说明_____。

5. 课堂总结反思

（1）总结

本节是在学习了信息传播的变革及传播工具的革新与发展基础上，引出的要便捷、大容量、快速传播信息，应用到电磁波，认识、了解电磁波的产生、存在、特征及传播是必需学习的内容。电磁波的概念是对电流磁场的应用与延伸。21 世纪是信息时代，电磁波的应用及开发和研制各种通信卫星是一个国家科技发展的体现。学习电磁波的特征和传播也为下一节现代通信奠定了基础。

(2) 反思

电磁波是抽象的，但电磁波能传播运动形态，能量和信息却是学生能亲身体验到的，在学生已学过声波、光波的基础上迁移、转换、推演，了解电磁波的特征已不是很难；九年级学生已具备了较强的图像分析和公式推演能力，因此通过图像分析使学生了解波源的振幅、周期、波长、频率及理解波速、波长和频率的关系是学生综合能力的一次提升。

6. 课后拓展延伸

(1) 小明同学做完作业后，想听一会儿收音机。打开收音机后，关台灯并打开了大的日光灯，在开日光灯的时候能够听到收音机中传来"咔嗒、咔嗒"的声音，你知道这其中的原因吗？

(2) 上网查阅资料说说我们身边的电磁波。

十三、核能

(一) 教与学目标

(1) 常识性了解核能和释放核能的两条途径——裂变和聚变。

(2) 进行物理学研究方法的启蒙教育。

(3) 介绍我国科学家的成就，进行爱国主义教育。

(二) 教与学重点及难点

(1) 知道释放核能的两种方式。

(2) 了解铀核链式反应的大致情况和核电站的大致工作过程。

(三) 教具准备

广岛原爆纪录片，我国试爆第一颗原子弹、氢弹的录像资料，铀核裂变，氢核聚变，链式反应动画，原子弹、氢弹爆炸后产生的蘑菇云挂图等。

(四) 教与学互动设计

1. 课前自主探究

(1) 物质由分子组成，分子可以分成原子，原子可以分成什么呢？原子核可以再分吗？

(2) 什么叫核能？获取核能的途径有哪些？什么是链式反应？

(3) 原子弹、氢弹、核电站利用的核聚变还是核裂变？

2. 课堂情境创设

师：同学们谁能说出我们人类制造的杀伤性武器中，杀伤性最强的武器是什么？

生：＿＿＿＿＿＿＿＿＿＿＿＿＿＿＿＿＿＿＿＿＿＿＿＿＿＿＿＿＿＿＿＿＿＿＿＿＿＿。

展示：原子弹、氢弹爆炸后产生的蘑菇云挂图。

师：为什么核武器具有这么大的杀伤力，它爆炸时的巨大能量是怎样得来的？

生：＿＿＿＿＿＿＿＿＿＿＿＿＿＿＿＿＿＿＿＿＿＿＿＿＿＿＿＿＿＿＿＿＿＿＿＿＿＿。

视频播放：美国在1945年向日本的广岛与长崎各投放一颗原子弹，第二次世界大战结束。观看"广岛原爆纪录片"。

3. 课堂合作探究

(1) 探究一：获取核能的方式

【活动】阅读课本并观看核裂变、聚变及链式反应。

【问题与思考】

师：原子核可以再分吗？什么叫核能？

生：_____。

师：什么是链式反应？获取核能的途径有哪些？

生：_____。

【师生分析总结】原子核靠强大的核力结合在一起，一旦使原子核分裂或聚合，就可以释放出核能，获得核能有两种途径——裂变和聚变。

(2) 探究二：核电站原理

【活动】欣赏"大亚湾核电站"多幅图片，观察其原理图。

【问题与思考】

师：核电站的核心设备是什么？

生：_____。

师：是利用核裂变还是核聚变？

生：_____。

【师生分析总结】控制链式反应可以建立核电站。核电站的核心设备是核反应堆。核反应堆的作用就是控制链式反应。如果链式反应不加控制，就会释放出巨大的能量。这就制成了原子弹。

师：中国人民热爱和平，但为了抵制核大国的威胁，于1964年10月16日第一颗原子弹试验成功。

【视频播放】我国试爆第一颗原子弹、氢弹的录像。

【环保教育引入】核能发电不像化石燃料发电那样排放巨量的污染物质到大气中，因此核能发电不会造成空气污染。核能发电也不会产生加重地球温室效应的二氧化碳，技术是把双刃剑，核能有它的致命弱点，如果核泄露了会对人类有什么样的影响。

① 核辐射危害，你知多少？（精选影片展示）

乌克兰境内的切尔诺贝利核电站事件带来了一系列的危害。

② 预防核辐射小常识。

4. 课堂应用迁移

(1) 类型一：获取核能的途径

例1 关于裂变和聚变，下列说法正确的是（   ）

A. 裂变的链式反应速度可以人工控制，使核能和平使用

B. 目前轻核聚变可以人工控制，使核能和平利用

C. 原子反应堆既能控制裂变反应速度，也能控制聚变反应速度，使它们都能和平使用

D. 裂变和聚变目前还不能做到人工控制，所以都不能和平使用

（2）类型二：核电站原理

例2 关于核电站，下列能量转化过程正确的是（　　）

A. 核能—内能—电能　　　　　　B. 核能—机械能—内能—电能

C. 核能—机械能—电能　　　　　D. 核能—内能—机械能—电能

5. 课堂总结反思

（1）总结

这节课的教学方法以教师边讲、边展示教具为主，同时穿插了指导学生阅读教材，观看视频和提问等。这样做既符合教学内容的要求，又有利于调动学生学习的主动性、积极性，培养学生的自学能力。

（2）反思

在教案中，着力通过介绍核能的常识使学生了解物理知识在社会主义现代化建设和发展高科技中的作用，以利于激发学生逐步形成早期的科技觉醒意识。

6. 课后拓展延伸

（1）"链式反应"发生在　　　　　　　　　　　　　　　　　　　　　　　　　　　（　　）

A. 核裂变时　　　　　　　　　　B. 核聚变时

C. 氢弹爆炸时　　　　　　　　　D. 铀自变放出射线时

（2）关于核电站，下列说法正确的是　　　　　　　　　　　　　　　　　　　　（　　）

A. 核电站利用氢核的聚变产生的能量来发电

B. 核电站的核心是核反应堆，它是以铀为燃料的

C. 核电站的反应堆中放出的核能可以直接转化为电能

D. 核电站不适用于缺少煤、石油、水能等能源的地区

（3）图6-60是核电站原理示意图，结合这张图，简要指出核电站能量转化的过程。

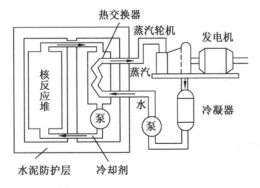

图6-60　核电站原理示意图

参考文献

[1] 顾明远. 教育大辞典（简编本）[Z]. 上海：上海教育出版社，1999：204.

[2] 教育部. 义务教育物理课程标准（2011年版）[M]. 北京：北京师范大学出版社，2012.

[3] 刘家骥. 新课程教学问题解决实践研究[M]. 北京：中央民族大学出版社，2006.

[4] 叶兵，孙德生. 初中物理核心素养与关键能力的研究及测评实践[J]. 物理教学，2017（12）：39－43.

[5] 孙梦婷. 学起于思，思源于疑——交往教育理念下学生质疑问题研究[J]. 考试周刊，2014（102）：172－173.

[6] 刘炳昇，李容. 苏科版·物理（八年级下册）（教师教学用书）[M]. 南京：江苏凤凰科学技术出版社，2012.

[7] 陈喜. 激活物理课堂 提高探究教学效果[J]. 中学物理初中版，2015（12）：5－6.

[8] 丁吉胜. 初中物理探究教学中教师角色定位的研究[D]. 济南：山东师范大学，2016.

[9] 钟启泉，崔允漷. 新课程的理念与创新——师范生读本[M]. 2版. 北京：高等教育出版社，2003.

[10] 中华人民共和国教育部. 全日制义务教育物理课程标准（实验稿）[S]. 北京：北京师范大学出版社，2011.

[11] 张军民，陈喜. 物理学科核心素养视阈下"激活—探究"教学——从"欧姆定律"一课谈起[J]. 中学物理，2018，36（11）：2－4.

[12] 崔秀梅. 初中物理新课程教学法[M]. 北京：首都师范大学出版社，2004.

[13] 刘建德. 关于课堂的思考[M]. 长沙：湖南师范大学出版社，2005.